Kohlhammer

Roland Reichenbach

Pädagogische Autorität

Macht und Vertrauen in der Erziehung

Verlag W. Kohlhammer

Umschlag: Gestaltungskonzept Peter Horlacher
Gesamtherstellung:
W. Kohlhammer Druckerei GmbH + Co. KG, Stuttgart
Printed in Germany

ISBN 978-3-17-020530-7

Vorbemerkungen

„Zum Charakter eines Kindes, besonders eines Schülers, gehört vor allen Dingen Gehorsam. Dieser ist zweifach, erstens: ein Gehorsam gegen den absoluten, dann zweitens aber auch gegen den für vernünftig und gut erkannten Willen eines Führers. Der Gehorsam kann abgeleitet werden aus dem Zwange, und dann ist er absolut, oder aus dem Zutrauen, und dann ist er von der anderen Art. Dieser freiwillige Gehorsam ist sehr wichtig; jener aber auch äußerst notwendig, indem er das Kind zur Erfüllung solcher Gesetze vorbereitet, die es künftighin, als Bürger, erfüllen muss, wenn sie ihm auch gleich nicht gefallen.

Der Gehorsam des angehenden Jünglings ist unterschieden von dem Gehorsam des Kindes. Er besteht in der Unterwerfung unter die Regeln der Pflicht. Aus Pflicht etwas tun heißt: der Vernunft gehorchen. Kindern etwas von der Pflicht zu sagen, ist vergebliche Arbeit."

Immanuel Kant (1803/1977, S. 741 & 743 f.)

Mit dem Thema der pädagogischen Autorität begibt man sich in ein weites Feld und zweifelhaftes Gebiet, eine Art Sumpf, in welchem beißwütige Dämonen lauern, die nur eines im Sinn zu haben scheinen: den Eindringling zu verwirren und zu täuschen. Wäre mir dies vor Jahren, als ich mich für die Thematik ernsthaft zu interessieren begann, klarer gewesen, ich wäre sofort umgedreht und hätte andere Gebiete durchwandert, Gebiete mit Bodenhaftung. Denn es gibt ja im Land der Pädagogik so schöne Gegenden, in denen man immer etwas entdeckt, auch wenn man gar nicht richtig sucht. Aber es musste dieser Sumpf sein. Natürlich sucht man sich immer die Probleme, die man verdient, wie der Pädagoge weiß.

Autorität ist eines dieser Reizthemen, die einen zu veranlassen scheinen, gleich Stellung – für oder gegen sie – zu beziehen. So gibt es zwei große Gruppen im Diskurs, und ich möchte nun aber zur dritten gehören und hoffe, dass dies hier zum Ausdruck kommen wird. Die erste Gruppe findet alles, was mit Autorität zu tun hat, nicht nur problematisch, sondern gefährlich. Für sie ist Autorität ein hervorragender „Anwärter auf die Rolle des Generalbösewichts" (eine Begrifflichkeit von Hans Blumenberg [1997, S. 144 f.]). Mit der „Herleitung der Weltübel" aus dieser „einen Wurzel" ergibt sich eine „Lizenz zum Ungeheuerlichen", es drängt nach „Heilstaten" (ebd.). Es ist nicht ganz einfach, zu versuchen, sich mit Mitgliedern dieser Gruppe über die Ambivalenz der Autorität zu unterhalten, denn sie sind meist intelligent, haben gute Gründe und verweisen zu Recht auf die Schrecken und lange Geschichte des Missbrauchs von Macht und Autorität. In der zweiten Gruppe wird die Geschichte und immer bestehende Möglichkeit des Missbrauchs von Macht und Autorität nicht etwa bestritten, aber Autorität und auch das Bedürfnis nach Autorität – selbst bei Erwachsenen – wird als fixer Bestandteil des sozialen Lebens verstanden und akzeptiert. Autorität ist unvermeidbar und daher erscheint es diesen Leuten sinnlos bzw. reichlich utopistisch, als regulatives Ideal eine Welt ohne Autoritäten vorzuschlagen.

Wie immer ist die Lage komplizierter, als ich sie hier skizziere, denn weder die „Pro-Gruppe" noch die „Contra-Gruppe" können als homogene Verbände begriffen werden. Auch ist es ein Irrtum zu glauben, dass die politische Orientierung der beiden Gruppen eindeutig sei. Dennoch können die beiden Gruppen – die je nach Zeit und Ort, nach Herkunft und Geschichte, nach Lebensphase und Lebensziel ganz unterschiedlich groß sein können und manchmal gegenüber der je anderen Gruppe zu dominieren bzw. unterliegen scheinen – letztlich unterschieden werden. In den beiden Gruppen gibt es zwei Extrempositionen, die mit Michael Wimmer (2010) zum einen die „allzu Autoritätsgläubigen", zum anderen die „radikalen Kritiker" genannt werden können. Die Argumentationen dieser Mitglieder gilt es wohl doch besonders zu betrachten: „So gilt es, gegen die allzu Autoritätsgläubigen auf (...) [der] Grundlosigkeit [der Autorität] zu bestehen, gegen ihre radikalen Kritiker dagegen auf ihre symbolische Funktion und Unvermeidbarkeit" (S. 325).

Nun meinen manche Autoren vielleicht, sie seien Mitglied der ersten Gruppe (Contra), aber „eigentlich" gehören sie in die zweite Gruppe (Pro), nur wollen sie das nicht hören. Mitglieder der Contra-Gruppe, etwa aus dem psychologisch-pädagogischen oder psychoanalytischen Feld – Theoretiker des anti-autoritären oder auch des anti-pädagogischen Diskurses –, mussten mitunter solche Gegenkritik schon ertragen lernen. So hatte beispielsweise Michel Foucault mit *Überwachen und Strafen* (1975/1994) der Psychoanalyse einen „berühmt-berüchtigten" Schlag versetzt, „als er ihr glorreiches Projekt der Selbstbefreiung als eine Form von Disziplin und Unterwerfung unter die Macht der Institutionen ‚mit anderen Mittel' bloßstellte", wie Eva Illouz (2009, S. 12) kommentiert. Freilich „entdecken" auch Mitglieder der Contra-Gruppe immer wieder neu, wie Mitgliedern der Pro-Gruppe gar nicht bewusst ist, dass sie zur Pro-Gruppe gehören, ja, vielmehr noch, dass eine ganze Kultur mithilft, die Zugehörigkeit zur Pro-Gruppe zu verschleiern. So schreibt Arno Gruen in dem mit dem Geschwister-Scholl-Preis gekrönten Werk *Der Fremde in uns* (2010[7]): „Diese Sucht nach Stärke, nach einem Erlöser, durchdringt alle Lebensbereiche. Sie ist allerdings nicht immer offensichtlich, da wir ja oft sehr geübt darin sind, uns selbst die Pose des eigenständigen, zuversichtlichen und autonomen Menschen zu geben. Ein guter Poseur weiß deshalb auch, wie er seinen wahren Charakter am besten überspielt" (S. 135). Aber die meisten „von uns" sind wohl nicht so gute „Poseure": „Gehorsam verursacht den Verlust einer eigenen Identität. Dies wird verschleiert, indem Menschen sich autonom glauben, weil sie, unbeeinflusst durch Einfühlung und den Schmerz anderer, Macht und Gewalttätigkeit ausüben. Indem Macht und Gewalt durch ideologische Abstraktion einem ‚höheren' Ziel wie dem Volk, der Wissenschaft, dem Fortschritt oder dem Wachstum gewidmet sind, werden sie immer mehr von ihren wirklichen Absichten, nämlich Herrschaft und Kontrolle über andere auszuüben, abgetrennt" (S. 137).

Solche „Entdeckungen" machen es natürlich schwierig, über die pädagogische Bedeutung von Autorität nachzudenken. Denn wer sie für nötig hält, zeigt der Pro-Gruppe ja vor allem, dass er oder sie nicht ganz bei sich ist, bedauerlicherweise musste er oder sie das „Eigene" als etwas „Fremdes" abspalten. „Denn das Kind kann die Eltern nur unter der Voraussetzung als liebevoll erleben, dass es ihre Grausamkeit als Reaktion auf sein eigenes Wesen interpretiert – die Eltern sind grundsätzlich gut; wenn sie einmal schlecht sind, dann ist es unsere eigene Schuld" (S. 14). Wenn solche Kinder später Eltern werden bzw. an der Erziehung von Kindern beteiligt sind – also als unaufgeklärte Autoritätsgläubige pädagogisch wirksam sind –, dann ist dies sicher nicht optimal. Und wenn Gehorsam den Verlust „einer eigenen Identität" bewirkt, so erziehen schließlich im Grunde immer nur Menschen, die sich selber fremd sind, kleine Kinder, die wiederum nie zu sich kommen werden und später als entfremdete Selbste weiterhin Autorität – und Schlimmeres – einfordern. Denn wenn „Identität auf Identifikation mit Autorität beruht, bringt Freiheit Angst. Solche Menschen müssen dann das Opfer in sich selbst durch Gewalt gegen andere verdecken" (S. 203). Wird ein solches Selbst bedroht, dann „kommt es erst zur Ruhe, wenn eine Autorität die soziale Ordnung wieder herzustellen scheint" (ebd.). Autorität ist dann vor allem ein Phänomen von und für beschädigte Selbste ...

Die zweite Gruppe, die Pro-Gruppe, unterscheidet sich von der ersten Gruppe immer wieder durch medienwirksame, populistische Verteidigungen von Autorität, wie wenn etwa der „Mut zur Erziehung" (Bausch, Hahn & Lobkowicz 1978) propagiert oder das „Lob der Disziplin" (Bueb 2006) verkündet wird. Diese meist konfusen und niederkomplexen Schriften und Diskurse durchbrechen zwar die intellektuelle Langeweile, die an manchen

Orten eine lange Tradition hat, doch man fragt sich, ob sich die Auseinandersetzung lohnt mit diesen zahlreichen, teilweise dahingeschludert anmutenden Sätzen wie: „Fernsehen einfach so, gegen das erlaubte oder vereinbarte Programm, da ist kurzer Prozess angesagt, es bedarf keiner Begründung, hier muss der Vater der Regel beherzt Geltung verschaffen" (S. 21). Oder: „Wir versündigen uns an unseren Kindern, wenn wir ihnen die Weisheit von Jahrtausenden vorenthalten" (S. 44). Muss man sich mit solchen „Streitschriften" wirklich auch noch wissenschaftlich auseinandersetzen (vgl. Brumlik 2007)?

Die Zugehörigkeit aber bzw. die „Wahl" oder Entscheidung, zu einer der Gruppen zu gehören – wenn es eine solche Wahl überhaupt gibt –, scheint nicht wirklich auf rationalen, logischen bzw. argumentativen Gründen zu fußen. Wiewohl ich zur dritten Gruppe gehören möchte, die sich weder pro noch contra, aber sowohl pro als auch contra verhält, glaube ich, dass diese Gruppe noch kein einziges Mitglied wirklich dauerhaft aufgenommen hat, also im Grunde gar nicht existiert. Kurz: wer nicht zur ersten oder zweiten Gruppe gehört, kann dadurch nicht unmittelbar in der dritten Gruppe zugerechnet werden. Vielmehr haben die Zauderer und Unentschiedenen, die Skeptiker und Unentschlossenen, mit denen ich mich verbunden fühle, sich einfach – sei es nun vermeintlich oder sei es eben nicht vermeintlich – noch nicht verortet.[1] Im diesen Sinne sei im Folgenden über pädagogische Autorität nachgedacht. Entsprechend sind die Blickwinkel heterogen, geben kein eindeutiges Bild und sollen auch kein solches leisten. Hervorgehoben seien vielmehr die vielfältigen Facetten dieses Phänomens, sie können weder vollständig noch auch in der je gewünschten Tiefe behandelt werden. Damit wird ein nur scheinbar bekanntes, sicher aber interessantes und bedeutsames Phänomen in der Entwicklung und Förderung von Kindern und Jugendlichen – gewissermassen – aus dem Sumpf gezogen. Die ernsthafte Auseinandersetzung mit der Thematik des Missbrauchs von Autorität in der Erwachsenenwelt und der immer mögliche, manchmal auch wahrscheinliche Missbrauch im pädagogischen Feld sind dabei unumgänglich.

Nach einleitenden, überblicksartigen Bemerkungen im ersten Kapitel werden im zweiten zunächst die Krise der Autorität und die pädagogisch bedeutsame Krise dieser Krise erörtert sowie die Illusionen der überwunden geglaubten Autorität und das Phänomen der Ablehnungsbindung erläutert, welche pädagogisch aufschlussreich sind. Das dritte Kapitel ist der

---

1 Diese ambivalente Haltung ist ein intellektueller Luxus. In den konkreten Fragen des pädagogischen oder nicht-pädagogischen Lebens ist Ambivalenz freilich keine sehr hilfreiche Entscheidungsgrundlage, aber sie hilft, Gründe, Konsequenzen und Rechtfertigungen im Entscheidungsprozess so abzuwägen, wie sie es eher verdienen.

„Psychologie“ und „Ethik“ von Befehl und Gehorsam gewidmet. In einem ersten langen Exkurs folgen pädagogisch und entwicklungspsychologisch interessierende, autobiographisch geprägte Literaturbeispiele bekannter Autoren und Werke aus dem 19. und 20. Jahrhundert. Der Leser bzw. die Leserin dieser Werke, die hier nur verkürzt und zugespitzt wiedergegeben werden, erfährt dabei etwas über unterschiedliche Modi der Befreiung von nicht legitim erscheinenden pädagogischen Autoritäten. Das vierte Kapitel fokussiert den Umgang mit dem Thema Autorität in ausgewählten pädagogischen Debatten, dabei wird von der libertären Pädagogik Tolstojs ausgegangen, dann der Diskurs um die anti-autoritäre Pädagogik und die Anti-Pädagogik sowie neuere populär-pädagogische Phänomene kommentiert. Im fünften Kapitel werden Kenntnisse (und Probleme) zur Autorität aus der empirischen Forschung berichtet und um eine entwicklungstheoretische Perspektive ergänzt. Im anschließenden Exkurs gibt ein Erfahrungsbericht aus einem Lehreraustausch über deutsch-französische Schul- und Unterrichtsphilosophien Auskunft, in welchem erneut deutlich gemacht werden kann, dass im Zentrum dieser Differenzen – als ein kleines und ungenügendes Beispiel eines kulturellen Vergleichs – die Frage der Autorität steht. Das sechste Kapitel erörtert nun Merkmale von Autorität und Dimensionen pädagogischer Autorität in einem affirmativen Sinne, denn in der Tat scheint es keinen Sinn zu machen, Autorität im pädagogischen Bereich nur negativ zu beurteilen. Da Autorität und Führung intrinsisch miteinander verbunden sind, widmet sich das siebte Kapitel ausführlich zunächst der Frage der Führung, dann aber der pädagogischen Führung aus austauschtheoretischer Sicht. Mit Bemerkungen zur „unpersönlichen“ Kultur der Autorität und unvermeidbaren Autorität der Kultur wird die Abhandlung im achten und letzten Kapitel beendet.

Dank

Nicolette Thomet danke ich herzlich für einen guten Rat, der dazu führte, dass ich das Manuskript endlich zu Ende bringen konnte. Mein Dank gebührt insbesondere auch Dr. Klaus-Peter Burkarth vom Kohlhammer Verlag für seine kompetente und unterstützende Haltung sowie sein Verständnis für Verzögerungen und Versäumnisse meinerseits. Stefanie Sapienza danke ich für die kritische Durchsicht des Manuskripts und die zahlreichen Korrekturen.

Inhalt

1

Zur Einleitung: „Gerne zeitlebens unmündig …?"

Geprägt von einem französisch-republikanischen Verständnis von Schule und Bildung werden im Folgenden Facetten eines Phänomens und damit verbundener Diskurse vorgestellt werden, das und die im deutschsprachigen Raum seit gut drei Jahrzehnten vorwiegend, aber nicht ausschließlich jenem politischen Lager überlassen wird, in welchem, wenn Fragen der Autorität im Raum stehen, eher der Gesichtspunkt der Disziplinierung (der Kinder, der Schülerinnen und Schüler, der Bürgerinnen und Bürger) als das Moment der Bewahrung progressiver Kultur (insbesondere des Rechts und der Rechte, der Moral und der Konventionen) interessiert. Zumindest implizit wird hier die angreifbare Meinung transportiert, wonach dem Fortschritt im Politischen und Ethischen sowie der Bildung und Bildungssysteme heute ironischerweise eher durch Konservierung und Schutz der kulturellen Errungenschaften gedient zu sein scheint, die es der Einzelperson und den Kollektiven ermöglichen, am Ideal und an der Illusion der individuellen bzw. kollektiven Selbstbestimmung festzuhalten. Bei der Sicherstellung dieser Leistung kommt der (Anerkennung der) *Autorität der Kultur* eine Schlüsselrolle zu, wobei diese Autorität wahrscheinlich weniger als Gegensatz zur demokratischen Staats- und Lebensform denn vielmehr als in ihrem Dienste stehend verstanden werden sollte. Damit sind Fragen nach dem Stellenwert des Gehorsams (und des – hier nicht weiter fokussierten – Glaubens) impliziert, die meist nur strittige Antworten nach sich ziehen.

Wenn von „Autorität" die Rede ist, häufen sich regelmäßig die Missverständnisse, u. a. da zwischen 1. dem Konzept der autoritären *Persönlichkeit* (Adorno, Frenkel-Brunswik, Levinson & Sanford 1950; Seipel & Rippl 1999), 2. den autoritären *Verhaltensweisen* (vgl. schon Lewin, Lippitt & White 1939) und 3. der *Anerkennung* von Autorität(en) (vgl. Arendt 1994; Sofsky & Paris 1994) nicht oder nur ungenügend unterschieden wird. Wenn im Folgenden von Autorität gesprochen wird, dann – wenn nicht anders angegeben – vorwiegend im letzteren Sinn. Dabei fungiert Autorität nicht als Merkmal der Persönlichkeit oder als Verhaltensdisposition eines Individuums, sondern bezeichnet vielmehr ein asymmetrisches, aber letztlich wechselseitiges Anerkennungsverhältnis. Es handelt sich also um ein Merkmal einer Beziehung zwischen Einzelpersonen oder zwischen Personen und kulturellen Entitäten.

1.1 Faulheit und Feigheit

„Faulheit und Feigheit" sind nach Immanuel Kant die Ursachen, „warum ein so großer Teil der Menschen, nachdem sie die Natur längst von fremder Leitung freigesprochen (…), dennoch gerne zeitlebens unmündig bleiben" (Kant 1783/1974, S. 9). Das sind herrlich kräftige Worte und man meint sie gleich mögen und für wahr halten zu müssen. Sie suggerieren, die meisten Menschen würden *ohne* die Laster der Faulheit und der Feigheit im Grunde immer und unbedingt für Mündigkeit votieren. Gesetzt den Fall, wir wüssten, was unter „Mündigkeit" in einem nicht-legalistischen Sinn verstanden wird: Was könnte das Motiv sein, Mündigkeit als normaler Einzel- und Bedürfnismensch ohne supererogatorische Ambitionen für so wünschenswert zu halten? Etwa die Annahme, dass die Konsequenzen der Anerkennung fremder Leitung immer, meist oder zumindest manchmal negativ zu beurteilen wären? Und vielleicht umgekehrt die Konsequenzen von selbständigem Handeln und Urteilen (Selbstleitung) so positiv?

Sich *nicht* von fremder Leitung freizusprechen, dafür sprechen neben Faulheit und Feigheit, und, weniger lasterhaft: dem Bedürfnis nach Sicherheit, mitunter auch Gründe der Klugheit, der Bescheidenheit und womöglich sogar der Selbsterkenntnis. Da aber der Gehorsam einen ausgesprochen schlechten Ruf hat (vgl. z. B. Gruen 2002, 2010), obwohl es ohne ihn in der einen oder anderen Weise und in vielerlei Hinsicht – nicht nur der pädagogischen – ja gar nicht geht, war es überzeugend, Mündigkeit als Telos vernünftiger und natürlicher Bildung zu verstehen: der mündige Mensch unterwirft sich nur den Maximen der selbstgesetzgebenden Vernunft, also letztlich nur sich selber. Vom Pathos dieser emanzipatorischen Hybris, die m. E. immer noch wesentlich mehr Sympathiewerte verdient als ihr im zeitgenössischen Oberflächenrealismus zugestanden werden kann, ist heute freilich nicht mehr viel zu merken. Geblieben ist allein der schlechte Ruf des Gehorsams. Diesen verbessern zu wollen, ist eine vielleicht wichtige, aber delikate Angelegenheit, bei der man sich die Hände fast sicher schmutzig macht. Nun lautet die treffende Frage nicht schmutzige oder *reine* Hände, sondern – um es à la mode de Jean-Paul Sartre (1989) zu sagen – schmutzige oder *keine* Hände. Wirkungslose Kommentare mögen zwar das kleinere Übel sein als unkontrollierte Weltveränderung, und die Pflicht zur besseren *Interpretation* der Welt jener zur Verbesserung der Welt zunächst vorausgehen, aber stören tut es doch, nichts zu bewegen und verändern und von so vielem bewegt und verändert zu werden. Gibt es also neben dem dumpfen Gehorsam, der in die Barbarei geführt hat, nicht auch eine Kultur des Gehorchens, die nichts Barbarisches oder Kriecherisches an sich hat? Könnte es nicht zumindest in Spezial- und Einzelfällen eine großzügige und stolze Geste sein, sich „fremder Leitung“ zu unterwerfen? Wenigstens dem Scheine nach? Könnte es nicht gerade ein *Ausdruck von Autonomie* sein, bestimmte Autoritäten als die richtigen und legitimen anzuerkennen, wie Raatzsch (2007) kürzlich analysierte?

Während die Bedeutung des politischen und moralischen Urteilsvermögens unterschätzt werden mag, ist eine gewisse Sympathie mit Harry Frankfurts Sichtweise m. E. nun schwer abzuwenden, wenn er schreibt: „Wir müssen moralische Fragestellungen ernst nehmen, das bedarf kaum einer Erwähnung. Dennoch denke ich, dass die Relevanz, die der Moral für unsere Lebensführung zukommt, tendenziell überbewertet wird. Die Moral ist weniger einschlägig für die Bildung unserer Präferenzen und die Orientierung unseres Verhaltens, sie gibt uns weniger Auskunft über die Fragen, was wir schätzen und wie wir leben sollen, als man gemeinhin annimmt. Außerdem kommt ihr nicht so viel Autorität zu, wie man meint. Selbst wenn sie Wichtiges mitzuteilen hat, hat sie nicht notwendigerweise das letzte Wort“ (Frankfurt 2005, S. 10). Während es eine (vielleicht kaum zu fassende) moralische Kultur gibt, so ist Kultur doch stets sehr viel mehr als Moral. Die Autorität der Moral steht auch nicht *über* der Autorität der Kultur, da die erstere nur als Teilaspekt der letzteren repräsentierbar ist. Wenn Moral nicht notwendigerweise das letzte Wort hat, so hat Kultur vielleicht doch das vorletzte. Wer oder was aber das letzte Wort hat, darüber wissen wir nichts – und wohl sollte man nicht so klug werden, dass man schließlich so dumm wird, es wissen zu meinen. Daran ändert auch die Analyse der „Grundlosigkeit" bzw. des „mystischen Grundes" der Autorität nicht viel (vgl. Derrida 1991; Wimmer 2009).

Kurz: vorletzte Worte sollte man gelten lassen. Wobei „gelten lassen" hier vielleicht so viel heißen mag wie „zumindest dem äußeren Anschein nach akzeptieren". Mehr soll man, wenigstens aus einer gesellschaftlichen und republikanischen Perspektive betrachtet, von den Menschen nicht verlangen: es ist unrealistisch, unanständig und zeitweilig sogar gefährlich. Ohne Scheinunterwerfungsleistungen und -gesten geht es vor allem im Alltag überhaupt nicht; das heißt, es geht schon, aber das soziale Leben ist dann noch unangenehmer, als es eh schon häufig ist. Sitte, Konvention und Anstand mögen bieder und bürgerlich anmuten, aber sie stehen wenigstens dem Mythos der Authentizität fern. Da über die destruktiven Seiten der offenen Kommunikation meist nicht gerade tiefschürfend nachgedacht wird, hält sich das Ideal einer offenen und nicht-strategischen Gesellschaft in der einen oder anderen Variante (politisch, moralisch, pädagogisch) unverdient am Leben. Doch Illusion, Täuschung und Betrug sind die Ingredienzien nicht nur der modernen, sondern überhaupt von Gesellschaft. Eine Gesellschaft mit ihrer Vielfalt an „ärgerlichen Tatsachen" (Dahrendorf) kann deshalb auch nicht geschätzt oder gar geliebt, sondern höchstens ertragen werden. Aber die unzähligen, eitlen und unwahrhaftigen Erscheinungsweisen der Menschen machen das Leben insgesamt angenehmer, oft schöner und immer wieder freundlicher. Wenn Kant in seiner Anthropologie schreibt, „Kleidung, deren Farbe zum Gesicht vorteilhaft absticht, ist Illusion; Schminke aber Betrug. Durch die erstere wird man verleitet, durch die letztere geäfft" (Kant 1977, S. 441), so ist er doch weder gegen die Illusion vorteilhafter Kleidung noch gegen den Betrug der Schminke. Gerade Kant sicher nicht (vgl. Manthey 2005)!

1.2 Autorität und Tradierung der Kultur

Die Hauptaufgabe von Erziehung und Unterricht ist die *Tradierung* von Kultur (im weitesten Sinne). Diese elementare Bestimmung wird mit manchen pädagogischen und/oder didaktischen Moden allzu schnell ignoriert. Lieber möchte man die Kinder für eine Zukunft fit machen, von der man gleichzeitig behauptet, man kenne sie nicht. Dass dies eine eigenartige Pädagogik sein muss, fällt schon gar nicht mehr auf. Auch und gerade der Kompetenzdiskurs hilft dabei, die Löcher des Sinns und Zwecks von Schule zu kaschieren, die wohl auch fehlendem Nachdenken geschuldet sind. Man muss vielleicht nicht unbedingt wissen, wohin die Reise *faktisch* geht, aber pädagogisch und politisch wenigstens, wohin sie gehen *sollte*. Wer sich mit der Geschichte der Zukunft (Noack 1996) beschäftigt, also mit der Frage, was Zukunft für andere Kulturen und vor allem für die Menschen in anderen Epochen bedeutet hat, mag erahnen, wie fahrlässig die Rede des „Bruches" mit der Vergangenheit und von der sogenannten „offenen Zukunft", die man sich einzugestehen habe, für die Pädagogik der Moderne *auch* sein kann. Der Sinn der Schule und der vielen sozialen Praxen, die wir in ihr, aber auch außerhalb von ihr erlernen, ist ja gerade, ein möglichst verbindliches – und auch sozial verbindendes – Band zwischen Vergangenheit und Zukunft für die Schüler/innen und die Gesellschaft im Ganzen darzustellen. Doch es kann immer nur Überliefertes, Bekanntes und Bewährtes gelehrt werden, nur „altes" Neues, jedenfalls nicht das Unbekannte und zukünftig Neue. Alles andere widerspiegelt einen „ethnocentrisme de l'actuel", wie Finkielkraut (1999) einmal formulierte, da der ausschließliche Gegenwartsbezug als eine Form des Ethnozentrismus gesehen werden kann – gegenüber den Toten und den noch Ungeborenen (vgl. Margalit 2000).

Wir haben es hier implizit mit der Frage der Autorität zu tun, mit Formen der *horizontalen* Autorität, um genauer zu sein, d. h. etwa der Autorität der *Vergangenheit*, der Tradition, der Religion, des Rituals, des Bildungskanons und vor allem der Sprache, kurz: der Kultur, die wir zunächst – als „Neuankömmlinge" in der Welt der Menschen, als „Immigranten", wie Arendt einmal formulierte – erlernen müssen: ungefragt und alternativlos! Diese horizontale Autorität ist aber auch in die *Zukunft* verlängert: die Autorität der Zukunft, des Projekts, des Fortschritts, des Versprechens und des Vertrages (vgl. Kojève 2004; Meirieu 2005; Revault d'Allones 2005; Steiner 2005). Scheinbar emanzipiert von den *vertikalen* Autoritäten, von Gott, Kirche, Militär und Staat, oder wenigstens von ihren personalen Erscheinungen, gibt es *anonyme* horizontale Autoritäten (vgl. Hunyadi 2005) – das Geld, der Markt, die Erfolgs- und Schönheitsideale, die Medien etc. –, denen sich breite Teile der Gesellschaft vermeintlich umstandslos unterwerfen, während die Schule, weil sie sich der Herkunft-Zukunfts-Dimension nicht mehr sicher zu sein scheint – hilflos und manchmal peinlich, manchmal aber auch dynamisch und zuversichtlich –, sich immer anzupassen versucht an die sich verändernde Welt. Die Halbwertszeit des Wissens würde sich rasant verringern, heißt es dann, das Wissen sich explosionsartig vermehren und wir in einer Gesellschaft leben, die man am besten als Wissensgesellschaft bezeichnen würde. Davon merkt man aber meist nicht gerade sehr viel.

Nun ist es pädagogisch (aber nicht nur pädagogisch) bedeutsam, dass die symbolische Welt ihrerseits zumindest ontogenetisch zunächst *personal* repräsentiert wird. Die Anerkennung einer Person als Autorität impliziert im Bereich des Verhaltens Gehorsam und im Bereich des Wissens Glauben. Obwohl diese Leistungen (Gehorsam und Glauben) elementar für die pädagogische Situation und fundamental für das Kindsein sind (vgl. Damon 1984), wird Autorität auch von Erziehungswissenschaftlern wie vielen anderen vor allem als Gegensatz zu Freiheit, Demokratie und Autonomie begriffen. Dies ist nicht unbedingt einsichtig, weil 1. ein Wegfall von Autorität individuelle und kollektive Freiheitsspielräume weder notwendigerweise vergrößert noch sichert (vgl. Arendt 1994). 2. Ebenso muss die radikale Ablehnung von Autorität kein Ausdruck der Befreiung von derselben darstellen, sondern kann gerade ein Ausdruck einer speziellen (negativen) Bindung an dieselbe sein („Ablehnungsbindung", vgl. Sennett 1985). 3. Die Sicht, wonach *jeder* Gehorsam pathologisch ist (vgl. Gruen 2002), scheint humanistisch und romantisch motiviert, ist aber vielleicht selber als Zeichen der Hyperpathologisierung zu verstehen. Schließlich 4. stellen die Konzepte Autorität und Autonomie keine logischen oder empirisch evidenten Gegensätze dar (vgl. Raatzsch 2007).

Der Wegfall oder die Schwächung von „vertikalen" – d.h. personalen, sozialen oder transzendenten – Autoritäten in den Bereichen Politik, Religion, Recht, Schule und Familie u.a. hat manchen Autoren zufolge mit der Unfähigkeit der älteren Generation zu tun, der jüngeren begrüßenswerte *Zukunft* noch glaubhaft *versprechen* zu können (vgl. Revault d'Allonnes 2005, 2006), d.h. also auch mit der „Offenheit" der Zukunft. Die Schwächung der temporalen Dimension von Autorität ist demzufolge nicht nur in Bezug auf die Vergangenheit zu diagnostizieren – z.B. als Traditionsverlust –, sondern auch als „Zukunftsverlust", was die Legitimität von Autorität(en) noch deutlicher in Frage stellt. Ihre Schwächung hilft der Etablierung von „horizontalen", d.h. mehr oder weniger anonymen „Autoritäten" (vgl. Steiner 2005).

Eine sich republikanischen Idealen verpflichtet sehende Schule trägt das Selbstverständnis der Autorität der Tradition, des Wissens und der Sprache (Kultur) mit wenig Irritation in sich bzw. in ihren wichtigsten Repräsentanten, den Lehrpersonen. Die Ordnung und Objektivität, die sie verkörpert, birgt auch Potentiale für die Bedürfnisse des Kindes bzw. der Schülerinnen und Schüler nach Sicherheit und nach Weltlichkeit. Kinder sind überhaupt nicht esoterisch motiviert, sondern vielmehr *exoterisch.* Eine Schule andererseits, deren Lehrpersonen vor allem die persönliche Beziehung und die schulische Gemeinschaft und Gemeinschaftlichkeit in den Mittelpunkt stellt, birgt andere Potentiale und Probleme. Zu ihren Stärken gehört sicher der Fokus auf diskursive Verfahren und argumentative Auseinandersetzung, wo sie möglich sind. Was aber tatsächlich als Wirkungsfolgen von unterschiedlich gearteten Schulen hinsichtlich solcher Dimensionen valide behauptet werden kann, wird wenig sein. So müssten die jungen Französinnen und Franzosen aus Sicht einer *uninformierten* deutschsprachigen Pädagogik die Schule ziemlich eingeschüchtert, angepasst und wenig selbstbewusst verlassen. Aus einer entsprechend *uniformierten* französischen Perspektive müssten die jungen Deutschen ihre Schule vergleichsweise als undisziplinierte Egoisten und Chaoten verlassen, wären denn solche Wirkungen der insgesamt relativ dramatisch anmutenden schulpädagogischen Unterschiede überhaupt nachweisbar. Doch beides scheint insgesamt nicht der Fall zu sein (vgl. Exkurs II).

1.3 Autoritätsdiskussion – Autoritätsforschung

In jüngerer Zeit hat das Thema der (pädagogischen) Autorität sowohl in Deutschland als auch beispielsweise in Frankreich Eingang in die Medien und in den akademischen Diskurs gefunden. Die Anlässe sind vergleichbar, wenn auch nicht gleichermaßen dramatisch: massive Disziplinprobleme in den Schulen der Pariser Vorstädte, vehemente Proteste und Ausschreitungen der Jugendlichen, aber auch und beispielhaft die pädagogische Bankrotterklärung der Lehrer/innen der Rütli-Schule in Berlin und andere bedeutsame und andere einzelne Problemsituationen. Die Dramaturgie der Diskussionen ist unterschiedlich. Wenn ein ehemaliger Internatsleiter eine sogenannte „Streitschrift“ verfasst, in welcher er für die sogenannte „Disziplin“ wirbt (vgl. Bueb 2006), so kann er in Deutschland, sofern sein Buch Erfolg hat, mit prompten und teilweise vehementen Reaktionen bzw. „Antworten der Wissenschaft“ (vgl. Brumlik 2007) rechnen. Mit denen wird dann aufgezeigt und „bewiesen“, dass die Thesen des Verfassers, der „bewusst oder unbewusst in einer männerbündischen, letztlich frauenfeindlichen Tradition steht“ (S. 9), „unzweifelhaft reaktionär“ (ebd.) u. a. m. sind. Über das Thema selber – die Bedeutung der Disziplin, die Differenz zwischen Disziplinierung und Disziplin, ihr Verhältnis zur Autorität und pädagogischen Führung u. a. –

erfährt man indessen wenig[1], allerdings eben einiges über den „Missbrauch der Disziplin". Während also der Erfolg der über weite Strecken bedenklichen „Streitschrift" die gesellschaftliche Bedeutung der Themen Disziplin und pädagogische Autorität zum Ausdruck bringt, erstaunt die Priorisierung der schnellen „Antworten" der Wissenschaftler/innen: offensichtlich interessiert der politisch korrekte Metadiskurs[2] mitunter mehr als das Thema selbst. Akademisch wünschenswert ist es aber auch, dass zu der im Zentrum stehenden *Sache* Positionen eingenommen und à fonds diskutiert werden.

Wiewohl man kaum leugnen kann, dass das Thema in spezifischen Kontexten – sowohl in Frankreich als auch in Deutschland – den Charakter eines Tabus aufweist, so gibt es doch schon seit langem vielfältige Bemühungen um die theoretische und empirische Erforschung der pädagogischen Autorität. Sie ist schon während und dann in Folge des zweiten Weltkrieges vor allem als sogenannte Erziehungsstilforschung etwa durch Kurt Lewin und seine Mitarbeiter vorangetrieben worden. Gleichzeitig interessierte die Frage nach der „autoritären Persönlichkeit", die auch heute noch vereinzelt empirisch befragt wird. Neben diesen bekannten und relevanten Forschungszentrierungen ergeben sich heute mindestens acht Felder, in welche sich die Forschungsliteratur zur *pädagogischen* Autorität untergliedern lässt:

1. Veröffentlichungen zur *pädagogischen Führung* unter *handlungspraktischer Perspektive.*
2. Literatur zur *Unterrichtsforschung* und zum sogenannten *Classroom management.*
3. *Allgemeine* theoretische und empirische *Untersuchungen,* die das Thema der pädagogischen Autorität als konstitutives Element erzieherischer Tätigkeit behandeln.
4. Pädagogisch relevante *soziologische* Analysen zur Autorität.
5. Die pädagogisch relevante *psychologische* und *psychoanalytische* Autoritätsforschung.
6. *Erziehungsgeschichtliche* Analysen zur Autorität bzw. zum erzieherischen Verhältnis.
7. *Begriffsgeschichtliche* Analysen und Rekonstruktionen.
8. *Philosophische* und *erziehungsphilosophische* Studien zu Fragen der Autorität.

---

1 Eine Ausnahme der von Brumlik (2007) herausgegebenen Beiträge stellt u. E. jener von Frank-Olaf Radtke dar.

2 Der sich übrigens im Ton leicht vergreifen kann, wie der Beitrag von Wolfgang Bergmann im benannten Sammelband (Brumlik 2007) zeigt.

An der Thematik der pädagogischen Autorität zeigt sich, wie wenig man sich – sowohl im internationalen Diskurs als auch innerhalb einzelner Sprach- und Kulturräume – erziehungswissenschaftlich, in mancher Hinsicht zumindest, darüber einig zu sein scheint, welche Konzepte zu den *Grund*begriffen pädagogischer Theorie, insbesondere der Erziehungstheorie, gehören. Jedenfalls scheint nicht nur umstritten, inwiefern, sondern auch ob der Begriff der „Autorität" dazu gehört. Von der völligen Ablehnung sowohl des Begriffes bzw. Konzeptes als auch der pädagogischen Praktiken, die mit „Autorität" in Verbindung gebracht werden oder als ihr Ausdruck gelten (können), bis hin zur Klage einer Krise oder zumindest einer Schwächung der Autorität im Allgemeinen und der pädagogischen Autorität im Besonderen sind namhafte Beispiele zu nahezu allen Positionen bekannt.

Unter den in demokratischen Lebensformen allgemein anerkannten Bedingungen der Moral wechselseitiger Achtung und der Symmetriegebote der Kommunikation ist es schwierig oder auch unerwünscht geworden, das Konzept der Autorität selbst in jenen sozialen Interaktionsfeldern zu rechtfertigen, die von asymmetrischen Beziehungen und Rollenkomplementarität geprägt werden (wie jene von Schule und Erziehung). Sprichwörtlich scheint die große Skepsis gegenüber dem Konzept der Autorität im deutschsprachigen Raum, wo diesbezüglich auch und gerade im pädagogischen, teilweise auch erziehungswissenschaftlichen Diskurs reflexartige Ablehnungshaltungen zu vermerken sind. Historisch nachvollziehbar, wenn auch nicht unbedingt verständlich oder gut begründet, wird im deutschen Diskurs Autorität vielleicht noch schneller als anderswo als Gegensatz zu Freiheit, Demokratie und vor allem Autonomie begriffen (vgl. Arendt 1994; Raatzsch 2007).

Während die Rede von der „Krise der Autorität" über einige Jahrzehnte als Topos des pädagogischen Diskurses gelten durfte, besteht die „Krise der Krise", um es mit Meirieu (2005) zu sagen, heute eher in der Vergleichgültigung gegenüber traditionalen bzw. vertikalen Autoritäten: gegen Autoritäten, die nichts zu versprechen haben, muss auch niemand ankämpfen, muss sich niemand „befreien". Wie aus einer fernen, entrückten und definitiv vergangenen Welt muten daher heute Schriften wie Liebel und Wellendorfs *„Schülerselbstbefreiung. Voraussetzungen und Chancen der Schülerrebellion"* (1969) an. Während der Kampf gegen Autorität dieselbe zwischenzeitlich oder auch dauerhaft in die Krise gestürzt haben mag, besteht die Krise der Krise (der Autorität) darin, dass ein solcher Kampf heute nicht nur pathetisch-lächerlich, sondern geradezu als irrelevant erscheint. Autorität wird von der „Tyrannei der Gegenwart" also nicht einfach delegitimiert, sondern vielmehr außer Kraft gesetzt.

Trotz dieser Diagnosen – die in ihrer Dramaturgie und Validität kritisch hinterfragt werden müssen – bleibt insbesondere pädagogische Autorität in der einen oder anderen Form immer Thema, wohl weil Erziehung (halt doch) eine anthropologische Konstante darstellt, institutionalisierte Bildung eine Notwendigkeit moderner Gesellschaften bleibt, und wahrscheinlich, weil jeder Pädagoge und jede Pädagogin in der Praxis, zumindest in der institutionalisierten Praxis, die Erfahrung macht, dass „es" ganz „ohne Autorität" eben doch „nicht geht". So stellen sich die Fragen 1. wie pädagogische Autorität wahrgenommen wird, 2. wie sie gerechtfertigt wird und 3. welches die konkreten Praxen der Herstellung und Aufrechterhaltung sowie des Verlustes von pädagogischer Autorität sind.

2

„Früher waren die Verhältnisse autoritär …"

„Das Problem der Gehorsamsbereitschaft
gegenüber Autorität ist uralt,
so alt wie die Geschichte von Abraham und Isaak."
Stanley Milgram (1982, S. 7)

Das Wort „Autorität" stammt aus dem lateinischen *auctoritas*, das eine Ableitung von *auctor* (die Kraft zu mehren, wachsen zu lassen und zu fördern) und *augere* darstellt (vgl. Helmer & Kemper 2004, S. 127). *Auctoritas* wird übersetzt mit Begrifflichkeiten wie Urheberschaft, Ansehen, Glaubwürdigkeit, Ermächtigung oder Vorbildlichkeit u.a. Mit diesen Wörtern kommt zum Ausdruck, dass Autorität – zumindest ursprünglich – mehr mit Ratschlag und Empfehlung zu tun hatte als mit Befehl, Machtgebrauch oder gar Gewalt. Im Unterschied zu anderen römischen bzw. antiken Konzepten gibt es zu *auctoritas* keine griechische Entsprechung. Während das antike Athen sozusagen als Erfinderin der *demokratischen* Herrschaftsform bekannt ist, die seit Aristoteles *Politik* (1981, 1279a-b, 1313b) genannt wird[3], steht das antike Rom für uns für den ersten Stadtstaat, in welchem das *Recht* die zentrale Rolle spielt (vgl. Brunkhorst 2008, S. 88). Das Recht dient im antiken Rom zwar der Stabilisierung der Macht der Wenigen über die Vielen, aber eben auch der Sicherung des Rechts der Vielen gegen die wenigen Bessergestellten (ebd.). „Römisches Recht", so Wesel, „war das Recht der vornehmen Leute. Klassisch heißt zwar vorbildlich – und so wird das römische Recht seit dem Ende des 18. Jahrhunderts genannt –, aber klassisches Recht war auch Klassenrecht, das Recht der Besitzenden untereinander, also Zivilrecht. Mit den anderen machte man kurzen Prozess" (Wesel 1997, S. 156). Insbesondere die Macht und die Rechte des Hausherrn sind sprichwörtlich gewesen: „Innerhalb des Hauses, des *dominiums* – das gewöhnlich ein Landgut – das gewöhnlich mit zahlreichen Bediensteten, Sklaven, Frauen, Konkubinen usw. war – galt eigenes Recht, die Rechtssprechung des Hausherrn, des *pater familias*, der, wenn er nur mächtig genug war, nach Belieben über Leben und Tode der Seinen verfügen könnte. Das Hausgericht verfügte die Todesstrafe unter Ausschluss der Öffentlichkeit, während die ‚grausame Vollstreckung als präventive Maßnahme in aller Öffentlichkeit vollzogen wurde'" (Bürge 1999, S. 47, zit. nach Brunkhorst 2008, S. 89). Der „Fortschritt" bzw. die Bedeutung des römischen Rechtes kann darin gesehen werden, dass es *öffentliches* Recht gewesen ist: „Was Recht war, musste allen bekannt und durfte nicht das Geheimwissen einer herrschenden Klasse sein, und es musste öffentlich, meist unter freiem Himmel auf dem *Forum Romanum* gesprochen werden" (ebd.). Die Gesetze (leges) wurden vom *populus* (*populus romanus*, dem „römischen Volk") und nicht vom *senatus* festgelegt, die Kompetenz des *populus* ist die *potestats*, die Macht im Medium des Rechts zu bestimmen, während die Kompetenz des Senats in seiner Autorität liegt, in der Möglichkeit, aufgrund von Ansehen (und Tugendhaftigkeit) *Empfehlungen* abzugeben, die ernst genommen werden *sollten* (vgl. ebd.). Das lateinische *auctoritas* – als Urheberschaft, Ansehen, Vorbild, Vollmacht – wurde im spätantiken Rom als Bezeichnung der rechtlichen Position des Senats gebraucht. Diese Versammlung aus ehemaligen Beamten hatte als Rat der „patres" (Väter) nur beratende Funktion und wirkte – im Unterschied zum Magistrat – ausschließlich über sein Ansehen (auctoritas). Dieses ursprünglich aus dem familiären Bereich stammende und dann auf den politischen Bereich übertragene Modell des ratgebenden, lebenserfahrenen „Vaters" avancierte in der christlichen und humanistischen Tradition zum idealtypi-

3 Demokratie ist nach Aristoteles eine zwar schlechte, aber immer noch die beste unter den real vorkommenden Staats- und Herrschaftsformen.

schen Vorbild für die Eltern-Kind-Beziehung und die Lehrer-Schüler-Beziehung. Doch der „Vater" ist freilich nicht die einzige Figur oder Metapher für Autorität.

Die Anerkennung einer Autorität kann im intellektuellen bzw. kognitiven Bereich als *Glauben* begriffen werden, im voluntativen Bereich führt die Anerkennung einer Autorität in der Regel zu *Gehorsam* (vgl. von Tessen-Wesierski 1907). Den Alten ist zu glauben und zu gehorchen. Ein allgemeines Kennzeichen „dafür, dass wir es (...) mit Autorität zu tun haben", ist nach Krüger dieses: „dass eine Person irgendwie ‚maßgebend' ist – dass sie anderen ‚etwas zu sagen hat', während sich die anderen etwas von ihr ‚sagen lassen', oder doch sagen lassen sollten, oder sagen lassen müssen" (Krüger 1953, S. 26–27). Mit dieser Formulierung kommt zum Ausdruck, dass zwischen Macht und Autorität zu unterscheiden ist, wiewohl dieser Unterschied meist analytisch interessiert, empirisch aber mit der Anerkennung einer Autorität in der einen oder anderen Form auch eine Ermächtigung derselben einhergeht, bei welcher die emotionalen Aspekte der Achtung und Anerkennung, womöglich des Respekts und der Ehrfurcht eine zentrale Rolle spielen.

Die Wörter „Macht" und „Autorität" und die Phänomene, die sie bezeichnen, werden heutzutage eher negativ wahrgenommen, sie haben einen insgesamt schlechten Ruf, beinahe wie „Gewalt". Man hat sich in der Alltagsrede daran gewöhnt, „Autorität" und „Macht" negativ zu konnotieren und als Gegensatz zu „Freiheit", „Autonomie" und „Demokratie" zu verstehen. „Autorität erscheint heute", so Reichwein, „häufig als ein Begriff, mit dem sich das, was er bezeichnet, stets nur selbst rechtfertigt und zugleich das, was in ihrem Namen geschieht, einer genaueren Erkenntnis entzieht" (Reichwein 2001, S. 148). Es stelle sich der Erziehungswissenschaft daher die prinzipielle Frage, ob der Autoritätsbegriff nicht einfach besser der Umgangssprache überlassen und „differenziertere und präzisere Konzepte verwendet oder entwickelt werden sollten" (ebd.). Dieser nachvollziehbaren Sicht kann eine Aussage des amerikanischen Psychologen William Damon entgegengesetzt werden: „Autorität ist (...) unserer Auffassung nach fundamental im Lebens eines Kindes. Sie ist von zentraler Bedeutung für die weiteren sozialen Erfahrungen seines sich entwickelnden sozialen Wissens. Aber dennoch ist ihre Funktion begrenzt. Nicht alles in der sozialen Welt wird durch Autorität geregelt, und die Moralvorstellungen des Kindes werden nicht von Autorität dominiert" (Damon 1984, S. 203). Der negative Ruf oder zumindest die Ambivalenz des Phänomens der Autorität, mag es noch so grundlegend sein, motiviert dazu, es zu verleugnen. Die Illusion, frei zu sein, bedeute, „dem Bann der Autorität entkommen zu sein" (Sennett 1985, S. 233), und entspricht einer „Kultur der Negation", in der die Wahrnehmung der „Stärkeunterschiede" zwischen den Menschen, die zu Furcht und Respekt, sicher aber zur Anerkennung personaler Autoritäten führen kann, politisch und moralisch problematisch geworden ist. Allerdings büßen sogenannte persönliche Autoritäten in der Regel schnell an Macht ein, wenn man sie näher kennenlernt, sie verblassen merklich, sobald man ihnen nahe ist und man verliert die Furcht vor ihnen, sofern man sie hatte (vgl. S. 191). Die Abnahme der Furcht gegenüber persönlichen Autoritäten kann durch Bürokratie und Institutionalisierung kompensiert werden: „Von Christus führt der Weg unweigerlich zur Kirche", um es mit Sennett treffend zu sagen (S. 189). Man könnte auch formulieren, dass das Fehlen von „vertikalen" Autoritäten (Gott, König, Regierung, Vater, Mutter ...) durch eher „horizontale" Autoritäten (Vereinbarungen, allgemeine Regelungen, gesellschaftliche Normen und Systemzwänge) kompensiert wird.

Werden Freiheit und Autorität bzw. Autonomie und Autorität – aus welchen Gründen auch immer – als Gegensatz wahrgenommen, so kann man, da es uns wichtig ist, frei oder autonom zu sein, „Autoritäten" verständlicherweise nur ablehnen. Es wird sogar zur Pflicht, zumindest als erwachsene Person, keinen Autoritäten zu folgen. Die Folgsamkeit, die von Kindern in der Regel erwartet, erhofft und auch begrüßt wird, erscheint für erwachsene Menschen nicht angemessen, sondern vielmehr ein Zeichen einer mangelnden persönlichen, moralischen und politischen Reife zu sein (vgl. Raatzsch 2007): *freie* Bürgerinnen und Bürger folgen keinen Autoritäten. Es ist, als ob es keinen freien, selbstbestimmten Entschluss geben kann, einer Autorität zu folgen. Wobei dieses „Folgen" den Charakter des Gehorchens und/oder auch des Glaubens aufweisen kann: im Bereich des Verhaltens bedeutet Folgen letztlich Gehorchen, im Bereich des Wissens dagegen Glauben. Autoritätsgehorsam und Autoritätsgläubigkeit sind zwei verschiedene, aber dennoch manchmal eng miteinander verbundene Dimensionen der Folgsamkeit.

Die Geschichte der Aufklärung wird gerne als eine Geschichte der Emanzipation gegenüber Autoritäten dargestellt. Mit der angenehmen und scheinbar beruhigenden Sicht der vermeintlichen Linearität sukzessiv zunehmender Emanzipation irritiert dann aber die Frage, wie reibungslos bzw. zu welchem Preis die Transformation jener Funktionen, für die persönliche Autoritäten vorwiegend stehen bzw. gestanden sind – namentlich die Befriedigung des Ordnungs- und Sicherheitsbedürfnisses –, vonstattengehen konnte. „Der moderne Autoritätsverlust", schreibt Hannah Arendt 1957, „die Tatsache nämlich, dass wir in der modernen Welt kaum noch Gelegenheit haben zu erfahren, was Autorität *eigentlich* ist, hat natürlicherweise zu einer gewissen Begriffsverwirrung geführt" (1994, S. 159; Hervorhebung R.R.). Wer wissen wolle, was Autorität „eigentlich" sei, müsse sich auch damit beschäftigen, „was Autorität nicht ist und niemals war" (ebd.). Autorität ist nach Arendt vor allem dieses *nicht*: erstens sie ist keine Gewalt, sondern im Grunde ein Gegensatz zur Gewalt, „wo Gewalt gebraucht wird, um Gehorsam zu erzwingen, hat Autorität immer schon versagt" (ebd.), und zweitens habe sie nichts mit Argumentieren oder Überzeugen zu tun, welche „Gleichheit" voraussetzen würden: „Argumentieren setzt Autorität immer außer Kraft" (ebd.).

In Zeiten, in denen alle wissen, dass man alles gemeinsam bereden sollte, vor allem problematische Entscheidungen, in denen die Moral der Partizipation und Mitentscheidung sich durchsetzen konnte, so dass sich die Alleinentscheidenden heute rechtfertigen müssen, scheinen personale Autoritäten und Autoritätsgläubigkeit überwunden zu sein. Waren die sozialen Verhältnisse früher autoritär, so scheinen sie es heute nicht mehr oder kaum mehr zu sein.

2.1 Die Krise der Autorität und die Krise der Autoritätskrise

Was ist mit dem Generationenkonflikt los?

Lernen besteht nur zu einem geringen Teil darin, dass Menschen sogenannte „eigene" Erfahrungen machen, vielmehr geht es in der Entwicklung des Einzelmenschen und der Generationen wesentlich darum, Fremderfahrungen, insbesondere natürlich die Erfahrungen der älteren Generationen zu übernehmen. Da unsere Originalität und Lernkapazität begrenzt ist und wir für das, was wir alles lernen müssten, im Grunde einfach viel zu wenig lang leben, scheint dies anders auch kaum denkbar zu sein. Es ist sogar eine besondere Gabe und Fähigkeit, zumindest von der partiellen Übernahme von Erfahrungen, die andere bereits gemacht haben und als Wissen in der einen oder anderen Form eine Zeitlang speichern, zu lernen.

Die evolutionstheoretische These, wonach sich die *Fähigkeit*, von der älteren Generation zu lernen, nur unter den Voraussetzungen hat entwickeln können, dass die ältere Generation bereit und in der Lage war, Wissen weiterzugeben, und dass die nachwachsende Generation ebenso bereit und in der Lage war, Traditionsgut zu übernehmen, erscheint unmittelbar plausibel. Liedtke (1989) und andere haben in diesem Sinne argumentiert. Zu den Voraussetzungen gehört auch ein gewisser Vertrauensvorschuss. Weil wichtige

Lernerfahrungen der älteren Generationen von der jüngeren kurzfristig oder längerfristig genutzt werden konnten, d.h. sich in der einen oder andern Form als sinnvoll gezeigt haben, haben sich nach Liedtke wohl überhaupt Traditionen herausbilden können. Längerfristig ist Traditionsbildung hingegen nur dann von Vorteil, wenn sie nicht nur Wissen (Tatsachenwissen, Verfügungswissen, Orientierungswissen, Reflexionswissen) aufbewahrt und schützt, sondern genügend flexibel für individuelle Lernprozesse ist, d.h. Eigenerfahrungen. Die Übernahme von Fremderfahrung habe demzufolge auch „kritisch" erfolgen können – Generationenkonflikte können so als evolutiv herausgebildete Systemvorkehrungen begriffen werden, die erforderliche Kritik und Kritikfähigkeit sichern (vgl. ebd.): Das Wissen der Alten muss auch kritisch befragt werden können, vielleicht wird es zunächst einfach mal abgelehnt und die Ablehnung auch abgelehnt (man könnte von intergenerativen Trotzphasen sprechen). Das Individuum bleibt auch in der Moderne auf die „Sinnproduktion" der Gemeinschaft verwiesen. Wie das Selbst ist auch die Gemeinschaft nach Eugen Fink (1987) durch ihr Selbstverständnis bestimmt: „Zu ihr gehört immer eine Auslegung ihrer selbst" (S. 8). Diese Reflexion sei keineswegs eine „nachträgliche Zutat", sondern gerade das „Element, wodurch und worin die Gemeinschaft lebt" (ebd.). Die paradoxe Formulierung, die Fink an dieser Stelle in *Existenz und Coexistenz* gebraucht, bezieht sich darauf, dass die Gemeinschaft sich in ihrem Sinnentwurf vom Wesen der Gemeinschaft konstituiert (ebd.). Dies bedeutet jedoch nicht, dass der Sinnentwurf einer Gemeinschaft etwas homogenes oder unstrittiges wäre. Das Gegenteil ist *wesensmäßig* der Fall: „Seit es Menschen gibt, gibt es auch die strittige Gemeinschaft des Kampfes um den Sinn von ‚Gemeinschaft'" (S. 144). Es gibt immer einen Streit um „die Methoden der praktischen Lebensbemeisterung, des rechten Umgangs mit den Mitmenschen, des erfolgreichen Verhaltens", schreibt Fink an anderer Stelle (1970, S. 55) und kann so zu einer prägnanten Formulierung kommen: „Die Sitte lebt" (S. 100).

In der Doppelfunktion – Bewahrung und Erneuerung – liegt auch eine doppelte Verantwortung für Bildung und Erziehung bzw. Erzieher und Erzieherinnen sowie Ausbildende begründet. Aus der gegenwartszentristischen, scheinbar auf eine „offene" Zukunft ausgerichteten Perspektive ist freilich weniger einsichtig, dass Erziehung – als einem der wesentlichen Kommunikations- und Reibungsfelder zwischen Alt und Jung – zentral mit Bewahren und nicht nur mit Befähigung zu tun hat. Erziehung und Bildung haben, so hat Hannah Arendt (1958/1994) hervorgehoben, immer ein konservierendes Moment, ein die Welt schützendes Moment. Für diesen Schutz spielen Autorität, Tradition und Religion eine wichtige Rolle: „Das Konservative im Sinne des Konservierenden scheint mir im Wesen der erzieherischen Tätigkeit selbst zu liegen, deren Aufgabe es immer ist, etwas zu hegen und zu schützen – das Kind gegen die Welt, die Welt gegen das Kind, das Neue gegen das Alte und das Alte gegen das Neue" (S. 273). In Bezug auf die Anerkennung von Autorität, Tradition und Religion ist die (westliche) Welt freilich „aus den Fugen" geraten (vgl. Arendt ebd.; Hellekamps 2006). Das Problem besteht aber freilich darin, dass hier das Band zwischen den Generationen und das kulturelle, epistemische und moralische Verbindungsstück zwischen Herkunft und Zukunft freilich nicht ganz gerissen bzw. verloren, wohl aber geschwächt worden bzw. defekt geworden ist. Das merkt man etwa daran, dass es keinen Fortschritt mehr gibt, sondern nur noch Innovation – genauer formuliert: dass die Fortschrittsemantik von der Innovationsrhetorik weitgehend ersetzt worden ist. Das ist eine schwierige Ausgangslage für die Anerkennung der Autorität der älteren durch die jüngere Generation. Wo aber die Anerkennung des Alten einerseits nicht mehr eingefordert wird und andererseits auch nicht mehr dagegen gekämpft werden muss, gibt es auch keine Generationskonflikte, da gibt es zwar Probleme, aber keine Aufgaben, welche die beiden „Konfliktparteien" zwingen, sich selbst und die Anderen *anders* sehen zu lernen.

Der Generationenkonflikt hat – nebst vielleicht vielen negativen Aspekten – auch eine „demokratische" Dimension gehabt. Streit, Strittigkeiten und Konflikte mussten ausgehalten werden (können), das war und ist auch heute die Essenz des demokratischen Ethos. Es mag zwar Gemeinschaften geben, die nach dem Harmoniemodell funktionieren, allerdings haben es Andersdenkende in diesen Gemeinschaften manchmal schwer. In demokratischen Gesellschaften aber geht es um das Recht, zu partizipieren, wie das Recht, sich zu distanzieren – ob für Alt oder Jung –, und vor allem geht es um das Recht, eine andere Meinung zu äußern und den Konflikt in Erscheinung treten zu lassen. Das weiß man schon länger: Das Fragment 125 von Heraklit wird manchmal wie folgt wiedergegeben: ‚Auch der *kykeôn* zersetzt sich [*diistatai*], wenn man ihn nicht umrührt [*mê kinoumenos*]'. Die Philosophin Loraux (1994) erläutert dies folgendermassen: „Der *kykeôn*, das Getränk – oder präziser gesprochen, der Mischgetrank – (...) hat seinen Namen vom Verb *kykaô*, ‚rühren', und Heraklit beschäftigt (...) [sich hier] mit dem „seltsamen Gesetz", das besagt, dass man rühren muss, gewissermaßen ‚aufrührerisch' sein muss, um die Teilung oder Entzweiung [*diistatai*, das Verb zum Nomen *diastasis*] der Mischung zu vermeiden" (S. 45). Die Pointe in anderen Worten zusammengefasst: „Wenn es keinen Aufruhr gibt, keinen Konflikt, gibt es Teilung und Zwietracht" (S. 47), so Nicole Loraux. Nicht der Krieg, sondern der Streit ist der Vater aller Dinge, und Generationen, die nicht auch im Streit liegen, machen etwas falsch – ihnen geht etwas ab und man fragt sich, wofür oder wogegen die überhaupt noch sind.

Natürlich bleibt der Konflikt ambivalent, er ist weder eindeutig gut noch eindeutig schlecht. Gibt es aber ein emotionales Band zwischen den Streitenden, mögen oder lieben sich die Familienmitglieder, schätzt man den politischen Gegner als Menschen, achtet man den Diskutanten auf der anderen Seite, der immer alles falsch sieht, aber wenigstens auf intelligente oder aufrichtige Weise falsch, dann ist der Streit produktiv und es wird vielleicht auch etwas gelernt. Fehlt dieses Band, so ist der Streit meist nicht produktiv, und manchmal nur noch destruktiv. Dieses affektive Band hat aber damit zu tun, ob es auch als Verbindung von Herkunft und Zukunft verstanden werden kann. Und sei die Zukunft bloß das Refugium, in welches man sich imaginativ zurück zieht, um die Gegenwart zu ertragen. Die Geschichte der Zukunft ist vielfältig und was die Zukunft für unterschiedliche Generationen und Epochen jeweils bedeutet hat, erscheint von erheblicher Bedeutung zu sein für das Zusammenleben in der jeweiligen Gegenwart (vgl. Noack 1996).

Verzeihen und Versprechen

Das affektive Band zwischen den Generationen und Epochen ist im Zusammenhang mit zwei grundlegenden menschlichen Praxen zu verstehen, nämlich mit dem in die Zukunft gerichteten *Versprechen* einerseits und mit dem rückwärts in die Vergangenheit gerichteten und dieselbe uminterpretierenden *Verzeihen*. Beide Praktiken sind Quellen der Autorität. Wer nichts zu versprechen hat, der muss auch kein Versprechen halten und er kann, was er nicht versprochen hat, auch nicht brechen. Und wer kein Versprechen gebrochen hat, den kann man dafür auch nicht zur Verantwortung ziehen; niemanden muss er um Verzeihung bitten, und niemand muss ihm verzeihen. Allerdings würde er auch nicht unmittelbar erfahren, dass Verzeihen und Versprechen zwei wesentliche Interaktionspraktiken sind, die den Menschen mit seiner Vergangenheit und seiner Zukunft verbinden. Verzeihen und Versprechen ermöglichen eine gewisse Kontrolle im Umgang mit dem Vergangenen und dem Zukünftigen. Zu verzeihen oder zu vergeben heißt, um es mit Arendt zu sagen, einem Missetäter eine neue Chance zu geben, die Tat von seiner Person zu trennen und ihn dadurch auch zu entlasten und ihm, d. h. der Beziehung zu ihm, eine neue Chance zu geben. Verzeihen erfordert die Leistung, zwischen Tat und Person zu unterscheiden, wiewohl die Tat womöglich ein Unrecht bleibt und weiterhin erinnert wird und möglicherweise auch erinnert werden muss. Vergeben ist nicht vergessen, vielmehr ist das Erinnern der Tat, wie Avishai Margalit (2000) betont hat, die Bedingung des Vergebens und Verzeihens. Man verzeiht also, wie Arendt hervorhebt, nicht die Tat, sondern dem Menschen. Durch das Verzeihen werden die Last und die Macht der prinzipiell unveränderbaren Vergangenheit gemildert und insofern wird zumindest die Sicht auf das Vergangene verändert.

Umgekehrt wird mit dem Versprechen das unsichere Künftige etwas sicherer gemacht. Während das Verzeihen der Vergangenheit etwas von ihrer Macht nimmt, gibt das Versprechen eine gewisse Kontrolle über die Zukunft, Wirksamkeit und Erwartbarkeit im Umgang mit der unsicheren Zukunft. Dies mag ein verbales Versprechen zwischen zwei oder mehreren Menschen oder Menschengruppen sein, es kann sich aber auch um einen Vertrag, ein Projekt, einen Beschluss oder ähnliches handeln – jede dieser Praxen erfordert ein bestimmtes Maß an Vorschussvertrauen. Annette Baier hat für die beiden Sozialpraxen griffige Formulierungen geprägt, danach ist Versprechen „fixing an unfixed future" und Verzeihen „unfixing a fixed past" (vgl. Baier 1994, S. 294 ff.). Mit dem Versprechen „fixieren" wir ein Stück Zukunft, mit dem Verzeihen lösen wir eine „fixierte" Vergangenheit etwas auf, wir „unfixen" sie. Ohne die Möglichkeit, das Vergangene teilweise zu modellieren und das Zukünftige teilweise zu bestimmen, könnten sich Menschen kaum als Akteure begreifen, sie wären vor allem Opfer oder Spielball, von der Vergangenheit in die Gegenwart geworfen, von dort in die Zukunft katapultiert. Der Vorteil: Sie müssten keine Verantwortung übernehmen, denn sie können ja nichts dafür, nichts für das Vergangene, nichts für das Künftige. Es ist ja nicht nur ein unangenehmer Zustand, zu wissen, dass man sich die Hände nicht schmutzig gemacht hat und sie nicht schmutzig machen kann. Wer aber zum Täter wird, der ist auf die Praxis des Verzeihens angewiesen, und vielleicht muss ihm nicht nur sieben, sondern „siebzigmal sieben mal" vergeben[4] werden, damit er weiterleben kann – um das Ganze noch etwas zu „biblifizieren".

Wie verhalten sich die Lebensalter zu diesen beiden menschlichen Praxen? Verzeihen können und versprechen können, sind beides Quellen von Autorität, beide setzen eine gewisse Erfahrung, eine gewisse Zuversicht und ein Maß an Selbstsicherheit voraus. Die Quelle der Autorität des Versprechens liegt, genauer gesagt, darin, eine bestimmte Zukunft versprechen zu können: z. B. Besitz, Position, Heilung, Zufriedenheit, Glück, Freiheit. Wer besitzt, kann Besitz versprechen, wer über das Wissen des Heilens verfügt,

4 Matthäus 18,21-22: „Dann trat Petrus zu ihm und sprach: Herr, wie oft soll ich meinem Bruder, der gegen mich sündigt, vergeben? Jesus spricht zu ihm: Ich sage dir: Nicht sieben mal, sondern siebzigmal sieben mal!"

kann dieses weitergeben oder auch Heilung in Aussicht stellen, auch etwa eine ehrenvolle politische Position oder eine attraktive Arbeit. In gewisser Weise kommt im Versprechen eine Tauschmoral zum Ausdruck, ohne die Autorität kaum anerkannt werden könnte (vgl. Kap. 7.2).

Die Krise der Krise

Auch Krisen können in die Krise geraten. Die Krise der Autorität kann als Topos der modernen Pädagogik betrachtet werden. Personale Autonomie der Lebensführung und Moral entwickelt sich gerade durch Emanzipation von Autoritäten. Der einmal so genannte Generationenkonflikt kann als eine Krise der Autorität verstanden werden und als eine Form des Wertwandels. Die jüngere Generation will nach „eigenen" Vorstellungen und Werten ihr Leben führen und muss sich von den Vorstellungen der älteren Generation – d. h. von der Autorität der Älteren „befreien". Der Konflikt und die Krise sind insofern bedeutsam für die Entwicklung und Bildung von Autonomie. Autonomiepädagogiken sehen die Autonomie als Ziel von Erziehung und Bildung und stehen deshalb *nur scheinbar* vor dem Problem, dass sie die Krise der Autorität befürworten müssen.

Das Verblassen der temporalen Dimension von Autorität ist nicht nur als Traditionsverlust – in der Form der Delegitimierung der Imperative der Herkunft und selbstverständlichen Geltung des Herkömmlichen – zu verstehen, sondern, wie schon erwähnt, auch als „Zukunftsverlust" (vgl. Meirieu 2005; Revault d'Allonnes 2005). Die Schwächung der Autorität der Zukunft (z. B. des „Moderneprojekts") wird mit der Etablierung von „horizontalen" – mehr oder weniger anonymen – „Autoritäten" kompensiert.

Der kaum ernsthaft in Frage zu stellende Verlust an vertikaler, traditionaler Autorität wird allerdings nicht nur auf anonyme Weise „horizontal kompensiert", sondern ist möglicherweise ein Grund für Überkompensationen in Form von (pseudo-)religiösen und (pseudo-)politischen Fundamentalismen und Gruppierungen, in denen die soziale Interaktion und Kommunikation nun um so rigider, vertikal-hierarchisch, strukturiert werden – allerdings, und dies ist bedeutsam, ohne überzeugende Anbindung an Herkunft und Zukunft (vgl. Meirieu 2005, S. 91). Während die Rede von der „Krise der Autorität" über einige Jahrzehnte als Topos des pädagogischen Diskurses gelten durfte, besteht die „Krise der Krise" heute eher in der Vergleichgültigung gegenüber traditionalen bzw. vertikalen Autoritäten. Während der Kampf gegen die Autorität oder zumindest das Ringen mit der Autorität dieselbe in die Krise gestürzt haben mag, besteht die Krise der Krise der Autorität darin, dass ein solcher Kampf heute geradezu irrelevant erscheint: wo dem jugendlichen Lebensgestaltungswillen nur noch verständnisvolle Unsicherheit oder unsicheres Verständnis entgegengebracht wird, kann sich dieser kaum in argumentativ-diskursiver Auseinandersetzung artikulieren, sondern muss andere, womöglich sprachlose Formen der Verarbeitung dieses Friktions- und Resonanzmangels finden. Pädagogisch prekär ist daher nicht die Krise der Autorität – die vielmehr zum pädagogischen Programm der Moderne gehört –, sondern das Verschwinden dieser Krise, also die Autoritätskrise, die selber in der Krise steckt.

Doch trotz der „Tyrannei der Gegenwart", trotz „offener Zukunft" und trotz Pädagogen, die als „Erben ohne Testament" – ein Ausdruck von René Char – nicht genau wissen, wohin die Reise gehen soll, wird die pädagogische Autorität natürlich nie nur krisenhaft und die Krise der Krise nicht umfassend sein. Dafür sorgen schon allein die Differenzen von Alt und Jung, wissend und unwissend, kompetent und inkompetent, einsichtig und uneinsichtig u. v. a. m., d. h. die zumindest partielle Asymmetrie und Rollenkomplementarität jeder pädagogischen Beziehung.

2.2 Wie wir (nicht mehr) zu sein meinen – eine Spätlese zu Stanley Milgrams Experimenten zum Autoritätsgehorsam

Zu den berühmtesten Experimenten der (Sozial-)Psychologie gehört die Untersuchungsreihe zum Autoritätsgehorsam von Stanley Milgram (1982). Seine 1961 durchgeführte Studie stand ganz im Zeichen der Frage, wie es zu dem Regime der Nationalsozialisten und zu der systematischen Ermordung der jüdischen Bevölkerung kommen konnte (S. 17). Die Erklärung, dass diese Verbrechen mit dem „autoritären Charakter" der Deutschen zu tun hätten, überzeugte den damals noch sehr jungen Forscher Milgram, Assistenzprofessor für Psychologie in Yale, nur bedingt. Weniger die Persönlichkeit vermag das Phänomen des krankhaften Gehorsams zu erklären, meinte er, als vielmehr der Einfluss und die Macht der Situation (Slater 2005, S. 45).

Hannah Arendt hatte 1961 den Eichmann-Prozess in Jerusalem für die amerikanische Wochenzeitschrift *The New Yorker* verfolgt und schließlich ein Buch (1963/1986) darüber geschrieben, das den Untertitel „Ein Bericht über die Banalität des Bösen" trägt, mit welchem sie sich große Probleme, insbesondere öffentliche Verleumdungen eingehandelt hatte. Die Taten eines nationalsozialistischen Verbrechers wie Adolf Eichmann, SS-Obersturmbannführer und Haupt- und Mitverantwortlicher für die „Endlösung" der sogenannten „Judenfrage in Europa", konnten nicht „banal" sein, vielmehr konnte dafür nur ein Monster verantwortlich sein, ein unmenschlicher Scherge ohne jede Würde und Moral. Arendt beschrieb Eichmann jedoch als fantasielosen Bürokraten, der sich noch bei seiner Hinrichtung eingespielter Klischees und Sprüche bediente: „In diesen letzten Minuten war es, als zöge Eichmann selbst das Fazit der langen Lektion in Sachen menschlicher Verruchtheit, der wir beigewohnt hatten – das Fazit von der furchtbaren Banalität des Bösen, vor der das Wort versagt und an der das Denken scheitert" (S. 300).

Der internationalen Kontroverse, die Arendts „Bericht" auslöste, galt auch Milgrams Interesse: „Irgendwie hatten die Leute das Gefühl, die monströsen Taten, die Eichmann verübte, könne nur eine brutale, perverse, sadistische Persönlichkeit, eine Inkarnation des Bösen begangen haben. Nachdem ich in unseren Experimenten gesehen habe, dass sich Hunderte normaler Durchschnittsmenschen der Autorität unterordneten, gelange ich zwangsläufig zu dem Schluss, dass Hannah Arendts Konzept von der *Banalität des Bösen* der Wahrheit näherkommt, als man sich vorzustellen wagen würde" (Milgram 1982, S. 22). Zur Frage stand für Milgram die – allgemein unterstellte – Macht der Moral bzw. des Moralgefühls des Individuums (vgl. S. 23). Wie stark ist das moralische Individuum und gelingt es der einzelnen Person, ihren Überzeugungen entsprechendes Handeln und ihre Meinungen entsprechendes Verhalten folgen zu lassen? Mit Milgram muss man dies sehr relativ sehen: „Viele Versuchspersonen unseres Experiments waren in gewisser Hinsicht gegen das, was sie dem Schüler antaten, und viele protestierten, noch während sie gehorchten. Aber zwischen Worten und Gedanken und dem entscheidenden Schritt des Ungehorsams gegenüber einer böswilligen Autorität liegt noch etwas anderes, nämlich die Fähigkeit, Überzeugungen und Wertmassstäbe in Aktion umzusetzen. Manche Versuchspersonen waren vollkommen von der Unrechtmäßigkeit ihres Tuns überzeugt, konnten sich jedoch nicht zu einem klaren Bruch mit der Autoritätsperson entschließen" (S. 27).

Im Experiment werden die (uneingeweihten) Versuchpersonen in ein Psychologie-Labor geleitet, um dort (scheinbar) „an einer Untersuchung über Erinnerungsvermögen und Lernfähigkeit teilzunehmen" (S. 19). Die uninformierte Versuchsperson übernimmt den Part des „Lehrers", während der Schüler („das Opfer") über den Versuch informiert ist. Der „Lehrer" sieht, wie der „Schüler" festgeschnallt wird. Man bringt den „Lehrer" anschließend in den Hauptexperimentierraum und lässt ihn „vor einem eindrucksvollen Schockgenerator Platz nehmen" (S. 19). Horizontal angeordnet sind

30 Schalter zu erkennen, die mit Voltstärken bezeichnet sind, bei 15 Volt („leichter Schock") beginnen – mit Schritten von jeweils plus 15 Volt – stärker werden und bei 450 Volt („bedrohlicher Schock") enden: Dem „Lehrer" (also der Versuchsperson) wird erklärt, dass er den „Schüler" im anderen Raum einem Lerntest zu unterziehen habe. Gibt der „Schüler" eine richtige Antwort, soll der „Lehrer" zum nächsten Fragepunkt übergehen, bei jeder falschen Antwort soll er dem „Schüler" einen elektrischen Schock versetzten, zunächst bei der niedrigsten Schockstärke von 15 Volt beginnen und graduell nach jedem Fehler um 15 Volt erhöhen.

Während die meisten Personen, die vom Experiment zum ersten Mal hören, nur den Kopf schütteln und wahrscheinlich von sich glauben, dass sie niemals mitgemacht hätten, wären sie von einer Autorität, dem Versuchsleiter, dazu aufgefordert worden, sahen die Ergebnisse, die Milgram vor fast einem halben Jahrhundert gesammelt hat, ganz anders aus: „Viele gehorchen dem Versuchsleiter, gleichgültig, wie heftig das Opfer unter Schock auch fleht, gleichgültig, wie schmerzhaft die Schocks zu sein scheinen, gleichgültig, wie sehr es darum bittet, erlöst zu werden. Dies zeigte sich bei unseren Untersuchungen immer wieder und wurde auch an anderen Universitäten, die das Experiment wiederholten, festgestellt. Die Bereitschaft bei Erwachsenen, auf den Befehl einer Autoritätsperson nahezu alles zu tun (...), ist eine Tatsache, die dringend der Erklärung bedarf" (S. 21). Die genauen Ergebnisse und Verteilungen der Verhaltensweisen der Versuchpersonen („Lehrer") sind komplex, unter anderem, weil Milgram, um dem Phänomen des Autoritätsgehorsams auf die Schliche zu kommen, die Experimentalbedingungen systematisch variierte. So machte es beispielweise einen großen Unterschied, ob sich das „Opfer" (welches unter den Elektroschocks aufschrie, bis es – bei hoher Voltzahl – nicht mehr schreien konnte und offenbar bewusstlos geworden war oder schlimmer) in einem Fernraum befand (Experiment 1), mit akustischer Rückkoppelung (Experiment 2), in Raumnähe (Experiment 3) oder in körperlicher Berührungsnähe (Experiment 4). 65,0 % bzw. 62,5 % der Versuchspersonen haben unter den Bedingungen 1 und 2 auch den Schalter der höchsten Schockstärke (450 Volt) betätigt, mussten also davon ausgehen, dass das „Opfer" entweder bewusstlos geworden oder aber vielleicht sogar gestorben war. Unter den Bedingungen 3 und 4 waren es immerhin noch 40,0 % bzw. 30,0 % (bei jeweils 40 Versuchspersonen pro Experiment). Man muss sich vorstellen, dass die Versuchspersonen („Lehrer") unter erheblichem Stress gelitten haben, unter andrem durch das apodiktische Verhalten des Versuchsleiters und seine schroffen Anweisungen. Hier ein Auszug der Diskussion zwischen dem Versuchsleiter und der Versuchsperson, die sich ab 225 Volt der Autorität widersetzte:

> „Versuchsperson: Oh, ich kann so nicht weitermachen, das ist doch ein freiwilliger Versuch, und wenn der Mann nicht weitermachen will …
> Versuchsleiter: Bitte, fahren Sie fort.
> (Lange Pause)
> Versuchsperson: Nein, ich kann nicht weitermachen, tut mir leid.
> Versuchsleiter: Das Experiment erfordert, dass Sie weitermachen.
> Versuchsperson: Dieser Mann, es sieht so aus, als würde er verletzt.
> Versuchsleiter: Es erfolgen keinerlei bleibende Gewebeschäden.
> Versuchsperson: Ja, aber ich weiß, was elektrische Schläge einem antun. Ich bin Elektroingenieur und habe selbst schon welche bekommen … sie schütteln einen ganz durcheinander, besonders wenn man weiß, dass gleich der nächste kommt. Tut mir leid.
> Versuchsleiter: Es ist unbedingt nötig, dass Sie fortfahren.
> Versuchsperson: Nun, das werde ich nicht tun – nicht, wenn dieser Mann schreit, dass er raus will.
> Versuchsleiter: Es bleibt Ihnen keine andere Wahl.
> Versuchsperson: O doch, es bleibt mir eine andere Wahl. (Ungläubig und empört). Wieso soll ich nicht die Wahl haben? Ich bin freiwillig hierher gekommen. Ich glaubte, ich könnte bei einem Forschungsprojekt von Nutzen sein. Aber wenn ich dabei jemandem Schmerzen zufügen muss oder auch wenn ich an seiner Stelle säße, dann würde ich einfach nicht dabeibleiben wollen. Ich kann nicht weitermachen. Es tut mir leid. Ich glaube, ich bin bereits jetzt schon zu weit gegangen" (S. 68).

Der Stress wurde insbesondere auch durch die (wohldefinierten) Reaktionen des „Opfers" mitbedingt (vgl. S. 74 f.):

> „75 Volt: Ah!
> (…)
> 150 Volt: Ah!!! Versuchsleiter. Das reicht, lassen Sie mich hier raus, Ich hab Ihnen doch gesagt, dass ich Herzbeschwerden hab'. Mein Herz fängt jetzt an, mir zu schaffen zu machen. Lassen Sie mich hier aus! Bitte! Mein Herz macht mir zu schaffen. Ich weigere mich, ich mach nicht mehr weiter mit. Lassen Sie mich raus!
> (…)
> 210 Volt: Ah! Versuchsleiter! Holen Sie mich doch hier raus! Ich hab' genug. Ich *will* bei diesem Experiment nicht mehr mitmachen.
> (…)
> 270 Volt: (qualvoller Schrei). Lasst mich hier raus! Lasst mich hier raus! Lasst mich hier raus. Lasst mich hier raus! Hört ihr denn nicht? Lasst mich hier raus!
> (…)
> 300 Volt: (qualvoller Schrei) Ich weigere mich absolut, weiter zu antworten. Holt mich hier raus! Ihr könnt mich hier nicht festhalten. Holt mich hier raus! Holt mich hier raus!

> (...)
> 330 Volt: (Heftiger und lang anhaltender qualvoller Schrei) Lasst mich hier raus! (...) (Hysterisch) Lasst mich hier raus! Sie haben kein Recht mich hier festzuhalten. Lasst mich raus! Lasst mich raus! Lasst mich raus! Lasst mich raus! Lasst mich raus! Lasst mich raus!" (ebd., 74 f.).

Die Ergebnisse des Autoritätsgehorsams bleiben auch für die weiteren Bedingungen dieses so bedeutenden wie auch umstrittenen Experiments letztlich schockierend, scheinen sie doch unsere „moralische Kraft" vor allem als Selbsttäuschung zu entlarven. Diese Bedingungen betrafen die Nähe zur Autorität, das Geschlecht der Versuchspersonen, die eingeschränkte Verpflichtung des Opfers, den institutionellen Zusammenhang, die Möglichkeit, die Schockhöhe selbst zu wählen, den Rollenwechsel (Autoritätsperson als Opfer), die Anzahl der Autoritätspersonen und deren Kohärenz bzw. widersprüchliche Befehle u. a. m.

Sehr eindrucksvoll beschreibt Milgram auch den Preis der Gehorsams*verweigerung*. Sie sei ein Akt, der nicht leicht erfolge: sie „bedeutet auch eine Neuformulierung der Beziehung zwischen Person und Autorität" (S. 198). Gehorsamsverweigerung ist „gefärbt von Furcht" (ebd.). Die Versuchspersonen hatten Angst vor den Folgen der Gehorsamsverweigerung, befürchteten undefinierte Vergeltungen seitens der Autorität. Der Weg zur Gehorsamsverweigerung ist beschwerlich, geht vom inneren Zweifel über die Äußerung des Zweifels und den Dissens zur Drohung und schließlich zur Verweigerung, noch weiter zu gehorchen. Die Gehorsamsverweigerung erfordert die Mobilisierung innerer Kräfte und der psychische Aufwand ist beträchtlich (vgl. S. 190). Der Preis für die Gehorsamsverweigerung sei das nagende Gefühl, man habe treulos gehandelt. Die Person hat moralisch richtig gehandelt, aber sie bleibt beunruhigt, weil sie die soziale Ordnung durchbrochen hat, sie „kann nicht gänzlich das Gefühl abstreifen, Deserteur in einer Sache zu sein, zu deren Unterstützung sie sich verpflichtet hatte. Diese Versuchsperson – und nicht die gehorsame – erlebt die Bürde ihrer Aktion" (S. 191). Das Phänomen, dass wer moralisch richtig gehandelt hat, sich dennoch unglücklich oder als sogar Versager fühlt – also gerade entgegen der aristotelischen Sicht, wonach sich mit der Tugend auch das Glück einfindet –, ist empirisch nur in Ansätzen erforscht (vgl. Oser & Reichenbach 2000).

Lauren Slater ist sicher zuzustimmen, wenn sie die Bedeutung von Milgrams Experimenten zum Autoritätsgehorsam vor allem im großen Abstand sieht, „der zwischen dem besteht, was wir zu sein glauben, und dem, was wir sind" (Slater 2005, S. 56). Natürlich hat man die externe Validität der Resultate des Experiment's in Frage gestellt: sind sie wirklich und inwiefern übertragbar? Auch aus ethischer Sicht wurde Milgram kritisiert, das Experiment hat ihn berühmt und gleichzeitig berüchtigt gemacht, so dass seine Karriere als Forscher darunter stark gelitten hat (vgl. S. 74 f.). Ein heftiger Kritiker von Milgrams Thesen war Daniel Jonah Goldhagen, der Autor des weithin bekannt gewordenen Buches *Hitlers willige Vollstrecker: ganz gewöhnliche Deutsche und der Holocaust* (1996). Nach ihm sei genau nicht die Macht der Situation verantwortlich zu machen für die Gräueltaten der Nationalsozialisten, sondern der Antisemitismus von Millionen von scheinbar „gewöhnlichen" Deutschen, so dass auch viele Tausende andere Deutsche, wären sie in der gleichen Position und Situation wie die Nationalsozialisten gestanden, genau gleich grausam gehandelt hätten.

Unabhängig von der methodischen Kritik an Milgrams Experiment und der Frage der Verallgemeinerbarkeit der hier nur kurz wiedergegeben Ergebnisse stellt sich die Frage, warum manche Menschen bei einem solchen Experiment gehorsam sind, während es andere nicht sind. Die Situation ist ganz sicher nicht der einzige Erklärungsfaktor und Milgram hat nicht die Gehorsamsrate von 100 % erreicht: er „erreichte 65 Prozent, was bedeutet, dass immerhin 35 Prozent dem Versuchleiter und der Situation nicht erlagen. Warum? Das ist eine Frage, die kein Sozialpsychologe beantworten kann" (Slater, 2005, S. 64). Natürlich hat man später die Gehorsamen und die Ungehorsamen hinsichtlich Persönlichkeitsmerkmalen, Erfahrungen, Ausbildung etc. zu unterscheiden versucht, um die Differenz des Verhaltens zu erklären. Freilich gab es die eine oder andere Tendenz, aber keine Merkmale scheinen die beiden Gruppen der Gehorsamen und der Ungehorsamen überzeugend zu trennen, wie man sich dies wünschen würde. In Milgrams Experiment stellen sich die Gehorsamen als die „Bösen" bzw. die „Schwachen" und die Ungehorsamen als die moralisch „Guten" heraus; die Motive für den Gehorsam oder den Ungehorsam sind jedoch vielschichtig und scheinen nur begrenzt von moralischer Natur zu sein. So meinte eine Versuchsperson Milgrams, namens Joshua Chaffin, nach vielen Jahrzehnten rückblickend: „Ich hatte Angst, dass das Experiment so viel Stress in mir auslöst, dass ich vielleicht einen Herzinfarkt bekomme, und außerdem wollte ich nicht, dass dem Typen etwas passiert" (S. 70). Es ist unmöglich, „darüber hinwegzusehen", kommentiert Slater treffend, „dass ‚dieser Typ' an zweiter Stelle kam, nach Joshuas Herz. Doch wer wollte ihm daraus einen Vorwurf machen? Gleichwohl war das nicht die Antwort, die ich mir von meinem moralischen Menschen erhofft hatte. Ich hatte etwas Jüdisch-Christliches erwartet, etwas Hochherziges …" (ebd.). Tatsächlich war nicht Chaffins Herz, sondern jenes von Stanley Milgram in einem unguten Zustand, der 1984 im Alter von nur 51 Jahren an einem Herzversagen gestorben ist. Rund 1000 Personen haben den Versuch in der einen oder anderen Variante mitgemacht, nicht mehr viele leben noch, wenige mögen, wie Chaffin, darüber sprechen. Alan C. Elms, damals Milgrams Forschungsassistent und heute Psychologieprofessor an der University of California, berichtet, dass offenbar viele Leute noch immer mit einer Mischung aus Faszination und Abscheu reagieren würden, wenn sie hören, dass er beim Experiment dabei war (vgl. Schneider 2004).

Stellt man heute das Experiment von Stanley Milgram vor – das man nach Bittner auch als „makabere Parodie auf allzu simple lernpsychologische Experimente lesen kann“ (2000, S. 103) – und diskutiert mit Studierenden die Ergebnisse, so kann sich kaum jemand vorstellen, dass die Resultate, würde man den Versuch replizieren wollen, heutzutage ähnlich drastisch ausfallen könnten. Autoritätsgläubigkeit und -gehorsam scheinen wir getrost in der Vergangenheit ansiedeln zu können, in der Zeit vorausgegangener Generationen, damals als die Verhältnisse „noch autoritär“ waren ... Die Illusion, den Autoritäten entkommen zu sein und sie nicht mehr nötig zu haben, mag typisch für das Selbstverständnis moderner Menschen sein. Nur wenige Autoren, zu denen sicher Richard Sennett gehört, haben diese Selbstdiagnose der Moderne in Bezug auf die Möglichkeit auf ein Leben ohne Autoritäten skeptisch betrachtet (vgl. Kap. 2.3).

2.3 Die Psychologie der Autoritätsablehnung und ihre pädagogische Relevanz

„Solange man das Bedürfnis nach wirklichen Autoritätsgestalten nicht als eine positive, dem Erwachsenen gemäße Haltung akzeptiert, bleiben die verschleierten Autoritätsgestalten unangefochten. Das Tabu muss gebrochen werden, damit die Manipulation aufhört“, schrieb Sennett (1985) vor 20 Jahren nicht ohne Emphase (vgl. S. 15). Doch was ist eine „wirkliche“ Autorität? Sie sei, so Sennett an gleicher Stelle, kein „repressiver oder tyrannischer Herrscher“, vielmehr sei gerade diese Erwartung ein Indiz dafür, wie schwer es uns falle, über das Phänomen der Autorität nachzudenken (15 f.). Während wir die Autorität in der Privatsphäre, insbesondere als elterliche Autorität, anerkennen und auch ihren Wandel kennen würden, wenn die Kinder heranwachsen (etwa von nicht zu hinterfragenden elterlichen Regelsetzungen zu familiären Diskursen und Beratungssituationen), so würden wir doch keine Vorstellung von Autorität in der öffentlichen Sphäre kennen, die sich im Verlaufe der sozialen Krisen und Konfrontationen fortentwickle. Seinen Essay wollte Sennett dahingehend verstanden wissen, „die Tugenden der Autorität, wie wir sie in der Privatsphäre kennenlernen können, auch in der öffentlichen Sphäre wirksam werden zu lassen" (S. 16).

Bedeutsam ist die Perspektive des Soziologen Sennetts für die zeitgenössische Diskussion um pädagogische Autorität, weil sie einerseits großes Verständnis für die „moderne Angst vor der Autorität" (S. 24) aufbringt, andererseits aber nicht nur behauptet, sondern an Fallbeispielen überzeugend und prototypisch das Bedürfnis auch erwachsener Menschen nach Autorität illustriert. „Allgemein kann man sagen, dass wir in der Autorität einen Trost suchen, den die Zeit niemals wirklich gewährt. Immer wieder mündet die Suche in Enttäuschung; und deshalb lässt sich das, was Autorität ausmacht, so schwer fassen und definieren" (S. 25).

Das Bedürfnis nach Autorität bei Erwachsenen wird seit Freud als ein Zeichen der Regression und Infantilisierung betrachtet (vgl. Kap. 3.2). Den Wunsch zu regredieren und zu kapitulieren, könnten sich autoritäre Gestalten leicht zunutze machen (vgl. S. 29). Die Befürchtung, „infantile Bilder von Stärke könnten die allgemeine Vorstellung von Autorität ganz und gar überlagern" (S. 30), beeinflusste eine Reihe von eher soziologisch argumentierenden Autoren, vor allem der Frankfurter Schule (Theodor W. Adorno, Max Horkheimer, Herbert Marcuse, auch Erich Fromm und Walter Benjamin), die vor allem auf die Sozialisationsbedingungen der Entwicklung der sogenannten autoritären Persönlichkeit bzw. des autoritären Charakters verwiesen und insgesamt eine Verbindung von psychoanalytischen Erklärungen mit marxistischen Analysen angestrebt haben.

Ohne hier der psychoanalytischen Sicht, auf die weiter unten noch zurückzukommen sein wird, weiter zu verfolgen, interessiert zunächst das Phänomen der deutlichen, emotionalen und wenig souveränen bzw. von wenig Gleichgültigkeit geprägten Ablehnung von Autorität. In der Form von sogenannten „Ablehnungsbindungen" würde das Bedürfnis nach Autorität stillschweigend oder implizit bekundet, aber gleichzeitig – und sozusagen „offiziell" – abgelehnt. Dieses Bedürfnis offen zuzugeben oder zu akzeptieren, wäre sozial wie gesellschaftlich gefährlich bzw. zumindest unerwünscht. Viele Mitglieder moderner Gesellschaften hätten deshalb erstaunliche Geschicklichkeit entwickelt, um zu Autoritäten Ablehnungsbindungen aufzubauen (vgl. S. 35), d. h. im Grunde doppelt zu profitieren: erstens von der Nähe und/oder Bindung zur Autorität und zweitens von der gleichzeitigen Ablehnung derselben bzw. Illusion oder Selbsttäuschung, gleichzeitig autonom zu sein. Sennett gibt drei Beispiele für solche Ablehnungsbindungen, die er an Fallbeispielen erläutert, namentlich die „ungehorsame Abhängigkeit", das „ideale Positivbild zu einem vorhandenen Negativ" und schließlich die „Phantasie über das Verschwinden der Autorität" (S. 35).

Im ersten Fall geht es um eine junge Frau, die sich mehrmals einen Mann bzw. Partner sucht, der ihren Eltern nicht passt bzw. mit dem sie offenbar große Mühe bekunden, vor allem wegen seiner Hautfarbe. So bleibt die junge Frau auf zwar konfliktreiche, aber gerade deshalb umso intensivere Weise mit ihren Eltern im Kontakt: „Das, was die Eltern wollen, wird von ihr negiert; sie hat zwei Männer gewählt, von denen sie weiß, dass die Eltern sie missbilligen. Dennoch ist das, was die Eltern wollen, der entscheidende Faktor“ (S. 41). Die ungehorsame Abhängigkeit der Tochter besteht darin, dass sie zwar *ungehorsam* ist, aber eben auf eine *abhängige* Art und Weise: „Zwanghaft konzentriert sich alles auf die Frage: Was würden *sie* wollen? Sobald man *ihren* Willen kennt, kann man darangehen zu handeln – gegen ihren Willen“ (S. 41).

Im zweiten Fallbeispiel geht es um Buchhalter und Buchhalterinnen, Angestellte einer Abteilung eines größeren Unternehmens, welche die Leiterin der Buchhaltungsabteilung, obwohl sie sich bei ihr insgesamt wohl fühlen, dennoch immer wieder kritisieren, weil sie sich nicht wie eine „richtige Chefin“ benehme. „Auf die Frage, was man denn unter einer ‚richtigen Chefin‘ verstehe, kamen Antworten wie diese: ‚Jemand, der einen wirklich fordert, der aus einem mehr herausholt, als man glaubt, in sich zu haben.‘ – ‚Jemand, der bereit ist, auch mal den Besen zu spielen, damit eine Sache erstklassig wird.‘ – ‚Jemand, der sagt: Seht mal, Mädchen, wenn ich mich hier krummlege, könnt ihr euch auch mal krummlegen‘“ (S. 45). Die Mitarbeiter und Mitarbeiterinnen kommen den Anforderungen ihrer Chefin immer wieder absichtlich kaum entgegen, weil ihnen der Respekt vor ihrer Chefin fehlt, da dieselbe sich nicht mit Druck und Zwang Achtung verschafft: „Sie benutzen die Chefin als negatives Modell; gleichgültig, wie sie sich verhält und was sie will – die Untergebenen wollen jedes Mal das Gegenteil“ (S. 47). Sennett bezeichnet diesen Vorgang als „idealisierte Ersetzung“: eine „wirkliche“ Autorität wäre in dieser Phantasie gerade das Gegenteil der realen Chefin. Dadurch würden, so Sennett, die Untergebenen aber paradoxerweise ebenso in Abhängigkeit zu ihrer Chefin geraten, weil diese als Bezugspunkt diene. Die idealisierte Ersetzung ist nach Sennett ein Symptom für die Angst, „abgeschnitten zu werden, keine Anlegestelle, keinen Bezugspunkt zu finden, der einem zu erklären hilft, warum man arbeitet, Dienst tut, abhängig ist“ (S. 47). Die (empfundenen) Mängel der vorgesetzten Person werden übertrieben dargestellt, um das Negativ zu konturieren und einen klaren „Positivabzug“ zu entwickeln. Die Abteilungsleiterin im Fallbeispiel ist einerseits keine Autoritätsgestalt für die Angestellten, aber wäre sie – andererseits – nicht da, so könnten diese auch kein Modell einer „positiven Autorität“ imaginieren.

Eine dritte Art, wie „unter dem äußeren Anschein der Ablehnung eine Bindung zwischen Vorgesetzten und Untergegebenen zustande kommen kann" (S. 48), beruht auf der „Phantasie des Verschwindens" (ebd.). Wären allen Personen, die Macht und somit das Sagen haben, verschwunden – so die Phantasie –, wäre alles gut. Allerdings spielt diese Phantasie vor dem Hintergrund der Sicherheit, dass dies nicht möglich sein wird. Die „Psychologie" dieser Ablehnungsbindung besteht in einer doppelten und paradoxen Furcht. das Individuum fürchtet die Autoritätsperson, aber noch mehr fürchtet sie deren Verschwinden. Die Menschen machen die Autoritätsperson für alles Schlechte verantwortlich und gleichzeitig sind sie auf die Anwesenheit dieser Autorität angewiesen (vgl. S. 50).

Aus soziologischer Perspektive erstaune, so Sennett an derselben Stelle, wie leicht sich die Ablehnungsbindungen – 1. ungehorsame Abhängigkeit, 2. idealisierte Ersetzung und 3. phantasiertes Verschwinden – aufbauen ließen und wie selbstverständlich heute erwachsene Personen in einer dieser drei Varianten negativ über Autorität sprechen (vgl. ebd.). Aus *pädagogischer* Sicht, die Sennett nicht thematisiert, stellt sich die Frage nach der Bedeutung von Ablehnungsbindungen wohl anders. Ablehnungsbindungen können pädagogisch als „Übergangserscheinungen" befragt werden, als Stadium auf dem Wege der Emanzipation von der Autorität. Da das pädagogische Ziel mit gutem Grund seit Schleiermacher auch darin gesehen wird, dass sich die pädagogische Beziehung (als *pädagogische* Beziehung) *auflöst* – dies vielleicht im Unterschied zu Autoritätsbeziehungen in anderen gesellschaftlichen Räumen –, können die Phasen der Eltern-Kind-Beziehung und beispielsweise der Beziehung zwischen Lehrpersonen und Schüler/innen auch hinsichtlich der Bedeutung der Autorität in quantitativer und qualitativer Hinsicht unterschieden werden. Ablehnungsbindungen sind pädagogisch jene Zwischenphasen, in welchen das Kind oder die jugendliche Person Autorität ablehnt, aber deren Sicherheit und Ordnungsfunktion emotional noch immer nötig hat. Die Differenz zwischen Selbstbild (des Kindes, des Jugendlichen) und Realselbst zeitigt eine Spannung, die insbesondere für die Pubertät typisch ist und von Klassikern der Entwicklungspsychologie schon vor vielen Jahrzehnten überzeugend beschrieben worden sind. Die Psychologie des Phänomens der Ablehnungsbindung kann in der Funktionalität für die Person gesehen werden: ihr wird erstens die Illusion oder das Selbstverständnis von Emanzipation und Autonomie (innerlich frei und unabhängig zu sein) ermöglicht und zweitens – und gleichzeitig – das Bedürfnis nach Nähe und Kontakt (mit den abgelehnten Autoritätsfiguren) befriedigt.

3

Befehlen und Gehorchen

„Um ungehorsam zu sein, muss man den Mut haben,
allein zu sein, zu irren und zu sündigen."

Erich Fromm (1982, S. 14)

Kennzeichnend für die Autoritätsbeziehung zwischen Eltern und ihren Kindern ist, dass erstere an letztere Gehorsamsforderungen stellen. Diese prägen – bereits relativ früh – das Leben eines Kindes. In seiner „klassischen" Studie mit dem bezeichnenden Titel *Nein und Ja – Die Ursprünge der menschlichen Kommunikation* zeigt René Spitz (1957/1992), wie das Kind lernt, sich zunehmend als Ich seinen Triebwünschen entgegenzustellen, indem es sich mit dem „Nein" der Eltern identifiziert bzw. ihm „gehorcht". Bittner (2000) kommentiert: „Diese von Spitz beschriebene Phase scheint die einzige in der gesamten menschlichen Entwicklung zu sein, in der die Gehorsamsforderung einen psychologisch angebbaren, positiven Sinn gewinnt" (S. 110f.). Gehorsamforderungen, seien sie noch so subtil und kaschiert, entstehen in Situationen, in denen mit Ungehorsam gerechnet werden muss. Drei Typen des pädagogisch relevanten Ungehorsams können unterschieden werden.

Der erste ist der „Verstoß gegen eine einsichtige und vom Kinde akzeptierte Regel“ (S. 105). Er ist – psychoanalytisch gesprochen – Ausdruck eines Übergewichts „der affektiv-triebhaften Motive über die Steuerungskräfte des Ichs und Über-Ichs, unter Umständen auch nur Resultat der von Piaget beschriebenen zeitlichen Diskrepanz zwischen den Stadien der Regelfassung und Regelbefolgung beim Kinde“ (S. 105 f.). Eine zweite Variante ist die „neurotische Aufsässigkeit“, die einen „unvollständigen, auf halbem Wege stehengebliebenen und damit unter die Gewalt des Wiederholungszwangs geratenen Versuch der Emanzipation des heranwachsenden Individuums“ darstellt (S. 106). Diese Variante entspricht ziemlich genau dem oben erläuterten Phänomen der „Ablehnungsbindung“ (vgl. Kap. 2.3). Eine dritte Form des Ungehorsams sei als „entwicklungsnotwendig zu betrachten“, denn mit ihr vollziehe sich die fortschreitende Emanzipation des jugendlichen Individuums (S. 106). Ungehorsam als Befreiung und notwendiger „Tabubruch“ – dieser Aspekt werde schon in vielen Märchen thematisiert. Es geht darum, gerade das zu tun, „ was tabu ist – ob es sich nun um eine heimliche Entdeckungsreise, um die erste Zigarette oder das erste Rendezvous handeln mag“ (S. 107). Das Kind vergewissere sich seiner Freiheit eben nicht durch Denken oder Einsicht, sondern durch Handeln und Ausprobieren. Im Ungehorsam kommt der junge Mensch zur Erfahrung, „dass Gebote von Menschen gemacht sind und bloß menschliche Autorität beanspruchen dürfen“ (ebd.).

Der Zusammenhang von Freiheit und Ungehorsam wurde insbesondere auch von Erich Fromm hervorgehoben: „Tatsächlich sind Freiheit und Fähigkeit zum Ungehorsam nicht voneinander zu trennen. Daher kann auch kein gesellschaftliches, politisches oder religiöses System, das Freiheit proklamiert und Ungehorsam verteufelt, die Wahrheit sprechen“ (Fromm 1982, S. 14). Allerdings – so der durchwegs entfremdungstheoretisch und im Grunde romantisch argumentierende Fromm – könne das Individuum in der Masse und oder der (z. B. betrieblichen) Organisation in einer Weise aufgehen und sich mit den Aufgaben, die ihm gestellt sind, derart identifizieren, dass es gar nicht mehr merkt, dass es gehorcht. Die illusionäre oder vermeintliche Freiheit verhindert sozusagen die „wahre“ Freiheitspraxis durch Ungehorsam. „Aber gerade weil es keine offene Autorität gibt, weil der einzelne nicht ‚gezwungen‘ wird zu gehorchen, kann er sich der Illusion hingeben, er handle freiwillig und folge nur seinem eigenen Willen und Entschluss oder er richte sich nur nach einer ‚rationalen‘ Autorität“ (Fromm 1982, S. 16). Denn wie kann ein Akteur „den Gehorsam verweigern, wenn er nicht einmal merkt, dass er gehorcht? In der Familie und der Erziehung“ – so pauschalisiert Fromm weiter – „geschieht dasselbe. Die missverstandenen Theorien von der progressiven Erziehung haben zu einer Erziehungsmethode geführt, bei der dem Kind nicht mehr gesagt wird, was es zu tun hat, wo ihm keine Anordnungen gegeben werden oder wo es nicht bestraft wird, wenn es solche nicht ausführt: das Kind soll sich selbst ‚ausdrücken'. Aber es wird ihm von seinen ersten Tagen an ein heilloser Respekt vor der Konformität eingeimpft, die Angst, ‚anders' zu sein, und die Furcht sich von der Herde zu entfernen" (S. 16f.). Der entsprechend von Familie und Schule sozialisierte, „organisierte Mensch", dessen Erziehung in den „großen Institutionen" vervollständigt werde, besitze bloß Meinungen, aber keine Überzeugungen (S. 17). Wenngleich Fromm mit höchst problematischen Unterscheidungen und scheinbar plausiblen Entgegensetzungen wie „heteronomer Gehorsam" versus „autonomer Gehorsam", „autoritäres Gewissen" versus „humanistisches Gewissen" (S. 12) oder „rationale Autorität" versus „irrationale Autorität" (S. 13) operiert, verweist seine Analyse doch auf ein in unserem Kontext zentrales Phänomen, namentlich der kaschierten Autorität und der Verschleierung des Befehlscharakters, von welchem zahlreiche asymmetrische Beziehung geprägt sind. Die Psychologie des Befehls ist wenig erforscht. Zu den nicht sehr zahlreichen Autoren, die in diesem Feld Erhellendes ausgedrückt haben, gehört Elias Canetti (vgl. folgende Abschnitte).

3.1 Elias Canetti: „Der Befehl ist älter als die Sprache …"

Pfeil und Stachel

Am Sprechakt des Befehlens selbst lässt sich vielleicht am besten zeigen, worin die Leistung rollenkomplementärer Kommunikation besteht. „Der Befehl ist älter als die Sprache, sonst würden ihn Hunde nicht verstehen", schrieb Elias Canetti in *Masse und Macht* (1985/1960, S. 335) und fährt fort: „Das Dressieren von Tieren beruht eben darauf, dass sie, ohne eine Sprache zu kennen, begreifen lernen, was man von ihnen will" (ebd.). Das Endgültige und Indiskutable des „Befehl ist Befehl" scheine auch mit ein Grund zu sein, warum man sich psychologisch mit der Bedeutung des Befehls kaum befasst habe. „Von klein auf ist man an Befehle gewöhnt", so Canetti, „aus ihnen besteht zum guten Teil, was man Erziehung nennt; auch das ganze erwachsene Leben ist von ihnen durchsetzt, ob es nun um die Sphären der Arbeit, des Kampfes oder des Glaubens geht" (ebd.). Wer dem Befehl gehorcht, anerkennt die Autorität des Befehlenden und garantiert somit eine bestimmte

Disziplin. „Die Disziplin macht das Wesen der Armee aus. Aber es ist zweierlei Disziplin, eine offene und eine geheime. Die offene Disziplin ist die des Befehls“ (S. 349). Die letztere sei die Disziplin der *„Beförderung“* (S. 350). „Beförderung ist nur der öffentliche Ausdruck für etwas Tieferes, das schon darum geheim bleibt, weil es in der Art seiner Funktion von den Wenigsten begriffen wird. Die Beförderung ist der Ausdruck für das verborgene Wirken der *Befehlsstacheln“* (ebd.). Der Befehl, so Canetti auf seine eigenwillige und eindringliche Weise, sei letztlich eine Art Todesdrohung, er leite sich vom Fluchtbefehl ab. „Der domestizierte Befehl, wie wir ihn kennen, verbindet die Drohung mit einem Lohne: Die Fütterung stärkt den Effekt der Drohung, doch ändert sie nichts an ihrem Charakter. Die Drohung wird nie vergessen. In ihrer ursprünglichen Gestalt bleibt sie für immer bestehen, bis eine Gelegenheit da ist, sie loszuwerden, indem man sie an andere weitergibt“ (S. 368). Man kann es auch weniger dramatisch formulieren: *Wer immer nur Handlungsanweisungen befolgen muss, will auch etwas für sein Gehorchen kriegen* – bei Canetti: sich zumindest der negativen Folgen des Gehorchens entledigen.

Der Befehl ist von grundlegender Bedeutung für das menschliche Zusammenleben, wiewohl das Ausüben eines Befehls, das Befolgen der Anweisung als etwas Fremdes empfunden wird – aus der Perspektive des Handelnden. Dieses Fremde ist die Macht, die nach Canetti im fundamentalsten Sinne die Kraft und Möglichkeit bedeutet, zwischen Leben und Tod zu entscheiden: man ahnt im Befehl die Reste der ursprünglichen Todesdrohung: „Die älteste Wirkungsform des Befehls ist die *Flucht*. Sie wird dem Tier von einem Stärkeren, einem Geschöpf *außer* ihm, diktiert“ (S. 335). Der ‚Befehl‘ zwinge das schwächere Tier zu Bewegung, unabhängig davon ob es wirklich verfolgt werde oder nicht. Das Imperativische des ursprünglichen *„Fluchtbefehls“* haftet jedem Befehl an: er duldet keinen Widerspruch, es „darf nicht diskutiert, nicht erklärt oder angezweifelt werden. Er ist knapp und klar, denn er muss auf der Stelle verstanden werden. Eine Verzögerung in der Aufnahme beeinträchtigt seine Kraft. Mit jeder Verzögerung des Befehls, die nicht von seiner Ausführung gefolgt ist, verliert er etwas von seinem Leben; nach einiger Zeit liegt er dann erschöpft und ohnmächtig am Boden, und es ist besser, ihn unter solchen Umständen nicht mehr zu beleben“ (S. 337).

Canetti unterscheidet in der ihm eigentümlichen Sprache zwischen zwei Momenten des Befehls, womit er die Abhängigkeit des Menschen vom Befehl zu illustrieren versucht, namentlich „Antrieb“ und „Stachel“ (S. 338). Der Antrieb zwinge den Menschen zur Ausführung des Befehls, wobei der „Antrieb“ in der Angst vor Bestrafung, in letzter Konsequenz in der Todesangst bestehe. Wer aber einen Befehl ausübe, bei dem hinterlasse eben dieser

Befehl einen „Stachel": „der senkt sich tief in den Menschen, der einen Befehl ausgeübt hat, und bleibt dort unverändert liegen" (ebd.), ja, es gäbe nichts im Bereich des Seelischen, was weniger veränderlich wäre. Im Stachel befindet sich – so die Metaphorik weiter – der Inhalt des Befehls, aber auch seine Kraft, Tragweite und Begrenzung. „Es kann Jahre und Jahrzehnte dauern, bis jener versenkte und gespeicherte Teil des Befehls, im Kleinen sein genaues Ebenbild, wieder zum Vorschein kommt. Aber es ist wichtig zu wissen, dass kein Befehl je verlorengeht; nie ist es mit seiner Ausführung wirklich um ihn geschehen, er wird für immer gespeichert" (ebd.). Die Befehlsempfänger schlechthin sind für Canetti die Kinder. Dass dieselben unter der Last von Befehlen nicht zusammenbrechen würden, grenze an ein Wunder: „Dass sie es alles, nicht weniger grausam als jene, später an ihre eigenen Kinder weitergeben", sei so „natürlich [wie] Beißen und Sprechen" (S. 338). Das Überraschende sei die Unversehrtheit, die sich die Befehle aus der frühesten Kindheit haben erhalten können. Sie sind prompt und frisch zur Stelle, wenn die nächste Generation ihre Opfer vorschicke (vgl. S. 339). Auch das „gewöhnlichste" Kind verliere oder vergebe keinen einzigen der Befehle, mit denen es „misshandelt" worden sei (ebd.). Wichtig zu wissen, dass nach Ansicht Canettis nur der ausgeführte Befehl einen Stachel hinterlässt! Wer einem Befehl ausweicht, ihn nicht ausführt, bei dem hinterlässt er keinen Stachel: „Der ‚freie' Mensch ist nur der, der es verstanden hat, Befehlen auszuweichen, und nicht jener, der sich erst nachträglich von ihnen befreit" (S. 339).

Warum kommt der Sklave gelaufen, wenn ihn der Herr ruft? Weiß er nicht, dass er gleich einen Befehl empfangen wird? Das kann als Canettis Hauptfrage verstanden werden (vgl. S. 340). Die Mutter ruft und das Kind laufe nicht immer davon, im Gegenteil. Dasselbe gelte für den Hund: „er bleibt bei seinem Herrn, auf seinen Pfiff kommt er gleich gelaufen" (ebd.). Die Frage betrifft die *Domestikation des Befehls*, die kulturelle Leistung, die Todesdrohung *harmlos* zu machen. Canettis Antwort ist einfach: „Der Herr gibt seinem Hund oder Sklaven zu essen, die Mutter nährt ihr Kind" (ebd.). Hier deutet sich an, was die Theoretiker des sozialen Austausches, etwa Homans (vgl. 1960, 1957), unter soziologischen und verhaltensökonomischen Gesichtspunkten in den 1960er Jahren fokussieren sollten: dass nämlich die „wahre" Macht nicht in der Möglichkeit des *Bestrafens*, sondern in der Möglichkeit des *Belohnens* liegt. Wer den Befehl ausführt, wird belohnt mit dem, was er will und braucht: Nahrung, Liebe, Anerkennung, Geld etc. „Diese Denaturierung des biologischen Fluchtbefehls erzieht Menschen und Tiere zu einer freiwilligen Gefangenschaft, von der es alle möglichen Grade und Abstufungen gibt. Sie verändert aber nicht das vollständige Wesen des Befehls" (Canetti, 1985, S. 341). Die Drohung bleibe in jedem Befehl erhalten, sie ist gemildert, doch die Nichtbefolgung wird sanktioniert und die Sanktionen variieren: „die strengste ist die ursprünglichste, ist der Tod" (S. 341).

Pädagogisch bedeutsam ist nicht nur dieser Domestikationsprozess, von dem Canetti spricht, sondern auch seine metaphorische Prozessanalyse der Befehle erteilenden Person. Jeder Befehl sei als „Pfeil" zu verstehen, den der „Befehlshaber" gezielt auf eine Person oder Personengruppe oder eine Menge richte. Im Getroffenen bleibt er stecken, er muss ihn „herausziehen und weitergeben", um sich von seiner Drohung zu befreien (vgl. S. 341). Im Grunde müsse der Empfangende den Pfeil herausziehen und in einen eigenen Bogen spannen und den Pfeil abschießen, um sich befreien zu können, aber eine Wunde bleibe, die zwar verheilen, aber eine Narbe hinterlassen wird: „Jede Narbe hat eine Geschichte, es ist die Spur dieses einen bestimmten Pfeils" (ebd.). Doch was passiert mit dem Befehlshaber? Bei jedem Pfeil, den er abschießt, verspürt er einen leichten, seelischen *„Rückstoss"*, d.h. er spürt den Rückstoss erst, wenn der Pfeil getroffen hat: „Die Genugtuung über ausgeführte, also über erfolgreich erteilte Befehle täuscht über manches anderes hinweg, das sich im Schützen abspielt" (S. 341 f.). Es prägt sich bei jedem Befehl nicht nur etwas beim „Opfer" ein, sondern auch beim Täter bzw. Befehlshaber: „Viele Rückstösse sammeln sich an zu *Angst*" (S. 342). Diese *Befehlsangst* sei gering in jenen, welche die Befehle nur weitergeben, sie sei aber größer, je näher der Befehlende der eigentlichen „Befehlsquelle" stehe. Während ein Schuss, der ein isoliertes Wesen töte, keine Gefahr hinterlasse, stellt der Befehl, der mit dem Tode droht, aber dann nicht tötet, eine Erinnerung an die Drohung dar, die gefährlich sein könne: „manche Drohungen gehen fehl, und manche treffen; diese sind es, die nie vergessen werden. Wer vor der Drohung geflohen ist oder ihr nachgegeben hat, der wird sich verlässlich rächen" (S. 342). Das Gefühl der Gefahr ist für jene am größten, die selber nur Befehle erteilen, ohne diese selber ausführen zu müssen. Es handele sich hier um eine Konzentration von Befehlsangst, die in den Machthabern lange gebändigt und verborgen sein könne und sich auch zum „Cäsarenwahn" (S. 242) steigern könne.

Interessant ist nun weiter Canettis Ansicht, wonach zwischen Befehlen an Einzelne und Befehlen an Viele strikte unterschieden werden soll: Der Befehl an viele Menschen hinterlässt beim einzelnen Befehlsempfänger *keinen* Stachel! Es sei, als ob der Pfeil sich sogleich zerstreue, er möge einen einzelnen von oben treffen, aber dieser kann den Pfeil horizontal an die Vielen seinesgleichen in seiner Nähe weitergeben: „In seiner Angst rückt er näher an sie heran. Im Nu sind die anderen davon angesteckt (...) Durch die sofortige Ausbreitung desselben Befehls sind sie zu einer Masse geworden. Nun fliehen sie alle zusammen" (S. 344).

Befehl und Norm

Der Verhaltensökonom und Soziologe Homans (1960) hat die Ansicht formuliert, dass sich *Befehle* nicht der Art nach von *Normen* unterscheiden: „Sowohl Normen wie Befehle sind verbale Aussagen, und beide geben an, wie das Verhalten der Mitglieder einer bestimmten Gruppe sein sollte, nicht wie es wirklich ist" (S. 386). Befehle setzen, werden sie ausgeführt, Normen in Kraft, aus Befehlen wird – so Homans – früher oder später immer Recht und Brauch (vgl. S. 387). Während es einer *Theorie der Autorität* um das *Befolgen von Befehlen* geht, beinhaltet die „von der gleichen allgemeinen Art" zu sein scheinende *Theorie der sozialen Kontrolle* das *Befolgen von Normen* (S. 388).

Der Begriff der Autorität verhält sich zu jenem der *Demokratie* durchaus orthogonal: „Autorität wird manchmal durch demokratische Methoden geschaffen und erhalten, manchmal aber auch durch sie zerstört" (S. 389). Zentral sind folgende Bestimmungspunkte:

1. Die Autorität ist wie die Kontrolle von der Tatsache abhängig, dass die Nicht-Befolgung eine Anzahl von Strafen und nicht nur eine mit sich bringt. Die Strafe ist dem Vergehen nicht angemessen, sondern steht zu diesem in keinem Verhältnis.
2. Die Strafen sind in den Beziehungen des sozialen Systems implizit enthalten und die Elemente des Systems derartig miteinander verbunden, dass wenn ein Mensch einen Befehl verweigert, diese Handlung automatisch seinen Interaktionen und Freundschaften, seinem sozialen Rang und der vom Führer ihm gegenüber eingenommenen Haltung Schaden zufügt.
3. Die Bestrafung des Übeltäters durch den Führer ist nur eine von vielen der hier wirksam werdenden Kontrollen. Die Interessen der Anhänger sind ebenso wie die des Führers verletzt, und das trifft unserer Meinung nach überall zu, wo in einer kleinen Gruppe Autorität wirksam wird (S. 390 f.).

In seinem bekannten Aufsatz *Social Behavior as Exchange* aus dem Jahre 1957 definiert Homans: „Social behavior is an exchange of goods, material goods but also non-material ones, such as the symbols of approval or prestige. Persons that give much to others try to get much from them, and persons that get much from others are under pressure to give much to them. This process of influence tends to work out at equilibrium to a balance in the exchanges" (Homans 1957, S. 606). Kurz: Wer viel gibt, erwartet viel, wer viel erhält, ist unter Druck zu geben.

Nun ist meist nicht so sicher, was „Geben" heißt, was „Erwarten" heißt, was „Erhalten" heißt. Heißt „Geben" „Investieren", heißt „Erwarten" „Fordern dürfen", heißt „Erhalten" „Profitieren"? Da nach sozialer Austauschtheorie nahezu alles Gewinn, Kosten und Belohnung sein kann, lässt sich die Gleichung „Gewinn gleich Belohnung minus Kosten“ (Homans 1957) sozusagen universalisieren und deshalb auf nahezu jeden Bereich anwenden, natürlich auch den Pädagogischen. Kommen die Mitglieder einer pädagogischen Gemeinschaft oder besser: in einem pädagogischen Setting, in ihren Interaktionen zu ausreichendem Gewinn, so scheint es sich für sie zu lohnen, die gewohnten Austauschhandlungen vorzunehmen bzw. zu bejahen. Demnach befindet sich dieses soziale System in einem „beweglichen Gleichgewicht“ (Homans 1960, S. 392), das immer verloren werden kann.

Da nun aber – in asymmetrischen Konstellationen – wer gehorchen *muss*, nicht zustimmen *kann*, und wer befehlen *kann*, nicht argumentieren oder auf Argumente hören *muss* (vgl. Kopperschmidt 1980), gilt es zu fragen, ob es neben den Kosten, die mit dem Gehorchen verbunden sind, auch einen Nutzen, eine Belohnung gibt und wie dieselbe aussieht.

Gehorchen kann als *sozialer Tauschakt* begriffen werden. Die Voraussetzungen seines Vollzugs sind vielfältig. Nicht zuletzt geht es in vielen pädagogischen Situationen auch um die Fähigkeit, Belohnungsaufschub ertragen zu können. Diese Fähigkeit besteht darin, sich künftig höheren Gewinn oder geringere Kosten gegenüber momentanem geringen Gewinn oder höheren Kosten *vorstellen* und entsprechend *gewichten* zu können. Ein kleines Kind, impulsiv in seiner Egozentrik steckend, ist zu beidem nicht fähig (lieber „one chocolate today“ als „two chocolates tomorrow“). Deshalb ist seine Unterrichtung nur sehr begrenzt möglich. Aber auch ältere Kinder oder Jugendliche können mit dieser Gewichtung, berechtigt oder nicht, große Mühe haben und der kurzfristige Nutzen, der aus der Verweigerung einer pädagogischen Handlungsanweisung resultieren kann, mag erheblich größer erscheinen als der unsichere, zukünftige Gewinn oder Nutzen, der durch Gehorsam in der Gegenwart, durch Befolgen der mehr oder weniger subtilen Handlungsanweisung, suggeriert oder vermutet wird.

3.2 Pathologischer und infantiler Gehorsam – eine Auseinandersetzung mit der psychoanalytischen Perspektive

Eine weitere Perspektive bietet die Idee, dass die Autoritätsvorstellungen, die in der Kindheit entstehen, im späteren Leben weiterwirken würden, was einen Topos der psychoanalytischen Theorie darstellt. Diese seit Freud u. a. in seinem kulturpessimistischen Werk *Das Unbehagen in der Kultur* (1930/2001) beschriebene Sichtweise, ist auch in der heutigen Zeit für viele psychoanalytisch argumentierende Autorinnen und Autoren von größter Relevanz und Wahrheit, wie beispielsweise für Arno Gruen, der in seinem Essay *Der Gehorsam* (2002) im Grunde eine pathologisierende Hyperkritik zur Frage des Gehorsams vorlegt und weniger eine Psychologie des Gehorsams. Gruen sieht die Ursachen des Gehorsams „in unmittelbarer Verbindung zu Vorgängen der Entfremdung" stehend (S. 442), und zwar so, dass „wir unsere eigenen Gefühle und Wahrnehmungen" mit dem Gehorsam aufgeben würden (S. 444). Ohne große Scheu benützt er die Untersuchungsreihe von Stanley Milgram (S. 443 f.), erwähnt prekäre Ansichten und Postulate Adolf Hitlers (ebd.) und verweist auf die himmeltraurigen Erfahrungen des Kindes eines Generalmajors der Waffen-SS (S. 445), um schließlich u. a. zu behaupten, dass unsere Gesellschaften solche Menschen, „die sich der allgemeinen Verleugnung anpassen und so in unserer Kultur erfolgreich operieren" (S. 446), als „normal" bezeichnen würden, ja dass der *pathologische* (!) Gehorsam im Grunde eine *allgemeine* gesellschaftliche Realität darstelle, weil man ja die Unterscheidung zwischen „krank" und „nicht-krank" – ganz in der Manier mittlerweile eher anachronistischer Psychiatriekritik – nicht aufrechterhalten könne (vgl. S. 448): Offenbar ist Gehorsam für Gruen (letztlich) immer pathologischer Gehorsam. Ohne auch nur geheuchelte Bescheidenheit versteigt sich der Autor zur Aussage, dass was er damit beschrieben habe als „die Grundlage aller sogenannten Hochkulturen" betrachtet werden könnte, ja er hätte „die psychologischen Mechanismen" wiedergegeben, „die das Verhalten der Menschen in diesen auf Macht und Gewalt beruhenden Gesellschaften bestimmen" (S. 447). Das heisst: „Die *Basis* unserer ‚Hochkultur' (kursiv R. R.)" – die wohl letztlich eher eine *Tief*kultur darstellt, natürlich ohne über sich aufgeklärt zu sein – „ist das Bestreben, die Welt im Griff zu haben, zu besitzen, zu beherrschen und gleichzeitig für Mechanismen zu sorgen, die eine Verleugnung und Verschleierung dieser Motivation bewirken" (ebd.)!

Die omnipotente Eindeutigkeit dieser Analysen mag für bestimmte Kreise einer hypersensiblen politisch-korrekten Kultur ja akzeptabel sein; und keineswegs sei hier in Abrede gestellt, dass es nicht so etwas wie eine „pathologische Treue" (S. 441) bzw. einen pathologischen Gehorsam – der ja „nicht nur ein Kennzeichen der Deutschen" (?!) sei (S. 445) – geben könne. Doch mussten wir nicht schon mit Hannah Arendts *Banalität des Bösen* nachvollziehen (vgl. 1986/1963), wie wenig tiefgründige Psychoanalyse im Grunde nötig ist, wie wenig „Identifikation mit dem Aggressor" (S. 442 & 444) behauptet werden muss, um zu verstehen, dass ein simpler, fast belangloser und bequemer, wohl routinierter, aber eben so fatal *gedankenloser* Gehorsam den Schrecken und den Tod nach sich ziehen kann. Die Lektion Arendts lautete ja gerade, dass man kein psychisches Monster und kein grausamer Sadist sein muss, um das Monströse und Grausame zu bewirken. Nun spricht ja auch Gruen nicht von Monstern, sondern sozusagen *von uns allen*. Dies entspricht freilich einer Argumentationsstrategie, die man etwa aus den Predigten in der Kirche kennt, die aber nichtsdestotrotz einen hohen Preis hat: wo *alle* beispielsweise als Täter oder Opfer oder als schuldig oder eben krank tituliert werden, ist es im Grunde niemand mehr. Die entsprechenden Differenzkategorien können einen derart inflationären Gebrauch schlicht nicht überleben bzw. werden damit einfach sinnlos.

Mit der Psychoanalyse weiß Gruen freilich besser, was in den Menschen und in der Gesamtkultur tatsächlich abgeht, als diese selber. So hielten sich ja viele für autonom, eigenständig und authentisch, obwohl in Wahrheit nur wenige dazu „wirklich" in der Lage wären (vgl. S. 445). Und natürlich haben die Gehorchenden keine Ahnung davon, dass sie sich eigentlich dem Willen und der Macht ihres Aggressors unterwerfen, indem sie sich nämlich mit ihm identifizieren (vgl. S. 442). Aber der Psychoanalytiker weiß es. Auch wissen die Kinder nicht, dass sie die Schuldgefühle der Eltern introjizieren, die diese selbst nicht wahrnehmen können (vgl. ebd.); andere wiederum wissen nicht, dass sie statt Verantwortungsbewusstsein allein noch Pflichterfüllung kennen und natürlich interpretieren sie ihre Freiheitsregungen regelmäßig falsch, nämlich als Ungehorsam gegenüber der Macht (vgl. ebd.) – ganz abgesehen davon, dass etwa auch die „großen Feldherrn" „in Wahrheit" ja nur immer von „ihrem eigenen Schmerz davon" gelaufen seien, „um ihn außerhalb ihrer selbst in vermeintlichen Feinden zu zerstören" (S. 448). Kurz, die *innere Entfremdung* und die *Identifikation mit dem Aggressor* führen zum Gehorsam mit seinen „tiefen Verletzungen", die freilich nicht wahrgenommen werden können, weil dies einem „Verstoß gegen das Gebot des Gehorsams" entspräche (vgl. S. 449). Nun, was kann dagegen unternommen werden? Hannah Arendt meinte in einem Interview (in einem anderen Zusammenhang): „Aber wenn ich mir dessen nicht bewusst bin, um Gottes willen, dann ist das eben so. Und keine Psychoanalyse aus der Ecke der Frankfurter Schule kann da Abhilfe schaffen" (1998, S. 99). Aber bei Gruen ist die Lage noch prekärer, denn die ganzen Hochkulturen beruhen nach ihm letztlich auf Entfremdung, Unterwerfung, Aggression und Unbewusstheit.

Eines der zentralen theoretischen Probleme der psychoanalytischen Erklärung besteht ebenso bei Gruens Argumentation aus der bekannten „Zensur-Metaphysik": Wie entscheidet die Zensur, was verdrängt werden muss? Wie kann unterschieden werden, was gewusst werden soll und darf und was nicht, ohne eine Zensur anzunehmen, die etwas darüber weiß? Wie soll es die Lüge ohne Lügner geben, fragte schon Sartre (2000) in *Das Sein und das Nichts* (S. 126), und: „Kann man ein Wissen annehmen, das Unwissen von sich ist?" (S. 128). Doch solche virulenten Fragen tönt Gruen in seinem Essay nicht einmal an.

Offensichtlich kann Gruen im Gehorsam nur das Kranke und Schädliche erkennen. Wäre sein Beitrag dezidiert dem *pathologischen* Gehorsam gewidmet und würde er dann also gezwungenermaßen zwischen pathologischem und nicht-pathologischem Gehorsam wenigstens andeutungsweise unterscheiden müssen, so wäre eine differenziertere Diskussion möglich. Doch damit entfiele größtenteils auch die Dramaturgie des Textes, die gerade nur dadurch aufrechterhalten werden kann, dass Gruen impliziert oder suggeriert, dass er eine erschöpfende Psychologie des Gehorsams anbiete.

In der Zusammenfassung definiert Gruen Gehorsam im Voraus als „Unterwerfung unter den Willen des anderen, weil er Macht über einen ausübt". Es fehlt aber vollständig eine Erklärung oder Besprechung, was hier *„unterwerfen"* bedeutet, was der *„Wille des anderen"* bedeutet und was überhaupt *Macht* heißt und was es bedeutet, sie *„auszuüben"* (und vor allem auch, was dieses „weil" eigentlich genau meint). In den eindrucksvollen Beispielen, die Gruen bespricht, wird leider nicht zwischen Macht und Gewalt bzw. Gewaltandrohung unterschieden. Dies ist ein zwar übliches Versäumnis (vgl. Arendt 1995), das in diesem Fall allerdings besonders in die Irre führt.

Die ausschließlich negative Konnotation des Gehorsams in diesem moralisch so sehr eindeutigen, so wenig Bereitschaft zur Selbstirritation ausdrückenden Text lässt aufhorchen. Keine Zeile ist etwa der Einsicht gewidmet, dass ohne minimales Gehorchen weder Erziehung noch Bildung oder Entwicklung möglich wäre. Es erscheint hoffnungslos übertrieben, den Gehorsam, das sich Führenlassen und Leitenlassen von Autoritäten, in dieser Einseitigkeit darzustellen. Denn wir fangen als Säuglinge in der Welt an und nicht als Erwachsene. Das *Generationen*verhältnis stellt daher eine anthropologische Konstante dar und ist auch immer – selbstverständlich nicht nur – von den Rollen*komplementen* des *Führens* und *Geführtwerdens*, des *Leitens* und *Folgens*, des *Befehlens* und *Gehorchens* etc. geprägt, auch wenn sich das Ideal der *symmetrischen Kommunikation* (glücklicherweise) sehr verbreitet hat, und zwar gerade in den „sogenannten Hochkulturen", die Gruen in toto pathologisiert. Wo Autorität ist, muss auch Gehorsam sein. Das bedeutet nicht auch automatisch: „vorauseilender" oder „Kadavergehorsam", aber die *Bereitschaft*, sich führen zu lassen. Deshalb kann Gehorsam im Grunde gar nicht erzwungen werden, wie schon der Pädagoge Wilhelm Flitner wusste (1950/1997). Wie und weil eine autoritätslose Erziehung „ein Ungedanke" ist (S. 78), so kann keine Gesellschaft – auch nicht eine herbeigesehnte natürliche Gemeinschaft – ohne Gehorsam sein. Das so bedeutsame Theorem der *Identifikation mit dem Aggressor* vermag freilich keineswegs eine auch nur annähernd ausreichende Hintergrundsfolie einer Psychologie des Gehorsams zu bieten, weil es geradezu dazu verführt, dieses psychologisch, soziologisch und philosophisch bedeutsame und komplexe Phänomen auf seine pathologischen Varianten zu reduzieren. Mit solcher Hyperkritik ist in theoretischer Hinsicht nichts gewonnen. Die Übertragung von Einsichten in die Extremformen pathologischen Gehorsams auf das Gesamtphänomen des Gehorsams ist auch nur verständlich auf dem Hintergrund einer allzu einseitigen und eindeutigen Anthropologie, die den Menschen als mit einer „wahren Natur" (wohl „eigentlichen" und „guten" Natur) behaftet sieht (eine Anthropologie, wie man sie etwa bei Erich Fromm findet). Solche Anthropologie drückt primär den romantischen Protest gegen die Moderne aus, der seinerseits natürlich gut fundiert sein mag. Für wen klar ist, dass „Gehorsam", „Macht", „Autorität" zu der Wortgruppe gehört, mit welcher die „bösen" Erscheinungen in der Welt beschrieben werden, der muss aufpassen, dass er nicht einem wissenschaftlichen Selbstmissverständnis unterliegt und zum Beispiel, wenn er meint, eine psychologische Analyse des Kommunikations- und Interaktionsphänomens „Gehorsam" zu verfassen, in Wirklichkeit einen moralisierenden Essay zu den schrecklichen Varianten des Gehorsams schreibt.

Was dürfte man von einer Psychologie des Gehorsams mehr erwarten? Zunächst würde eine solche auch thematisieren müssen, unter welchen emotionalen, kognitiven, sozialen und situationalen Bedingungen Menschen als Kleinkinder, als Kinder, als Jugendliche, als Erwachsene und alte Menschen bereit sind, zu gehorchen. Schon hier wird evident, dass es niemals allein diese mehr oder weniger extremen Formen von Missachtung, Gewaltandrohung und Machtmissbrauch sind, von denen Gruen implizit oder explizit spricht. Weiter könnte auch noch fundamentaler nach den anthropologischen Voraussetzungen des Gehorchens und vor allem auch des notwendigen Gegenparts, dem Befehlen, gefragt werden. Mit Canettis *Masse und Macht* (1985, S. 335) ist angedeutet, dass Befehlen und Gehorchen keineswegs nur Entgleisungen aus einer Welt mit „natürlichen", „nicht-entfremdeten", „authentischen" etc. Kommunikationsformen entsprechen können. Ein weiterer Aspekt besteht darin, dass eine komplementäre Rollenstruktur wie die des Gehorchens und Befehlens auch nur als *komplementäres Gefüge* begriffen werden kann. Wer eine Psychologie des Gehorsams anstrebt, muss gleichzeitig eine Psychologie des Befehls betreiben. Nun, man kann natürlich Gruens Eindeutigkeit auch auf den Befehl übertragen: Befehlen ist schlecht, böse, entfremdet etc. Doch dass sich die Etablierung des Ideals der symmetrischen Kommunikationsformen so erfolgreich in unseren Gesellschaften ausbreiten konnten, bedeutet ja keineswegs, dass damit auch alle asymmetrischen und komplementären Kommunikationsformen verschwinden würden oder könnten oder aber desavouiert werden müssten; dies, wie erwähnt, allein schon deshalb nicht, weil die Asymmetrie und Abhängigkeit zwischen den Menschen eine der *Grundbedingungen des Aufwachsens und Zusammenlebens* darstellt. Dass es dabei in der einen oder anderen Form immer um Autorität, Gehorsam und Macht geht, ist evident, und im Übrigen einer der basalen Gründe, warum man überhaupt von *Verantwortung* für andere sprechen kann und muss oder beispielsweise über das Ethos des Führens und Leitens nachdenkt, streitet und forscht. Ohne Macht als ein gegebenes, sich vielfach transformierendes und konfigurierendes Faktum im Verkehr zwischen den Menschen anzunehmen, ist der Verantwortungsbegriff sinnlos. Deshalb nützt es zumindest in theoretischer Hinsicht überhaupt nichts, Macht als böse oder krank darzustellen; die Frage lautet vielmehr, wie wir zu ihr in bestimmten Situationen stehen wollen. Dies trifft gleichsam für den Gehorsam zu.

3.3 Hannah Arendt: „Niemand hat das Recht zu gehorchen"

Ein kräftiger Satz wird manchmal Hannah Arendt zugeschrieben: „Niemand hat das Recht zu gehorchen." Allerdings lautet der Satz, richtig zitiert: „Kein Mensch hat *nach Kant* das Recht zu gehorchen" (Hervorhebung R.R.). Es handelt sich um eine Äußerung Arendts in einem Interview mit Jochim Fest in einer Rundfunksendung aus dem Jahre 1964[5], in welcher die Autorin sich auf den „Bericht" zum Prozess von Adolf Eichmann in Jerusalem (Arendt 1963/1986) bezieht, den sie als selbst gewählte Auftragsarbeit für das Magazin *The New Yorker* verfasst hat, nachdem sie dem Prozess in Jerusalem als „Reporterin" über weite Strecken beigewohnt hatte. Dieses dramatische und beeindruckende Beispiel sei hier bemüht, um eine wie auch immer mögliche und nötige Kultur des Gehorchens nicht mit dem Missbrauch des Gehorsams durch die Befehlenden und die Gehorchenden selbst verwechselt zu wissen.

Vor dem Tribunal erklärte sich Eichmann im Sinne der Anklage für „nicht schuldig" (S. 48). Das Problem, welches Arendt facettenreich herausarbeitet, bestand darin, dass sich Eichmann tatsächlich *nicht schuldig fühlte*. Wie kann sich ein Mensch nicht schuldig fühlen, wenn er auf erhebliche Weise die Or-

5 Vgl. www.hannaharendt.net 3/2007 (S. 6).

ganisation eines Massenmordes übernommen hat? Ist ein solcher Mensch krank? Doch ein halbes Dutzend Psychiater hatte Eichmann damals untersucht und für „normal" befunden – für „normaler jedenfalls, als ich es bin, nachdem ich ihn untersucht habe", soll einer der Psychiater formuliert haben (S. 53). Eichmann war offenbar auch kein leidenschaftlicher Antisemit, er habe „persönlich nicht das Geringste gegen Juden gehabt" (S. 54). Vielmehr habe er nur „seine *Pflicht* getan, wie er im Polizeiverhör und vor Gericht unaufhörlich versicherte, er habe nicht nur *Befehlen* gehorcht, er habe auch das *Gesetz* befolgt" (S. 173), mehr noch, er sei sein Leben lang „den Moralvorschriften Kants gefolgt" und habe „im Sinne des kantischen Pflichtbegriffs gehandelt" (S. 174).

Dieses Verständnis der kantischen Moral sei natürlich „eine Unverschämtheit", wie Arendt im oben erwähnten Interview festhält: „Kants ganze Moral läuft doch darauf hinaus, dass jeder Mensch bei jeder Handlung sich selbst überlegen muss, ob die Maxime seines Handelns zum allgemeinen Gesetz werden kann (...). Es ist ja gerade sozusagen das extrem Umgekehrte des Gehorsams! Jeder ist Gesetzgeber. Kein Mensch hat nach Kant das Recht zu gehorchen"[6]. Nach der Urteilsverkündung – bekanntlich die Todesstrafe, die auch sehr bald ausgeführt worden war – fühlte sich Eichmann „unverstanden": seine Hoffnung auf Gerechtigkeit sei enttäuscht worden; das Gericht habe ihm einfach nicht glauben wollen, obwohl er sich stets bemüht habe, die Wahrheit zu sagen. Das Gericht verstünde ihn nicht; er habe nie „‚zu den Fanatikern der Judenverfolgung gehört', das sei ‚ein großer Irrtum' (...). Seine Schuld war sein Gehorsam, und Gehorsam werde doch als Tugend gepriesen. Seine Tugend sei von den Regierenden missbraucht worden" (S. 294). Im Originalton: „Ich bin nicht der Unmensch, zu dem man mich macht (...). Ich bin das Opfer eines Fehlschlusses" (ebd.). Vor sich selbst hatte Eichmann offenbar ein „reines Gewissen", er konnte nicht erkennen, worin seine Schuld bestehen sollte, wenn er nur ausgeübt hat, was von ihm verlangt worden ist. Gerade darin aber, in einer bedenklichen Art fehlenden Denkens, die überhaupt nichts mit fehlender Intelligenz zu tun hat, liegt die vielzitierte *„Banalität des Bösen,* vor der das Wort versagt und an der das Denken scheitert" (S. 300; kursiv wie im Original).

Schuldige, die sich unschuldig fühlen, und Unschuldige, die sich schuldig fühlen – beides ist, so Arendt an einer anderen Stelle, moralisch falsch[7]:

6 www.hannaharendt.net 3/2007 (S. 6).

7 „Moralisch gesehen ist es ebenso falsch, sich schuldig zu fühlen, ohne etwas Bestimmtes begangen zu haben, wie sich schuldlos zu fühlen, wenn man tatsächlich etwas begangen hat" (Arendt 1991, S. 19).

„Ich habe es immer für den Inbegriff moralischer Verwirrung gehalten, dass sich im Deutschland der Nachkriegszeit diejenigen, die völlig frei von Schuld waren, gegenseitig und aller Welt versicherten, wie schuldig sie sich fühlten, wohingegen nur wenige der Verbrecher bereit waren, auch nur die geringste Spur von Reue zu zeigen" (Arendt 1991, S. 19). Eichmanns Argumentation bzw. Rechtfertigung zielt letztlich auf kollektive Unschuld bzw. kollektive Schuld ab, aber der Schuldbegriff macht nach Arendt weder in der einen noch der anderen Variante Sinn, da er nur auf Individuen angewendet werden könne (vgl. S. 20). Sich zu rechtfertigen mit einem Satz wie „Nicht ich, sondern das System, in dem ich ein Rädchen war, hat es gemacht" (S. 22) führe nur zur Gegenfrage: „Und warum, bitte sehr, wurden Sie ein Rädchen oder blieben Sie es unter derartigen Umständen?" (ebd.). Und wolle der Angeklagte nun die Verantwortung abschieben, so müssten andere ins Spiel gebracht und Namen genannt werden. Gehorsam, und das ist hier der entscheidende Punkt, sei legitim für Kinder – allenfalls Sklaven – nicht aber Erwachsene. nach Arendt hätte das Gericht die folgenden Worte an Eichmann richten müssen: „Aber auch wenn wir unterstellen, dass es reines Missgeschick war, das aus Ihnen ein willfähriges Werkzeug in der Organisation des Massenmords gemacht hat, so bleibt eben doch die Tatsache bestehen, dass Sie mithalfen, die Politik des Massenmordes auszuführen und also diese Politik aktiv unterstützt haben. Denn wenn Sie sich auf den Gehorsam berufen, so möchten wir Ihnen vorhalten, dass die Politik ja nicht in der Kinderstube vor sich geht und dass im politischen Bereich der Erwachsenen das Wort Gehorsam nur ein anderes Wort ist für Zustimmung und Unterstützung" (Arendt 1986, S. 329).

Es klinge so „plausibel", sei aber ein Irrtum, Gehorsam als eine für Erwachsene angemessene Reaktionsweise (z.B. in Organisationen, im politischen Bereich etc.) zu betrachten. „Das klingt alles so plausibel, dass es schon einiger Anstrengung bedarf, um den Fehlschluss, der darin liegt, aufzudecken" (Arendt 1991, S. 36). Was nicht stimme, sei das Wort „Gehorsam"; nur Kinder gehorchen im eigentlichen Sinne, und wenn Erwachsene „gehorchen", würden sie in Wirklichkeit die Organisation, Autorität oder das Gesetz unterstützen, die „Gehorsam" verlangten (S. 36)[8]: „Der Grund also, warum wir diese neuen Verbrecher, die weder Kinder noch Sklaven, sondern erwachsene Menschen waren, dennoch für das, was sie taten, verantwortlich machen,

8 „Wenn wir das Wort ‚Gehorsam' für all diese Situationen gebrauchen, dann geht dieser Gebrauch auf die uralte (...) Vorstellung zurück", wonach „jedes politische Gemeinwesen aus Herrschern und Beherrschten besteht und dass erstere befehlen und letztere gehorchen" (Arendt 1991, S. 36).

liegt darin, dass es *in politischen und moralischen Angelegenheiten so etwas wie Gehorsam nicht gibt*" (S. 38, Hervorhebung R. R.). Deshalb sollten die Verantwortlichen der Verbrechen nicht gefragt werden, warum sie gehorsam waren, sondern warum sie Unterstützung geleistet haben. Dies sei keine semantische Spielerei, vielmehr gehe es darum, das Wort „Gehorsam" aus dem „Vokabular unseres moralischen und politischen Denkens" ganz zu streichen (S. 38).

Niemand hat das Recht zu gehorchen, kann deshalb nur soviel heißen wie: Erwachsene können sich vor der Verantwortung für getanes Unrecht nicht mit dem Hinweis darauf entlasten, dass die Taten ihnen befohlen wurden und sie zu gehorchen hatten. Während Gehorsam sicher nicht nur eine „Kindersache" ist, sondern auch von Erwachsenen in diversen sozialen Situationen erwartet und erfordert wird, können und müssen Kinder – bzw. Unmündige – moralisch und rechtlich geschützt werden, wenn sie unter der Macht des Befehls das Falsche tun. Gehorsam gibt es nicht nur zwischen Kindern und Erwachsenen, wie manchmal mit Verweis auf Arendt fälschlicherweise behauptet wird, Gehorsam gibt es auch unter Erwachsenen, aber er gilt nicht als Entschuldigung für Fehlverhalten. Ein Grossteil der Versuchspersonen im bekannten Experiment von Stanley Milgram (1969/1982) haben vor allem darin versagt, unter dem Druck von Autorität und Gehorsamsforderung *erwachsen* zu bleiben und sich in dieser Situation von ihrem *eigenen* Urteil leiten zu lassen (vgl. Kap. 2.2). Daraus folgt natürlich nicht, dass man sich niemals fremder Leitung zu unterwerfen habe.

Exkurs I

Autoritäre Erziehung im Spiegel der Belletristik

Wie oben angedeutet: Wenn Gehorsam gefordert wird, stellt sich gleichsam die Frage, wie man sich davon befreien kann. Die im Folgenden unter dem Aspekt der Autorität und ihrem Missbrauch kurz zusammengefassten autobiographischen bzw. autobiographisch geprägten Romane oder Schriften wurden in den Jahren 1847, 1906, 1908, 1919, 1930, 1960 und 1975 geschrieben und widerspiegeln teilweise authentische, teilweise fiktiv gefasste Erfahrungen der Autoren bzw. der Autorin in England, Süddeutschland, in der Schweiz, in Böhmen, Österreich, Sardinien und Algerien. Mit Ausnahme von Charlotte Brontës *Jane Eyre* stehen im Mittelpunkt die Bemühungen von Jungen, männlichen Jugendlichen bzw. jungen Männern, sich von der Herrschaft und Autorität ihrer Väter oder aber ihrer Lehrer zu befreien. Brontës *Jane Eyre* ist eines der vergleichsweise weniger häufigen Beispiele für einen (Bildungs-)Roman, in denen die Hauptfiguren Mädchen bzw. junge Frauen sind und das Thema der Bewährungsproben gegen den niederschmetternden Einfluss problematischer Autoritätspersonen einen zentralen Stellenwert aufweist.

Diese sechs Beispiele, die jeweils nur kurz vergleichend kommentiert werden, mögen extrem und vor allem auch veraltet erscheinen. Sie illustrieren m. E. jedoch mehrere Phänomene und Möglichkeiten (und Unmöglichkeiten) der Befreiung von Autoritätsfiguren. Die Reichhaltigkeit dieser Kulturleistungen vermag m. E. jedoch mehrere Phänomene und Möglichkeiten (und Unmöglichkeiten) der Befreiung von Autoritätsfiguren zu illustrieren und – im günstigsten Fall – Anlass bieten, die wissenschaftliche Systematik aufzubrechen und zu überdenken. Ein siebentes Beispiel wird mit Albert Camus Autobiographie *Der erste Mensch* (1995) kontrastierend angefügt. Das bei seinem Unfall 1960 noch nicht ganz fertig gestellte Manuskript wurde erst 1994 publiziert. Es handelt sich – unter anderem neben Tschingis Aitmatows *Der erste Lehrer* (1990) – um eines der nicht allzu zahlreich scheinenden autobiographischen Beispiele, in denen Lehrpersonen als positive Autoritäten beschrieben werden.

Padre Padrone (Gavino Ledda 1975)

Padre Padrone ist der erste Teil der Autobiographie des sardischen Schriftstellers Gavino Ledda (geboren 1938), die 1975 unter dem Titel „Padre padrone. L'educazione di un pastore" – *Erziehung eines Hirten* – erschienen ist. Ledda erzählt sein Leben, das er bis zum zwanzigsten Altersjahr im abgeschiedenen Ort Siligio, im Inland Sardiniens verbringt. Der sechsjährige Gavino besucht die Schule seit erst vier Wochen, als der Vater im Klassenzimmer erscheint und der Lehrerin kurzerhand erklärt: „Ich will den Jungen holen. Er muss die Schafe hüten und sie bewachen ... Er gehört mir. Und ich bin allein. Ich kann die Herde nicht unbewacht lassen, wenn ich hierher nach Siligio komme, um die Milch in die Molkerei zu bringen oder Proviant zu holen" (Ledda 2003, S. 7). Mit allen Mitteln versucht der Vater, dem Kind das neue Leben schmackhaft zu machen, das es nun größtenteils allein auf dem Weideland, eineinhalb Stunden Fußmarsch von Siligio und der Familie entfernt, verbringen wird. „Die ersten Monate, während meiner Eingewöhnung an das Leben draußen, war mein Vater nicht gar so streng mit mir" (S. 17). Der Vater zeigt dem Jungen Tücken und Schönheit der wilden Natur und der Sohn ist zunächst ein eifriger Lerner: „Mein Vater schien mir der Schöpfer dieser Welt zu sein, die er für mich zum Leben erweckte" (S. 15). Nach anfänglichen Widerständen und zwangsläufigen Überforderungen, beginnt ihn das raue Leben weit weg von der Familie zunächst zu faszinieren.

Immer länger werden die zeitlichen Abstände der Rückkehr ins Dorf und mit ihnen wächst das Bedürfnis, bei der Mutter und den kleinen Geschwistern zu bleiben. „So war ich teils draußen und teils im Dorf. Doch ich hatte immer weniger Lust, zu den Schafweiden zurückzukehren" (S. 15). Dafür hat der Vater allerdings nicht das geringste Verständnis. Gavino wird von ihm immer härter und brutaler behandelt. Kleinste Unregelmäßigkeiten oder Verzögerungen, die väterlichen Befehle auszuführen, sind Anlass für körperliche Übergriffe: „Er lief mir nach und verprügelte mich: Ohrfeigen, Stockschläge und blindlings versetzte Fußtritte ..." (S. 21).

Das Kind ist allein, seine Aufgabe aber sehr wichtig. Die sardinischen Bauern haben in den Kriegsjahren noch weniger als sonst zum Leben, und was sie haben, wird gehütet, bewacht und verteidigt wie ein Schatz. Fehlt ein Schaf oder ein anderes Tier, werden die Nachbarn oder herumstreichende Viehdiebe, oft ehemalige Hirten, verdächtigt, manches Mal zu recht. Zu Gavinos Aufgabe gehört es, trotz seiner bloß sechs Jahre, alles Mögliche zu tun, um Viehdiebstähle zu verhindern und dabei keinen Kontakt mit den Nachbarn oder anderen Hirtenjungen aufzunehmen: „Wir hatten Angst, uns zu begegnen. Sobald wir einander aus der Ferne entdeckten, zog sich jeder rasch hinter die Grenzmäuerchen zurück" (S. 59 f.). Misstrauen und Missgunst beherrschen das Leben Gavinos und vor allem seines Vaters: „Mit den unmittelbaren Nachbarn waren wir verfeindet" (S. 101).

Die eindrücklichen Schilderungen Leddas sind poetisch und karg, schlicht und brutal wie das Leben in den sardinischen Bergen, das auch Trockenheit und große Kälte kennt, in welcher die Hirten, schlecht gekleidet und oft barfuss, wie Gavino, krank werden oder sogar umkommen. Nach einer Lungenentzündung, die der Junge wider Erwartung des Arztes überlebt, freut sich Gavino, bald siebenjährig, auf das Weideland und die ihm aufgebürdeten Aufgaben: „Auf der ganzen Welt war jetzt nichts so bedeutungsvoll und liebenswert wie unser Weideland mit seinen Bäumen und Schluchten; wie Rusigabedra [der Hund, R. R.] und die Schafe" (S. 57). Die sprichwörtliche Naturverbundenheit und Einsamkeit hinterlassen allerdings Spuren: „Ich war nicht imstande, mit jemandem zu sprechen. Ich war verlegen, war in Gegenwart anderer verwirrt" (S. 69). Am liebsten ist Gavino allein, führt Zwiegespräche mit sich und der Natur, die ihn umgibt, schützt, aber immer wieder auch ängstigt. Allerdings nicht so sehr, wie die Anwesenheit seines Vaters. Erscheint der Vater, erlöscht der Lebensgeist des Kindes: „Seine Gegenwart machte mich stumm (...). Seine Gegenwart allein trennte mich schon von meiner Welt und holte mich in seine zurück. Zur Arbeit" (S. 80). Doch: „Kaum war er zwischen den Bäumen verschwunden und hatte, wie gewohnt, Befehle und Ermahnungen in die Gegend geschrieen, fühlte ich mich frei“ (S. 85). Doch wehe, die strengen und anstrengenden Aufgaben, Zumutungen für ein Kind von nun sieben Jahren allemal, werden von Gavino nicht ordnungsgemäß erfüllt. Der Vater kennt kein Erbarmen und prügelt auf den Jungen ein. Im einen Fall ist die Beherrschung seiner Gefühle noch mangelhafter als sonst: „Nach zehn Minuten ‚blutiger Dresche‘, als er endlich mein blutüberströmtes Gesicht und meine geschwollenen, roten Augen bemerkte, legte sich der pädagogische Sturm“ (S. 89). Der Vater muss erkennen, dass er zu weit gegangen ist. „Ich muss den Jungen ins Dorf bringen. Sofort“, erklärt er hastig und beschämt die Hirten, die ihm auf dem Weg begegnen und entsetzt nachfragen, was denn mit dem Jungen wieder sei. „Ich hab's übertrieben. Die Augen ... ich hab Angst wegen der Augen. Ich nehm keine Sträucher mehr. Eine Rute oder ein Riemen tut's auch“ (S. 90). Der im Dorf herbeigerufene Arzt, der die Augen des Kindes untersucht, weiß sofort, was geschehen ist. Er wirft dem Vater vor: „Die Erziehung ist eine schwierige Sache, man erzieht nicht mit dem Stock und mit Sträuchern, sondern mit Worten. Ich müsste dich anzeigen, mein lieber Abramo!“ (S. 92). Natürlich zeigt er ihn nicht an. Und so geht das Leben Gavinos seinen gewohnten und unerbärmlichen Gang, bis der Vater beschließt, dass die ganze Familie in die Gegend des Weidelandes seiner Schafe umzuziehen habe. „Bald wurde alles anders. Vater entschloss sich trotz aller Vorwürfe, die ihm die Leute machten, die ganze Familie in den Pferch umzusiedeln“ (S. 118). Gavinos Schicksal wird nun auch von den Geschwistern geteilt – „Man holte meine Geschwister aus der Schule“ (ebd.) –, aber die Konsequenzen bleiben für sie glücklicherweise weniger gravierend als für den Erstgeborenen.

Im Alter von fünfzehn Jahren, Gavino wird seit Jahren wie ein Arbeitssklave behandelt, weigert er sich eines Morgens aufzustehen, stellt sich trotz der ganzen Schreie des Vaters tot. Ein wenig erfolgreicher Akt der Verweigerung. Der Vater kommt an Gavinos Bett: „Riss mir die Decke vom Leib. Rieb mir die mit Raureif beschlagene ganz vereiste Zinkschüssel über Kopf und Gesicht. Er ließ mich von den Toten auferstehen. Etwas Fürchterliches. Dann nahm er einen Büschel Eichenreisig und schlug mich in seinem unbeherrschten Jähzorn blutig“ (S. 130). Doch an diesem Tag fasst der Sohn einen Entschluss: „Ich wollte fliehen. Ich wollte weg“ (ebd.). Doch bis zur Verwirklichung dieses Plans sollen noch fünf Jahre vergehen. In dieser Zeit versucht der Vater, zunächst sehr erfolgreich und von den Leuten im Dorf, die ihn für sonderbar und eher dumm halten, letztlich beneidet, den „Bauernbetrieb“ auszuweiten. Ein Ochse wird angeschafft, es gibt nun viele Hühner und vor allem auch einen Olivenhain, den es nun zusätzlich zu kultivieren gilt und der den Vater mit Stolz erfüllt. Für die Familie bedeutet dies eine alltägliche Plackerei, Arbeiten bis zur Erschöpfung ist Normalzustand. Der Vater ist der

Antrieb: „Doch die Besitzgier lies ihn jede Last als leicht empfinden (...). Die Tyrannei seines Egoismus brachte ihn dazu, unentwegt seine Muskeln bei der Arbeit zu strapazieren" (S. 149). Während Gavino und seine Geschwister einerseits extrem eingespannt sind und körperlich überbeansprucht werden, fühlen sie sich andererseits gerade in der Körperlichkeit und Eigenständigkeit der Arbeit auch frei und können ihre Energie für eine sinnvolle Sache einsetzen: „Die Arbeit kam uns [Gavino und Bruder Filippo] zupass (...). Sie machte uns frei" (S. 155)[9].

Allerdings bleibt Gavino bei seinem Entschluss und will Familie und Sardinien, allen voran seinen Vater, verlassen. Es ist die Zeit der Emigration, vor allem die jungen Männer wollen ihr Glück an einem anderen Ort versuchen, in Kanada zunächst, den USA und später auch Australien. Das harte sardinische Landleben verspricht keine gute Zukunft. Auf dem Marktplatz von Siligio sehen sich die Auswanderer und ihre Familie oft zum letzten Mal: „Die Bevölkerung kam auf dem Marktplatz wie zu einem Leichenbegräbnis zusammen, an dem sich die Emigranten als Lebende beteiligten" (S. 176). Die Sprachlosigkeit zwischen Vätern und Söhnen soll wenigstens für diesen Abschiedsmoment ein Ende haben. „Zum ersten Mal wurden die Patriarchen zu Vätern. Die Beziehung zwischen Vätern und Söhnen vermenschlichte sich, und zumindest während dieses gegenseitigen Leichenbegräbnisses schwand ihre Härte" (S. 177).

Der Versuch von Gavino Ledda, im Herbst 1957 sein Glück zu versuchen, scheitert allerdings kläglich. Im „Auswanderungsbüro merkte man, dass unsere Papiere nicht in Ordnung waren" (S. 186). So beschließt er kurz darauf, sich als Freiwilliger beim ungeliebten Militär zu melden. „Die körperlichen Strapazen seit meinem sechsten Lebensjahr hatten dafür gesorgt, dass ich nur einen Meter neunundfünfzig groß wurde" (S. 191). Doch man schenkte ihm schließlich den fehlenden Zentimeter für die Aufnahme in eine Institution, die ebenfalls von Autorität – im Guten wie im Schlechten – geprägt ist. Einen Angehörigen des Militärs zitiert Ledda so: „Dem, von dem man sein Brot bekommt, muss man gehorchen: wie der Hund seinem Herrn. Glaubst du vielleicht, der Hund gehorcht seinem Herrn aus Liebe? Unsinn: Der gehorcht, weil er von ihm zu fressen bekommt!" (S. 198).

Der Abschied vom Vater beim Ortsausgang von Siligio beschreibt Ledda mit folgenden Worten: „In unserem beklommenen Schweigen bereiteten wir

---

9 Ob die Nähe dieser Formulierung zum zynischen Spruch, der über den Eingangstoren mehrerer Konzentrationslager der Nationalsozialisten prangerte, zufällig ist oder aber bewusst gewählt wurde, entzieht sich meiner Kenntnis. Möglicherweise fällt der Zusammenhang auch nur in der deutschen Übersetzung von *Padre Padrone* auf.

uns beide darauf vor, das zu sein, was wir nie hatten sein können: Vater und Sohn (...). Angesichts meines Herrn, der stets über mich geherrscht hatte, schämte ich mich fast, Sohn zu sein. Ihm war in seiner Betretenheit mehr oder minder das gleiche Gefühl anzumerken: die Scheu, Vater zu werden" (S. 203). Und: „Wir scheuten uns, vertraulich miteinander zu reden. So endete der Abschied verkrampft, bei dem wir eine schüchterne, frustrierte Zuneigung gezeigt hatten. Und wie, um sich davon zu befreien, ging ein jeder eiligst seine Wege. Mein Vater stürzte auf Pacifico [der Esel der Familie, R. R.] zu, ich bestieg den Bus. Der Bus fuhr ab, überholte Pacifico, mein Vater hob seine Rechte, wie um mich zu grüssen, doch als müsste er diesen zusätzlichen Gruß wieder wettmachen, mit dem er sich seinen Gesetzen zufolge etwas vergab, schlug er auf das Tier ein und trieb es zu Eile. Ich verhielt mich nicht viel anders" (S. 204).

Später muss Ledda feststellen, dass er der väterlichen Autorität entwischt ist, nur um sie gegen eine neue, institutionell geprägte Autorität auszutauschen – „Ich hatte das Hirtenleben aufgegeben, um nicht länger der Autorität meines Vaters unterworfen zu sein, und nicht, um mich einer anderen Autorität zu unterstellen" (S. 237). Vier Jahre später, im Alter von 24 Jahren, nachdem Gavino mühevoll den gymnasialen Abschluss absolviert hat, folgt die Rückkehr in die Abgeschiedenheit Siligios. Dort wird der junge Ledda aber ganz und gar nicht gerne aufgenommen, weil er nach Jahren angestrengten Lernens, nach seinem Bemühen, die verpasste Schulbildung im jungen Erwachsenenalter aufzuholen, sich nun von der Mentalität, gewiss auch der Schlichtheit und vielleicht Stumpfheit vieler Bewohner von Siligio entfernt hat. Der Vater verhöhnt seinen Sohn stellvertretend für viele im Dorf: „Sogar ein Hirte will jetzt aufs Gymnasium! Ha! Ha! Ha! Was für ein Wahnsinn. Einer, der noch nach Schaf stinkt. So weit ist es gekommen!" (S. 248). Da sich Gavino aber nicht mehr anpassen wird, muss er rabiate Konsequenzen tragen. „Für meinen Vater schließlich war es klar: Ich hatte zu verschwinden. Zunächst griff er mich nicht körperlich an" (S. 249). Zum Eklat kommt es, als sich der Vierundzwanzigjährige weigert, auf Geheiß des Vaters das Radio auszumachen: „Solche Befehle folge ich nicht mehr. Wenn du es nicht hören willst, dann steh auf und mach es selber aus. Ich höre es gerne" (S. 259). Es kommt zu einer Prügelei zwischen Vater und Sohn, bei welcher der Sohn zum Entsetzen des Vaters die Oberhand bewahren kann: „Nur eine seiner scharfen Ohrfeigen erreichte mich, als ich ihn mit aller Kraft und Wut, die ich hatte, an der Hemdbrust und am Kragen packen wollte. Noch einmal versetzte ich ihm einen harten Stoss. Er flog auf die Küchenliege" (S. 261). Geschwister und Mutter sind entsetzt. „Wir waren alle erschüttert von dem, was vorgefallen war. Meine Geschwister fanden keine Worte" (S. 264). Die

Befreiung von der väterlichen Autorität ist ebenso sprachlos wie die letztere selbst. Doch der körperliche Diskurs wird verstanden: „Zum ersten Mal in seinem Leben hatte er eine unvermutete Lektion erhalten, und das in der einzigen Sprache, die er gut verstand" (S. 265). Sich gegen so lange unhinterfragte Autoritäten offen entgegenzusetzen, kommt einem Tabubruch gleich, der nicht akzeptiert werden kann. Der Vater, so Ledda, „hatte immer gesehen, wie der stärkste Hund die Zähne fletschte und die schwächeren sich nacheinander genau in die Rangfolge zurückzogen, die der Kampfeskraft eines jeden entsprach. Die Gesellschaftsordnung der Hirten stimmte mit einer innewohnenden Rangfolge überein, die zur biologischen geworden war. Gegen die väterlichen Gesetze zu verstoßen, hieß also, die natürliche und unveränderbare Ordnung der Dinge leugnen" (S. 267).

Die Brachialität der Autoritätsfigur sowie die Sprachlosigkeit und Unbeholfenheit der Beziehung zwischen Vater und Sohn erfordern und ermöglichen keinen reflektierten oder gar diskursiven Umgang mit der offen zu Tage liegenden Problematik, vielmehr „befreit" sich der Sohn impulsiv, körperlich – und gerade deshalb so wirkungsvoll. Gewalt ist nicht nur ein Mittel des Missbrauchs und der Unterdrückung, sondern auch ein legitimes Mittel der Befreiung und der Beendigung von Missbrauch und Unterdrückung.

Brief an den Vater (Franz Kafka 1919)

Die Bürde eines dominanten, ja überstarken Vaters kommt auch in Franz Kafkas *Brief an den Vater* (1919/1981) zum Ausdruck. Der Autor ist damals sechsunddreißig Jahre alt (allerdings bloß fünf Jahre vor seinem Tod). Wilhelm Emrich beschreibt im Nachwort zu der hier zitierten Ausgabe (1981) die Außerordentlichkeit jener auswegslosen (inneren) Verstrickung eines reifen Mannes und Künstlers auf dem Höhepunkt seines Schaffens, Kafka, mit seinem Vater: die Unmöglichkeit, „sein Kind-Vater-Verhältnis zu verwandeln in die freie Begegnung zwischen zwei ‚ebenbürtigen Männern'" (S. 76). Das Werk, das leicht psychologisiert werden kann und deshalb oft psychoanalytisch interpretiert worden ist, sei, so Emrich, aber gerade kein Ausdruck einer neurotischen Bindung an den Vater und die psychoanalytische Interpretation bleibe „so lange unter dem Niveau des Dichters und seines Werkes, als sie diese universelle Thematik und Bedeutsamkeit des Werkes nicht sieht" (S. 77).

Es ist mehrfach darauf verwiesen worden, dass die Schilderungen des Vaters und des Ich-Erzählers mit den tatsächlichen Fakten und Fremdeinschätzungen von Personen aus dem Bekanntenkreis sowohl des Vaters wie auch des Sohnes teilweise gar nicht übereinzustimmen scheinen. Unabhängig von der berechtigten Frage nach der Authentizität der Schilderung ist die Thematik des Briefes die vom Sohn *gefühlte* und erlittene Geringschätzung des Vaters. Der Sohn kann den Idealen des Vaters in keiner Weise entsprechen: „... als Vater warst Du zu stark für mich ..." (S. 8). Vergleichbar mit Leddas *Padre Padrone* ist die wahrgenommene bzw. berichtete Missachtung des Vaters gegenüber seinem Sohn. Die Qualität der Unterdrückung ist eine ganz andere, das Gefühl der Ausgeliefertheit ist nicht primär physisch, sondern vielmehr psychisch, insbesondere von nicht wirklich zu entkräftenden möglichen Vorwürfen geprägt. „Fasst Du Dein Urteil über mich zusammen, so ergibt sich, dass Du mir zwar etwas geradezu Unanständiges oder Böses nicht vorwirfst (...), aber Kälte, Fremdheit, Undankbarkeit" (S. 6).

Die Physis spielt in diesem Zusammenhang dennoch eine nicht unwichtige Rolle: „Du dagegen warst ein wirklicher Kafka an Stärke, Gesundheit, Appetit, Stimmkraft, Redebegabung, Selbstzufriedenheit, Weltüberlegenheit, Ausdauer, Geistesgegenwart, Menschenkenntnis, einer gewissen Großzügigkeit, natürlich auch mit allen zu diesen Vorzügen gehörigen Fehlern und Schwächen, in welche Dich Dein Temperament und manchmal Dein Jähzorn hineinhetzen" (S. 8). Der Sohn leidet unter dem Vater, klagt ihn aber nicht an, ist unfähig sich in irgendeiner Weise aufzulehnen: „Wobei ich Dich aber immerfort bitte, nicht zu vergessen, dass ich niemals im entferntesten an eine Schuld Deinerseits glaube" (S. 9). Denn klar ist und bleibt: „Ich war ein ängstliches Kind" (ebd.). Es fehlen Zeichen der Unterstützung, der Wärme und Zuversichtlichkeit. „Damals und damals überall hätte ich die Aufmunterung gebraucht. Ich war ja schon niedergedrückt durch Deine bloße Körperlichkeit" (S. 12).

Der Vater hat es zu etwas gebracht, ist selbstsicher, kann Stolz auf sich sein, muss sich nicht hinterfragen. „Du hattest Dich allein durch eigene Kraft so hoch hinausgearbeitet, infolgedessen hattest Du unbeschränktes Vertrauen zu Deiner Meinung (...). Deine Meinung war richtig, jede andere war verrückt, überspannt, meschugge, nicht normal" (S. 13). Wenn der Sohn aber stolz oder zufrieden mit sich oder einer Sache hat sein können, so werden diese Gefühle auf leichteste vernichtet: „Man musste nur über irgendeine Sache glücklich sein, von ihr erfüllt sein, nach Hause kommen und es aussprechen, und die Antwort war ein ironisches Seufzen, ein Kopfschütteln, ein Fingerklopfen auf den Tisch ..." (S. 14).

Zur physischen Präsenz und Dominanz, welche den Sohn einschüchtert und hilflos macht, kommen die subtile Tyrannei am Esstisch und dabei die schamlose Ungleichheit einzulösender Manieren: „Knochen durfte man nicht zerbeißen, Du ja. Essig durfte man nicht schlürfen, Du ja. Die Hauptsache war, dass man das Brot gerade schnitt; dass Du das aber mit einem von Sauce triefenden Messer tatest, war gleichgültig. Man musste achtgeben, dass keine Speiseresten auf den Boden fielen, unter Dir lag schließlich am meisten. Bei Tisch durfte man sich nur mit Essen beschäftigen, Du aber putztest und schnittest Dir die Nägel, spitztest Bleistifte, reinigtest mit dem Zahnstocher die Ohren" (S. 17).

Der Vater wird als relativ facettenreicher, begabter Tyrann wahrgenommen. „Deine äußerst wirkungsvollen, wenigstens mir gegenüber niemals versagenden rednerischen Mittel bei der Erziehung waren: Schimpfen, Drohen, Ironie, böses Lachen und – merkwürdigerweise – Selbstbeklagung" (S. 21). Die Mutter kann keinen Ausgleich schaffen, wiewohl sie den Sohn liebt und von ihm geliebt wird: „Es ist wahr, dass die Mutter grenzenlos gut zu mir war, aber alles das stand für mich in Beziehung zu Dir, also in keiner guten Beziehung" (S. 27).

Anders als Leddas *Padre Padrone* handelt es sich beim Vater im *Brief an den Vater* von Kafka nicht um einen primitiven Rohling, sondern um einen Menschen, der eher mit Gewalt droht als sie unvermittelt anwendet: „Es ist auch wahr, dass Du mich kaum einmal wirklich geschlagen hast. Aber das Schreien, das Rotwerden Deines Gesichts, das eilige Losmachen der Hosenträger, ihr Bereitlegen auf der Stuhllehne, war für mich fast ärger. Es ist, wie wenn einer gehenkt werden soll. Wird er wirklich gehenkt, dann ist er tot und es ist alles vorüber" (S. 28). Dennoch, der Vater wird nicht als der Schuldige für das subjektiv trostlose Leben des Sohnes verantwortlich gemacht. „Ich wiederhole zum zehntenmal: ich wäre wahrscheinlich auch sonst ein menschenscheuer, ängstlicher Mensch geworden, aber von da ist noch ein langer Weg dorthin, wo ich wirklich gekommen bin" (S. 43). Der Vater kann nichts dafür, aber seine Wirkung ist vernichtend: „Ich hatte vor Dir das Selbstvertrauen verloren, dafür ein grenzenloses Schuldbewusstsein eingetauscht ..." (ebd.).

Für jeden Lebensbereich, sei es die Berufswahl (S. 54), das Jus-Studium (S. 56) und vor allem auch die Beziehungen des Sohnes bzw. die Frage der Heirat und Ehe (S. 57 ff.), ist die Präsenz und Bedeutung des Vaters von vernichtender Qualität, das Leben und Erleben des Sohnes wird mit einer Schmutz-Metapher beschrieben. „Und eben Du stießest mich, so als wäre ich dazu bestimmt, mit ein paar offenen Worten in diesen Schmutz hinunter. Bestand die Welt also nur aus mir und Dir, eine Vorstellung, die mir sehr nahelag, dann endete also mit Dir diese Reinheit der Welt, und mit mir begann kraft Deines Rates der Schmutz" (S. 62). Liebt der Sohn eine Frau, so muss dieses Gefühl vom Vater – freilich immer in der Sicht des Sohnes – „beschmutzt" werden: „Du sagtest zu mir etwa: ‚Sie hat wahrscheinlich irgendeine ausgesuchte Bluse angezogen, wie das die Prager Jüdinnen verstehn, und daraufhin hast Du Dich natürlich entschlossen, sie zu heiraten' (...). Als Du vor zwanzig Jahren ähnlich zu mir gesprochen hattest, hätte man darin mit Deinen Augen sogar etwas Respekt für den frühreifen Stadtjungen sehen können ..." (S. 64). Der Vater wird als Ursache für die Unfähigkeit des Sohnes gesehen, Beziehungen zu Frauen als Bereicherung und vielleicht auch – zeitweiliges – Glück zu empfinden. „Meine Entscheidung für ein Mädchen bedeutete Dir gar nichts. Du hattest meine Entscheidungskraft (unbewusst) immer niedergehalten und glaubtest jetzt (unbewusst) zu wissen, was sie wert war" (ebd.). „Keines der Mädchen hat mich enttäuscht, nur ich sie beide. Mein Urteil über sie ist heute genau das gleiche wie damals, als ich sie heiraten wollte" (S. 65). Eine Heirat hätte den Sohn befreien und ihn gleichzeitig mit seinem Vater versöhnen sollen, so jedenfalls die Hoffnung: „Gerade diese enge Beziehung lockt mich ja teilweise auch zum Heiraten. Ich denke mir diese Ebenbürtigkeit, die dann zwischen uns entstehen würde und die Du verstehen könntest wie kein anderer, eben deshalb so schön, weil ich dann ein freier, dankbarer, schuldloser, aufrechter Sohn sei, Du ein unbedrückter, untyrannischer, mitfühlender, zufriedener Vater sein könntest" (S. 67).

Im Unterschied zu Gavino Ledda kann sich Franz Kafka weder körperlich noch wirklich durch Reflexion oder Einsicht in die Bedingungen der eigenen Gewordenheit befreien. Die Möglichkeiten einer Versöhnung, oder auch nur versöhnender Gesten zwischen Vater und Sohn, scheinen unwahrscheinlich zu sein. Das Ich, das hier seine Beziehung zum Vater schildert, ist Opfer und die selbst berichteten psychischen Schäden scheinen irreparabel zu sein. Es wundert daher nicht, dass Kafkas Leben und Werk so gerne tiefenpsychologisch gedeutet wurde (vgl. z. B. Miller 1981, S. 307–387).

Jane Eyre (Charlotte Brontë 1847)

Der autobiographisch geprägte Roman *Jane Eyre* von Charlotte Brontë, 1816 in eine englische Pfarrersfamilie geboren, die isoliert in einem Dorf in den Hochmooren der Grafschaft Yorkshire lebt, erscheint 1847. Die Autorin ist 31 Jahre alt und schreibt unter einem männlichen Pseudonym (Currer Bell). Ursprünglich sind sie sechs Geschwister gewesen, die Mutter stirbt früh an Krebs, bald darauf sterben zwei ältere Schwestern an Tuberkulose und der Bruder. Es bleiben Emily, Anne und – die nun älteste Tochter – Charlotte.

Charlotte verliert schließlich auch diese, ebenfalls schriftstellerisch tätigen Schwestern. Allein zurück geblieben stirbt sie als letzte der Geschwister im Alter von nur 39 Jahren.

Die Kinder werden vor allem von ihrer „grämlichen" Tante in der als trostlos beschriebenen Moorlandschaft aufgezogen, einem „wahren Paradies für Menschenfeinde", wie Emily Brontë dies im bekannten Roman *Wutherin Heights* (dt. *Sturmhöhe* [2001]) umschreibt. Golo Mann umreißt blumig wichtige biographische Daten und Gegebenheiten: „Der Garten, in den sie aus ihrem Fenster schauen, ist der Friedhof. Dahinter kommt die Öde des Moores. Der einzige Mensch, der etwas Wärme in die Finsternis dieses frommen Hauses bringt, ist eine alte Magd, Tabby, das Faktotum, dem die Schwestern immer wieder Denkmäler des Danks setzen werden" (Mann 1934/1988, S. 660). „Noch trauriger als zu haus wird es in der Cowan Bridge School, wo die Mädchen zu Zucht und Tugend erzogen werden. Ehe Dickens den Schrecken englischen Internatslebens klassisch darstellte, wurde es von den armen Brontës und von Charlotte in Jane Eyre geschildert" (ebd.). In dieser Schule sterben zwei Schwestern Charlottes an Schwindsucht und Unterernährung.

Jane Eyre ist „eine klug ausgewogene Mischung aus hochromantischem Pathos und realistischer Lebendigkeit", so Klaus Mann (S. 668), ein großartiger „Unterhaltungsroman" bzw. „Schmöker" (S. 665). Die Ich-Erzählerin, Jane Eyre, erlebt als Waisenkind eine trostlose Kindheit. Dieselbe wird in den ersten Kapiteln beschrieben. Jane wird insbesondere von ihrer Tante Mrs. Reed, die sie mehr wider- als gutwillig aufnimmt, schlecht behandelt. Immer wird ihr die Armut vorgeführt. Jane wird als intelligent, witzig und eigensinnig, schlagfertig und mitunter auch frech dargestellt. Brontë lässt Jane zu ihrer Tante sagen: „Ich bin froh; dass Sie nicht mit mir verwandt sind. Ich werde Sie nie wieder Tante nennen, solange ich lebe. Ich werde Sie nie wieder besuchen, wenn ich groß bin. Und sollte mich jemand fragen, ob ich Sie liebe und wie Sie mich behandelt haben, so werde ich sagen, dass mir schon übel wird, wenn ich nur an Sie denke, und dass Sie mich mit elender Grausamkeit behandelt haben" (Brontë 1988, S. 47). Die auf diese Weise Angesprochene erwidert: „Was fällt dir denn ein, Jane Eyre, so etwas zu behaupten?" – „Was mir einfällt, Mrs. Reed? Was mir einfällt? Ich sage nur die Wahrheit. Sie glauben, ich bin gefühllos und kann ohne das geringste bisschen Liebe oder Güte auskommen. Aber ich kann so nicht leben, und Sie haben kein Mitleid! Wie Sie mich so roh und herzlos ins das rote Zimmer zurückgestoßen haben, das werde ich bis zu meiner Sterbensstunde nicht vergessen! Dann haben Sie mich wieder eingeschlossen, obwohl ich in Todesangst schwebte und vor Furcht fast erstickt bin und geschrieen habe: ‚Seien Sie barmherzig! Haben

Sie Erbarmen, Tante Reed!‘ (…) Die Leute glauben, Sie sind eine gute Frau, aber Sie sind schlecht und hartherzig. Sie sind verlogen und falsch“ (S. 47).

Es versteht sich von selbst, dass die Leserinnen und Leser sich sofort mit der kleinen Jane identifizieren können. Sie ist – psychologisch gesprochen – ein wunderbares Beispiel für Resilienz! „Besonders aufsehenerregend wirkte“, für die damaligen Leserinnen und Leser, so Mann, „dass die Heldin des Buches zwar Waise und zunächst bitterarm, auch sehr tugendhaft, aber keineswegs schön und zimperlich war, eigentlich auch gar nicht hilfsbedürftig, wie die Konvention einer rührseligen Literatur es verlangte. Vielmehr wird sie zwar als klein und zart präsentiert, aber ihr Wesen ist beinahe hart, und schön ist sie nur in ihren leidenschaftlichsten Momenten“ (Mann 1988, S. 665). Die Kraft, den Eigen- und Lebenssinn der Jane Eyre konnte eine traurige Kindheit nicht brechen, im Gegenteil: „Das Haus einer bösen und reichen Tante, wo sie Schreckliches mitmachen musste, verlässt sie nicht gebrochen oder auch nur nachgiebig gemacht, sondern nur noch vertrotzter“ (S. 665 f.).

Später kommt Jane in die Lowood-Stiftung. Doch die eigentlich romanhafte Verwicklung beginnt nach Mann erst, wenn Jane die Lowood-Stiftung verlässt, „um auf einem Herrensitz Erzieherin eines kleinen Mädchens zu werden“ (S. 666). Die Erfahrungen in Lowood, wo Jane bis ins Alter von zehn Jahren bleibt, werden auf eindringlich direkte Art beschrieben: „Heißhungrig und inzwischen ziemlich entkräftet, schlang ich ein oder zwei Löffel von meiner Portion hinunter, ohne auf den Geschmack zu achten, doch kaum war der erste Hunger gestillt, so bemerkte ich, welch widerliches Zeug vor mir stand. Verbrannter Haferbrei ist beinahe so abscheulich wie verfaulte Kartoffeln. Selbst ein Verhungernder schreckt angeekelt davor zurück“ (S. 60). Nach einer Typhus-Epidemie, an welcher einige Mädchen sterben, darunter Helen Burns, Janes einzige Freundin, werden die Missstände und die skandalöse Führung des Internats bekannt. „Die ungesunde Lage der Anstalt, die ungenügende und schlechte Ernährung der Kinder, das salzige, übelriechende Wasser, das zum Kochen verwandt wurde, die armselige Kleidung und die unzulängliche Unterbringung der Schülerinnen – das alles wurde aufgedeckt“ (S. 112). In der nun neu gegründeten Institution bleibt Jane bis 18, sechs Jahre als Schülerin und zwei als Lehrerin: „Während dieser acht Jahre verlief mein Leben einförmig, doch war ich nicht unglücklich, weil ich nie untätig war (…). Im Laufe der Zeit wurde ich Klassenerste und erfüllte zwei Jahre lang meine Pflichten mit großem Eifer“ (S. 113). Miss Temple, eine Schulleiterin, wird eine enge Vertraute. Als letztere Lowood verlässt, bewirbt sich Jane erfolgreich auf dem Herrensitz Thornfield Hall bei Mr. Rochester um die Stelle einer Gouvernante – und der eigentliche Liebesroman beginnt.

Charlotte Brontës Schilderungen des Todes von Helen Burns können als literarische Verarbeitung des Schicksals der beiden Schwestern betrachtet werden, die in ihrer Schulzeit an der Clergy Daughters School in Cowen Bridge unter den miserablen Verhältnissen ums Leben gekommen sind. Während die kleine Jane auch als Opfer unwürdiger Umgangsformen, fehlender Fürsorge und erlittener Ungerechtigkeiten dargestellt wird und insofern mit den Schilderungen Leddas und Kafkas in vielerlei Hinsicht verglichen werden kann, strotzt sie im Unterschied zu den Ich-Erzählern der letztgenannten nur so vor Selbstbewusstsein, Einsicht in ihr Schicksal und Widerstandskraft. Dies ist die literarische Fiktion – eine Projektion: wünschte man doch allen Kindern, die unter autoritären Erziehungspersonen und -institutionen, unter Gleichgültigkeit und Vernachlässigung oder aber Ungerechtigkeit und Überforderung zu leiden haben, dass sie die Stärken Janes entwickeln könnten.

Unterm Rad (Hermann Hesse 1906)

Hermann Hesses Roman *Unterm Rad* (1906/2004) ist autobiographisch geprägt und erzählt von den Schwierigkeiten des Aufwachsens und insbesondere des Schullebens in einer Klosterschule im süddeutschen Raum. Im Mittelpunkt der Erzählung steht der Junge und Halbwaise Hans Giebenrath, der als einziger des kleinen Städtchens zu den Prüfungen, dem sogenannten „Landesexamen" in Stuttgart, zugelassen wird und deshalb für Lehrpersonen, den bescheidenen Vater und viele weitere eingesessene Bewohner des Ortes als etwas Besonderes gilt. „Die Ehre war groß, doch er hatte sie keineswegs umsonst" (S. 8). Den Stadtpfarrer beispielweise lässt Hesse zu Hans sagen: „Du weißt, dass wir alle Hoffnungen auf dich setzten. Im Latein erwarte ich eine besondere Leistung von dir" (S. 13). Der Leser merkt bald, dass hier die Geschichte einer Überforderung erzählt werden wird.

Die hohen Erwartungen freuen und bedrücken den Jungen, dessen Leidenschaft und Glück im Angeln bestehen – eine Tätigkeit, die er während der Vorbereitungszeit der Prüfungen ganz aufgeben muss. „Bedrückt schlich er nach Hause und in den kleinen, abschüssigen Garten" (S. 14). Die Anteilnahme der Lehrerschaft ist groß, selbst der Rektor der Schule lässt sich am Tag der Abreise nach Stuttgart, wo die Prüfungen in den folgenden Tagen stattfinden werden, am Bahnhof blicken. In Stuttgart wird Hans „stiller und ängstlicher, eine tiefe Beklemmung ergriff ihn beim Anblick der Stadt ..."

(S. 17). Wiewohl von schlechten Gefühlen geplagt, was seine Prüfungsleistungen angeht, besteht Hans die Prüfungen als Zweitbester: „Der Bub war ganz gelähmt vor Überraschung und Freude" (S. 28). Vater, Lehrer und Dorfbewohner drücken die Anerkennung und ihren Stolz aus, dass ein Junge aus dem Ort ein so gutes Resultat erzielen konnte. Vor dem Eintritt in die Klosterschule kann Hans nun einen schönen Sommer genießen, mit Angeln, mit Stolz, auch unsicherer Erwartung. Doch Unmut und Unsicherheit schlagen um in Ehrgeiz und Leistungswille: „Denn das wusste er wohl, dass er im Seminar noch ehrgeiziger und zäher arbeiten müsse, wenn er auch dort die Kameraden hinter sich lassen wollte. Und das wollte er entschieden. Warum eigentlich? Das wusste er selber nicht (...). Und nun hatte er allmählich selber seinen Stolz darein gesetzt, obenan zu sein und keinen neben sich zu dulden. Und die dumme Examensangst war jetzt vorbei" (S. 39).

Das protestantisch-theologische Klosterseminar und das Leben im Internat prägen Monate später die Jugend von Hans Giebenrath: „Die Stiftung, auf deren Kosten die Seminaristen leben und studieren dürfen, hat (...) dafür gesorgt, dass ihre Zöglinge eines besonderen Geistes Kinder werden, an welchem sie später jederzeit erkannt werden können – eine feine und sichere Art der Brandmarkung. Mit Ausnahme der Wildlinge, die sich je und je einmal losreißen, kann man denn auch jeden schwäbischen Seminaristen sein Leben lang als solchen erkennen" (S. 52). Einen solchen „Wildling" sollte Hans bald einmal näher kennen lernen und zum einzigen Freund gewinnen: den schlauen und begabten Hermann Heilner: „Man wusste schon am ersten Tag, er sei ein Dichter und Schöngeist, und es ging die Sage, er habe seinen Aufsatz im Landesexamen in Hexametern abgefasst" (S. 59). Hermann Heilner – man mag in ihm Hermann Hesse erkennen wollen – „hatte eigene Gedanken und Worte, er lebte wärmer und freier, litt seltsame Leiden und schien seine ganze Umgebung zu verachten" (S. 67).

Die beiden Freunde sind ein ungleiches Paar: „Man zählt zwar beide zu den Gescheiten und Begabtesten, aber Heilner genoss den halb spöttisch gemeinten Ruf eines Genies, während der andere im Geruch des Musterknaben stand" (S. 70). Die Freundschaft mit Hermann Heilner verändert Hans Giebenrath, sein schulischer Ehrgeiz und das mustergültige Benehmen werden immer schwächer und drohen ganz zu verschwinden. „Je inniger und glücklicher Hans an seiner Freundschaft hing, desto fremder wurde ihm die Schule (...). Die Lehrer aber sahen mit Schrecken den bisherigen tadellosen Schüler Giebenrath in ein problematisches Wesen verwandeln und dem schlimmen Einfluss des verdächtigen Heilners unterlegen" (S. 86 f.). Ein „problematisches Wesen" beginnt mit vierzehn Jahren zu rauchen, verliebt sich mit fünfzehn, geht mit sechzehn in die Kneipe, liest verbotene Bücher und schreibt freche Aufsätze und dergleichen mehr (vgl. S. 87). Die Leistungen von Hans werden immer schlechter und je schlechter sie werden, desto mehr schottet er sich von den Mitschülern ab und verbringt seine Zeit mit Hermann Heilner. Es gelingt ihm immer weniger, sich auf den Unterricht und seine Aufgaben zu konzentrieren, auch scheint er, nun ein hoch aufgeschossener, schlaksiger Jüngling, bleich, schwächlich und kränkelnd: „Was ihn nicht interessierte, glitt ihm schattenhaft unter den Händen weg ..." (S. 98).

Hans erhält die Anweisung, täglich einen Spaziergang zu unternehmen, aber ohne Heilner. Der Tod eines Mitschülers bewegt alle, aber auf besondere Weise Heilner und Giebenrath. Umso bekümmerter ist Hans, als kurz darauf später auch Hermann Heilner fehlt, der – ohne seinen Freund aufzuklären – aus der Klosterschule ausreißt und sich in der Umgebung ein paar Tage versteckt hält. Einmal gefunden, wird Heilner „in Schanden entlassen und reiste abends mit seinem Vater auf Nichtwiederkommen ab. Von seinem Freund Giebenrath hat er nur durch einen Händedruck Abschied nehmen können" (S. 102). Hans gerät umso mehr in die Missgunst der Lehrer, als diese (fälschlicherweise) davon ausgehen, dass er von Heilners Flucht gewusst haben musste.

In den kommenden Wochen geht es Hans seelisch und körperlich immer schlechter, im Unterricht, dem er nicht mehr folgen kann, bricht er zwei Mal zusammen. Ephorus und Arzt beschließen, dass Hans die Klosterschule nicht mehr weiter besuchen kann. Er wird nach Hause geschickt: „Wozu war das nun alles gewesen? Er wusste so gut wie der Ephorus, dass er nicht wiederkommen würde und dass es nun mit Seminar und Studium und allen ehrgeizigen Hoffnungen ein Ende hatte" (S. 107). Vater Giebenrath, von der Schule über die Situation seines Sohnes schriftlich benachrichtigt, ist entsetzt.

Zu Hause kann Hans die wiedererlangte Freiheit genießen, allerdings fühlt er sich einsam. „Bei gutem Wetter lag er stundenlang im Walde draußen und es tat ihm gut" (S. 108). Genügend Zeit, um über das Leben nachzudenken, sich plötzlich erstaunt daran zu erinnern, dass er schon während den beiden letzten Lateinschuljahren keine Freunde mehr gehabt hat (vgl. S. 109). Was tun? Sein Leben scheint ihm nun ziel- und sinnlos, er hat Selbstmordphantasien: „Warum er nicht schon längst an jenem Aste hing, wusste er selbst nicht recht" (S. 111). Dennoch scheint es wieder aufwärts und vorwärts zu gehen mit dem blassen „Exseminaristen", der nun vor die Wahl gestellt wird, entweder Schreiber zu werden oder ein Handwerk zu lernen. Zu beidem hat er freilich keine „rechte Lust", entschließt sich aber schließlich eher zufällig für den Beruf des Mechanikers.

Bevor er mit der Lehre anfängt, hilft er bei der Apfelernte und der Mostgewinnung. Dabei lernt er die neunzehnjährige Emma kennen, in die er sich verliebt, die aber leider nur kurz im kleinen Ort verweilt. Das unglückliche Verliebtsein wird umso schlimmer, als Emma eines Tages wort- und abschiedlos verschwindet: „Mit Emma schien ihm alles Begehrenswerte und aller Zauber des Lebens nahegewesen und tückisch wieder entglitten zu sein" (S. 142). Wochen später, nach Beginn seiner Lehre, fehlt der „Landexamensschlosser" (S. 146) Hans Giebenrath beim Nachtessen. Er feiert mit Gesellen, mit denen er im Grunde wenig bis nichts zu tun hat, trinkt viel zu viel Alkohol, und wird am Tag danach tot aus dem Fluss geborgen. „Die Beerdigung zog eine große Zahl von Mitgängern und Neugierigen an. Wieder war Hans Giebenrath eine Berühmtheit geworden, für die sich jeder interessierte, und wieder nahmen die Lehrer, der Rektor und der Stadtpfarrer an seinem Schicksal teil" (S. 158). Der Lateinlehrer, besonders betrübt, meint zum Rektor der Lateinschule: „Ja, Herr Professor, aus dem hätte etwas werden können. Ist das nicht ein Elend, dass man gerade mit den Besten so oft Pech hat?" (S. 159).

Der Schüler Gerber (Friedrich Torberg 1930)

1930 erscheint der Roman *Der Schüler Gerber* (1999) des 1908 in Wien geborenen Dichters und Schriftstellers Friedrich Torberg. Der Roman erzählt die Geschichte des begabten Schülers Kurt Gerber, der im letzten Jahr vor der Reifeprüfung steht und an einen durchaus sadistischen Klassenlehrer gerät. Diese Lehrperson namens Kupfer – von den Schülern „Gott Kupfer" genannt – unterrichtet Mathematik, just jenes Fach, in welchem Gerber nur sehr schwache Leistungen zeigt. Für Professor Arthur Kupfer ist der Unterricht eine Kampfsituation, aus der er jeweils als Sieger herausgehen muss („... ich mache aufmerksam, dass mir nicht die geringste Ausdrucksform eurer Dummheit entgeht!" [S. 15]). Natürlich leidet Kupfer selber unter neurotischen Ängsten, die sich u. a. in einem grotesken Kontrollbedürfnis manifestieren und seine ethische Urteilskraft weitgehend außer Kraft setzen. Befehlen macht ihm Spaß, die Angst bezieht sich freilich darauf, dass dem Befehl nicht der entsprechende Gehorsam folgt: „Er rief, und es wurde geantwortet. Er sprach: ‚Es werde Ruhe!', und es ward Ruhe. Er sprach – und es ward Licht um ihn von gleißender Machtbefugnis und strahlender Vollkommenheit. Gott Kupfer" (S. 20). Es freut Kupfer, die Schüler, und auch die Schülerinnen, als Dummköpfe bloßzustellen und vor den anderen zu demütigen:

„Eine besondere Pikanterie ergab sich, wenn so ein Schüler obendrein aus wohlhabender Familie stammte oder den Ruf besonderer Intelligenz genoss" (S. 23). Doch Kupfer macht keinen Unterschied, ob „das Opfer männlichen oder weiblichen Geschlechts" ist, was „selbst die ärgsten Mädchenhasser" schockiert (ebd.) – vor Gott sind alle gleich. Aber manche Opfer sind doch attraktiver als andere: „Dieser Gerber! Kupfer freute sich auf ihn wie ein Kind auf ein neues Spielzeug: er wollte ihn ruinieren. Nicht zuletzt darum hatte Kupfer seine Berufung zum Klassenvorstand der Oktava so eifrig betrieben" (S. 25). Mit Gerber „fertig werden" (ebd.) ist Kupfer eine willkommene Herausforderung.

Doch der sensible, (freilich) unglücklich verliebte Gerber hat seinen Stolz und will sich nicht unterkriegen lassen. Allerdings helfen ihm seine mangelnden Mathematikkenntnisse dabei nicht gerade. In der immer mehr berechtigt erscheinenden Angst, die Reifeprüfung gerade wegen der Mathematik nicht zu bestehen, sieht Gerber deshalb umso mehr die Notwendigkeit ein, mit den mathematisch begabten Mitschülern Nowak und Altschul ein „Privatstudium" aufzunehmen. Doch auch in diesen Stunden konzentriert sich Gerber vor allem auf den Kampf mit Kupfer und seine Situation insgesamt: „Dann imitierte er Professoren, hielt plötzlich eine flammende Rede gegen die Mittelschulschmach, ließ sich in langwierige mathematische Debatten ein, um sie plötzlich mit der Feststellung abzubrechen, dass ohnehin alles egal sei ..." (S. 170). Wie Kupfer auf Gerber, so fokussiert sich Gerber ganz auf Kupfer. In einer imaginierten Rede an Kupfer formuliert Gerber: „... ich kann versuchen, Sie von Ihrer Nichtigkeit zu überzeugen, Sie zur Einsicht zu bringen, dass Sie die jämmerliche Sackgasse, die Ihnen auf dem Lebensweg vieler, vieler Menschen nun einmal zugewiesen ist, so geräuschlos wie nur irgend möglich abzugehen haben. Es ist aus Ihrer Schuld eine Sackgasse, denn als wir mit Ihnen zusammentrafen, da waren wir zu schönerem Gang willfährig ..." (S. 173). Allerdings ist die psychische Stabilität Gerbers in Wahrheit sehr gefährdet, immer wieder und immer stärker plagen ihn Selbstzweifel und Selbstekel: „Er dünkte sich das verkommenste Subjekt der Welt, wertlos, unnütz, überflüssig, außerstande etwas zu tun für sich oder für die anderen" (S. 180). Glücklicherweise tragen aber seine Anstrengungen in Mathematik Früchte und wenn Kupfer ihn nur vor der Klasse jeweils prüft, besteht er die Herausforderung, wie auch manchmal mit purem Glück, etwa bei der Wahl des gestellten mathematischen Problems (vgl. S. 245).

Torberg beschreibt die Schlussprüfungen ausführlich, insbesondere die Nöte und Hoffnungen, die Anstrengung Gerbers sowie auch die gestellten Mathematikaufgaben, die Aufgaben in den anderen Fächern. Doch Gerber hat andere Probleme, tagträumend, spintisierend und phantasierend besteht er die Prüfungen zwar, aber ist nicht mehr bei sich. Die Sinnlosigkeit der Prüfungsfragen, der Prüfungssituation insgesamt, die ihn so demütigt, die Auflehnung gegen Kupfer, die so viel Zeit und Energie raubt ... Noch bevor Gerber das Resultat seiner (bestandenen) Prüfung erfährt, stürzt er sich aus dem Fenster des Klassenzimmers im dritten Stock des Staatsrealgymnasiums.

Sowohl Hans Giebenrath (in Hesses *Unterm Rad*) als auch Kurt Gerber sterben letztlich aufgrund fehlender Feinfühligkeit, fehlenden Verständnisses der relevanten Erwachsenen gegenüber den Nöten der Pubertät und Adoleszenz, und einem ebenso unsensiblen Leistungsethos, welches keine Unterschiede macht. Während Lehrer Kupfer als Sadist bezeichnet werden muss, erscheinen die anderen Lehrpersonen sowie die Bildungsinstitutionen in beiden Fällen nicht als von Böswilligkeit oder Perversion geprägt, vielmehr ist es der pädagogisch gravierende Mangel an Anerkennung der Probleme der Identitätsentwicklung und die Ignoranz gegenüber den starken Gefühlen, von welchen die Protagonisten gepackt sind, welches die Pädagogen dieser Institutionen und die anderen Erwachsenen sowie die Eltern charakterisiert. Die negativ wirksame Autorität der Institution wirkt umfassender und unpersönlicher auf die Seele der jungen Menschen ein, es gibt für Hans Giebenrath und Kurt Gerber keinen Ausweg, es hilft ihnen auch nicht (mehr), sich gegen einzelne Autoritätspersonen aufzulehnen, sich von ihnen zu befreien, sie nehmen sich im Grunde auch nicht das Leben, sondern vielmehr gehen sie sich selbst und den anderen verloren.

Tagebuch eines Schülers (Robert Walser 1908)

Robert Walsers ironische Miniportraits sind von ganz anderer Natur, sie implizieren einen souveränen Schüler, der in distanzierter, selbstreflektierter und frecher Manier Stellung zu den Autoritätspersonen nimmt. Dieser Erzähler ist resilient wie Jane Eyre, aber es handelt sich um eine ironische Form. Einige Beispiele: „Einer unserer Lehrer heißt Wächli. Ich muss immer lachen, wenn ich an Wächli denke; er ist doch zu komisch. Er gibt immer Ohrfeigen, aber diese seltsamen Ohrfeigen tun gar nicht weh. Der Mann hat es noch nicht gelernt, richtige, gutsitzende Ohrfeigen zu geben. Er ist der gutmütigste, drolligste Mensch der Welt; und wie ärgern wir ihn! Das ist nicht edel. Wir Schüler sind überhaupt keine vornehmen Naturen; uns fehlt vielfach das schön abmessende Taktgefühl. Warum stützen wir uns mit unserem Witz eigentlich gerade auf Wächli? Wir haben wenig Mut; wir verdienten einen Inquisitor zum Vorgesetzten" (S. 122).

Oder der Französischlehrer Blok: „Man muss ein unempfindlicher Kerl sein, um bei Blok gut und brav dazustehen. Nie kommt er aus sich heraus. Wie verletzend ist das für uns Schüler, empfinden zu müssen, dass wir ganz außerstande sind, diese lederne Briefmappe von Mensch irgendwie ärgern zu können. Er gleicht einer Wachsfigur und das hat etwas Unheimliches und Schreckliches. Er muss einen hässlichen Charakter haben und ein abscheuliches Familienleben führen. Gott behüte einen vor solch einem Vater. Mein Vater ist ein Juwel: Das empfinde ich besonders lebhaft, wenn ich Blok betrachte" (S. 123).

Die lächerlich anmutende Lehrerautorität zeigt sich auch bei Herrn Neumann: „Neumann, genannt Neumeli: wer möchte sich nicht wälzen vor Lachen, wenn von diesem Lehrer die Rede ist? (...) Er ärgert sich immer so wahnsinnig. Wir haben ihn vollständig in unserer Hand, wir sind ihm vollkommen überlegen. Solche Menschen, wie er, flössen keinen Respekt ein; zuweilen Furcht, nämlich dann, wenn sie vor Zorn den gesunden Verstand zu verlieren scheinen. Er kann sich gar nicht ein bisschen beherrschen, sondern jagt scheinbar alle seine Empfindungen bei jeder kleinsten Gelegenheit in ein Loch hinab, in den Ärger. Gewiss geben wir ihm Ärgeranlass. Aber warum hat er so lächerlich rotes Haar? So vortreffliche Pantoffelheldmanieren?" (S. 123 f.).

Dann aber gibt es auch respektierte Lehrerpersönlichkeiten, denen durch die Ironie hindurch schon fast ein wenig Ehrfurcht entgegengebracht wird: „Rektor Wyss ist eine baumlange Erscheinung von soldatischer Haltung. Wir fürchten und achten ihn; diese beiden soliden Empfindungen sind ein bisschen langweilig. (...) Übrigens: zu prügeln versteht er ausgezeichnet. Er nimmt einen aufs Knie und haut einen fürchterlich durch; nicht gerade sehr barbarisch. Die Prügel von Wyss haben etwas Ordnungsgemäßes; man hat, während man diese Hiebe zu kosten bekommt, das angenehme Gefühl, es sei eine vernünftige, gerechte Strafe" (S. 124).

Dass der Respekt der Schüler gegenüber der Lehrperson aber auch nur vorgetäuscht werden kann, die Lehrperson vielmehr verachtet wird, zeigt sich am Beispiel des Zeichenlehrer Lanz: „Er bildet sich ein, wir hätten Respekt vor ihm. Mag er selig werden mit diesem Gedanken. Übrigens kennt er keinen Humor. Er ist kein Schullehrer, sondern ein Dresseur; er gehört in den Zirkus. Das Hauen macht ihm, wie es scheint, seelisches Vergnügen. Das ist brutal: wir haben daher Ursache, ihn zu necken und zu verachten" (S. 126).

Schließlich ist da aber auch noch die Bildung der Lehrperson, welcher ein gewisser Respekt abgerungen werden muss. Etwa bei Lehrer Merz: „Merz ist unter sämtlichen Lehrern scheinbar der gebildetste, er schreibt sogar Bücher, aber dieser Umstand hindert seine Schüler nicht, ihn von Zeit zu Zeit lächerlich zu finden“ (S. 128 f.). „Wenn er von den alten Griechen erzählt, leuchten seine Augen hinter den Brillengläsern. Sicher begehen wir ein großes Unrecht, den Mann zu so wilden Auftritten zu veranlassen. In ihm vereinigt sich Schönes und Lächerliches, Hohes und Dummes, Vortreffliches und Klägliches“ (S. 129). „Sind wir verpflichtet, vor heiliger Scheu zu sterben, wenn einer von uns das ‚Glück von Edelhall‘ von Ludwig Uhland zitieren muss?“ (S. 129 f.).

In diesen kleinen, wohl fiktiven und doch sicher an der Wirklichkeit orientierten – und Wirklichkeit aufscheinen lassenden – Schilderungen wird Autorität ironisiert; die Lächerlichkeit der Lehrperson – die sie fast immer auch hat – und ihre vergeblichen wie dennoch meist – irgendwie – wirksamen Versuche, sich als Autorität von den Schülern Anerkennung zu verschaffen, werden von Walser durchaus auch selbstironisch thematisiert.

Der erste Mensch (Albert Camus 1994)

Der erste Mensch ist ein handgeschriebenes Manuskript, das Albert Camus bei seinem tödlichen Autounfall im Jahre 1960 bei sich trug. Publiziert wurde die nicht ganz vollendete Schrift erst 34 Jahre später. Camus beschreibt darin sein Leben als Kind und Schüler, das er mit der offenbar lern- und sprachbehinderten und sehr geliebten Mutter und einer überstrengen, gewiss auch mitunter tyrannisch waltenden Großmutter in einem Armenviertel („Belcourt“) in der Hauptstadt Algeriens unter sehr bescheidenen, ärmlichen Verhältnissen verbringt. Der Vater stirbt als Soldat in Frankreich, als der kleine Albert bloß ein Jahr alt ist. Alberts Mutter zieht als junge Witwe mit ihren beiden Söhnen zu ihrer Mutter nach Algier. In dieser romanhaft geschriebenen (Teil-)Autobiografie wird die Geschichte von Jacques Cormery erzählt (nach dem Mädchenname der Großmutter).

Die Großmutter ist die bestimmende Person in der Familie, die Mutter kann sich gegen sie nicht durchsetzen. Es fehlt an Geld, an allem. Jacques darf weder Fußballspielen noch sonst erfreulichen kleinen Tätigkeiten nachgehen, immer wieder wird er strengstens kontrolliert, ob er auch sparsam und vorsichtig mit dem wenigen Hab und Gut der Familie umgeht. Ein Lichtpunkt in Jacques Leben ist der Volksschullehrer Monsieur Bernard (der in Wirklichkeit Louis Germain geheißen hat). Diesem Lehrer hat Jacques sehr viel – subjektiv alles – zu verdanken, denn Bernard erkennt Jacques' Talente und es gelingt ihm schließlich mit viel Einsatz, die Großmutter davon zu überzeugen, dass ihr Enkel das Lycée besuchen sollte. „Bei Monsieur Bernard war der Unterricht aus dem einfachen Grund, dass er seinen Beruf leidenschaftlich liebte, ständig interessant" (S. 164). Bernards „Methode" bestand genauer formuliert darin, „im Betragen nichts durchgehen zu lassen und seinen Unterricht hingegen lebendig und amüsant zu machen" (S. 165). Jacques und wie auch einige andere Kinder fanden in der Schule das, „was sie zu Hause nicht fanden, wo Armut und Unwissenheit das Leben noch härter, trüber, wie in sich selbst gekehrt machten; das Elend ist eine Festung ohne Zugbrücke" (S. 167). Der Lehrer, der sehr streng ist und sich keineswegs scheut, Prügelstrafen zu erteilen, wird gleichzeitig als fürsorgliche, an den Kindern und ihren Lernfortschritten interessierte Person erlebt, die frei von jeglichem Zynismus ist und sich selbstlos für seine Schüler einsetzt. Eine rührende Szene ergibt sich, nachdem Jacques in Tränen ausgebrochen war, als Bernard den Schluss einer längeren Geschichte vorgelesen hatte, die Jacques über alles lieben gelernt hat. „‚Da, das ist für dich', sagte er [Bernard]. Jacques nahm ein in braunes Einwickelpapier gebundenes Buch ohne Aufschrift auf dem Deckel. Noch bevor er es aufschlug, wusste er, dass es *Die hölzernen Kreuze* waren, eben das Exemplar, aus dem Monsieur Bernard der Klasse vorlas. ‚Nein, nein', sagte er, ‚das ist ...' Er wollte sagen: das ist zu schön. Er fand keine Worte, Monsieur Bernard schüttelte sein altes Haupt. ‚Du hast am letzten Tag geweint, erinnerst Du dich? Seit dem Tag gehört das Buch dir'" (S. 171).

Im Unterschied zu den von Hesse und Torberg geschilderten Lehrpersonen und Institutionen, in denen die Gymnasiasten nicht geprügelt, aber unterdrückt und gedemütigt werden, erfahren die (noch jüngeren) Schüler eine Lehrperson, die körperlich straft, aber die Kinder nicht demütigt und nicht unterdrückt. „Das Kind musste seinen Kopf zwischen die Knie des Lehrers stecken, der ihn mit zusammengepressten Oberschenkeln festhielt. Und auf den so dargebotenen Hintern versetzte Monsieur Bernard eine je nach Sünde variable Zahl von gleichmäßig auf jede Hinterbacke verteilten tüchtigen Schlägen mit dem Lineal" (S. 173). Auch Jacques entkommt der Bestrafung nicht, erträgt die Schläge und versucht, die Tränen zu unterdrücken. „Insgesamt jedoch wurde diese Strafe ohne Bitterkeit hingenommen, zum einen, weil fast alle Kinder zu Hause geschlagen wurden und Züchtigung ihnen als normale Erziehungsmethode erschien, zum anderem, weil die Unparteilichkeit des Lehrers absolut war, weil man vorher wusste, welche Übertretungen – immer die gleichen – die Sühnezeremonie nach sich zogen, und all jene, die die Grenzen der Taten überschritten, die dem Minuspunkt unterlagen, wussten, was sie riskierten, und dass der Urteilsspruch mit herzhafter Gleichheit die Besten wie die Schlechtesten traf“ (ebd.).

Für Jacques ist der Lehrer Bernard die Möglichkeit, als erster in der Familie würdig „wie ein Mensch“ zu leben (daher auch der Titel *Der erste Mensch*). Die Bindung des Knaben, der keinen Vater hat, ist elementar und exklusiv. Bernard hilft Jacques und anderen Schülern mit großem Einsatz, die Prüfung ins Gymnasium zu bestehen. Preis für diesen Erfolg ist die Trennung von Bernard, der Jacques zu trösten versucht: „‚Du brauchst mich nicht mehr‘, sagte er, ‚du wirst gelehrtere Lehrer haben. Aber du weißt ja, wo ich bin, besuch mich, wenn du meine Hilfe brauchst‘“ (S. 199). Doch Jacques merkt, dass die Zäsur von großer Bedeutung ist. „Er ging, und Jaques blieb allein, verloren inmitten dieser Frauen, dann stürzte er zum Fenster und sah seinem Lehrer nach, der ihn ein letztes Mal grüsste und ihn von nun an allein ließ, und statt der Freude über den Erfolg zerriss ein grenzenloser Kinderkummer sein Herz, so als wüsste er im Voraus, dass er soeben durch diesen Erfolg aus der unschuldigen, warmherzigen Welt der Armen herausgerissen worden war, einer wie eine Insel innerhalb der Gesellschaft in sich abgeschlossenen Welt, in der das Elend als Familie und Solidarität dient, um in eine unbekannte Welt geworfen zu werden, die nicht mehr seine war, von der er nicht glauben konnte, dass die Lehrer gelehrter waren als dieser, dessen Herz alles wusste, und er würde in Zukunft ohne Hilfe lernen und verstehen müssen, ohne den Beistand des einzigen Menschen, der ihm geholfen hatte, schließlich ganz auf seine Kosten sich allein erziehen und erwachsen werden müssen“ (S. 199 f.).

In der Tat merken Jacques und sein Freund Pierre im Lycée schnell, „dass sie allein waren. Auch Monsieur Bernard, den sie im Übrigen nicht zu belästigen wagten, konnte ihnen nichts über dieses Lycée sagen, von dem er nichts wusste. Bei ihnen zu Hause war die Unwissenheit noch vollständiger. Für Jacques' Familie war zum Beispiel Latein ein Wort, das absolut keinen Sinn hatte“ (S. 228). In der Schule der privilegierten Franzosen erfährt Jacques, der in einer analphabetischen Familie aufwuchs und vor allem mit arabischen Kindern verkehrte, die feinen und groben Klassenunterschiede. Lapidar schreibt Camus: „Ein Kind ist nichts aus sich selbst heraus, es wird durch seine Eltern repräsentiert. Über sie definiert es sich, wird es in den Augen der Welt definiert“ (S. 230).

Camus' autobiographischer Roman ist auch die Geschichte der Suche nach einer Vaterfigur. Den im ersten Weltkrieg im Alter von 23 Jahren gefallenen und in der Bretagne begrabenen Vater konnte Camus nicht kennenlernen. Der Monsieur Bernard genannte Lehrer erscheint in der Schilderung als Vaterersatz und jene positive pädagogische Autorität, die dem Schüler Jacques tatsächlich ein neues, anderes und besseres Leben ermöglicht. Die Überhöhung dieser Lehrerfigur wirkt so elementar wie glaubwürdig. Dass er Prügel verteilt, wirkt – in der damaligen Perspektive – wie eine hinzunehmende Nebensache, eine Normalität, die nicht zu kritisieren werden braucht.

4

Die Frage der Autorität in den pädagogischen Debatten

„Solange man das Bedürfnis nach wirklichen Autoritätsgestalten nicht als eine positive, dem Erwachsenen gemäße Haltung akzeptiert, bleiben die verschleierten Autoritätsgestalten unangefochten."

Richard Sennett (1990, S. 15)

Regelmäßig erhitzen sich die Gemüter in den Medien ob bizarrer pädagogischen Debatten, die meistens auf tatsächlich vorhandene Probleme oder Fragen verweisen und insofern nicht unbedeutend sein müssen. Oft ist der Auslöser bekanntlich eine Buchveröffentlichung, die pamphlethaften Charakter aufweist und eine antithetische Position zur politischen bzw. pädagogischen Korrektheit einnimmt. Neustes Beispiel ist Amy Chuas *Die Mutter des Erfolgs. Wie ich meinen Kindern das Siegen beibrachte* (2011). Mehr oder weniger „spektakulär" ist die Substanz z.B. dieses „Erziehungsratgebers".

Warum sind die beiden Töchter der Yale-Professorin Chua so „erfolgreich"? Weil sie Folgendes niemals durften: 1. bei Freundinnen übernachten, 2. Kinderpartys besuchen, 3. im Schultheater mitspielen, 4. sich beklagen, dass sie nicht im Schultheater mitspielen dürfen, 5. Fernsehen oder Computerspiele spielen, 6. sich ihre Freizeitaktivitäten selbst aussuchen, 7. eine schlechtere als die Bestnote bekommen, 8. nicht die Klassenbeste sein und 9. ein anderes Instrument spielen als Klavier oder Geige[10]. Dies sind relative klare Richtlinien, deren Anerkennung und Durchsetzung möglicherweise nicht in jeden Fall problemlos realisiert werden kann. Typischerweise stehen auch in diesem neuesten Beispiel wieder die pädagogische Autorität und die autoritäre Erziehung im Zentrum der Debatte.

Die folgenden Ausführungen widmen sich einigen dieser mehr oder weniger seriösen Debatten. Dabei sei zunächst auf ein historisch interessantes Beispiel der – scheinbar? – anti-autoritären Erziehung aus dem 19. Jahrhundert recht ausführlich eingegangen, nämlich die praktischen Umsetzungsversuche einer libertären Pädagogik des Dichters und Schriftstellers Lew Nikolajewitsch Tolstojs (4.1). An diesem insgesamt doch erstaunlich radikalen Versuch einer Pädagogik ohne Autorität lassen sich Probleme aufzeigen, die sich freilich auch heute noch stellen. Als zweiter pädagogischer Diskurs- und Debattierzusammenhang seien – etwas kürzer – einige (sehr wohl bekannte) Aspekte der anti-autoritären und anti-pädagogischen Pädagogik erläutert (4.2). Drittens folgen Kommentare zum – in der einen oder anderen Variante – immer wiederkehrenden „Mut zur Erziehung", wobei auf das „Bonner Forum" (Bausch et al. 1978) eingegangen wird, Bernhard Buebs *Lob der Disziplin* (2006) sowie die bekannte TV-Super Nanny und ihrer wirksamen Interventionspädagogik (4.3). Bemerkungen zur sloganhaften Sprache der öffentlich wirksamen pädagogischen Diskurse schließen dieses Kapitel ab (4.4).

4.1 L. N. Tolstojs Versuche einer „Pädagogik der Freiheit"

Pädagogisch betrachtet ist Tolstoj Anhänger einer primär von Jean-Jacques Rousseau beeinflussten, romantischen Variante von institutionskritischer Erziehungs- und Bildungstheorie und -praxis. Rousseaus Einfluss in der praktischen Pädagogik ist bis heute nicht abzuleugnen. Hartmut von Hentig

10 http://www.eltern.de/familie-und-urlaub/familienleben/amy-chua.html [2.2.2011].

nannte *Émile* das „vielfältigste und ‚ganzheitlichste' Erziehungsprogramm" (1986, S. 32). Mögen Rousseaus erzieherische Intentionen auch oft zu „völlig verdrehenden und verfälschten Aussagen" der sich auf ihn beziehenden Pädagogen geführt haben (vgl. Ruhloff 1998, S. 94), so gehen Konzepte wie Erziehung als „Wachsenlassen", die radikal „antiautoritäre" Erziehung, die Idee einer „negativen" oder „indirekten" Erziehung bis hin zur „Anti-Pädagogik" doch im Wesentlichen auf das Denken Rousseaus zurück (ebd.). Ruhloff ist aber zuzustimmen, wenn er schreibt, dass nichts verfehlter wäre, „als Rousseaus Pädagogik für eine Vorstellung von Erziehung in Anspruch zu nehmen, die das Kind oder den Jugendlichen nach eigenen Interessen ‚sich selbst verwirklichen' lässt" (S. 101). Auch mit „Zurück zur Natur" hat Rousseau wenig zu tun. Entschieden lehnt Ruhloff ab, dass *Émile* als „Utopie", also eine „fiktive Vorwegnahme einer künftigen Erziehungswirklichkeit", zu gelten habe, wie sie oft dargestellt werde (S. 104). Vielmehr handele es sich um ein gesellschaftskritisches, erziehungstheoretisches „Gedankenexperiment". Diese Interpretation erscheint plausibel, da Rousseaus *Ambivalenz* bezüglich den Realisationsmöglichkeiten der von ihm postulierten Ideale in Gesellschaft und des Individuums von Anfang an transparent ist[11]. Das „Utopische" bezieht sich bei Rousseau nicht auf einen neuen Typus von Mensch oder Gesellschaftsform, die völlig undenkbar ist, vielmehr ist es „negativ" und keineswegs „paradiesisch" formuliert. So definiert Rousseau in *Émile*: „Das Glück auf dieser Erde ist nur ein negativer Zustand; man muss es nach dem geringsten Maß an Leiden messen" (1782/1994, S. 57). Da jeder Wunsch Entbehrung voraussetze, alle Entbehrungen aber schmerzlich seien, komme es darauf an, das Missverhältnis zwischen Wünschen und Fähigkeiten bzw. Möglichkeiten, welches ein Unglück ist, tunlichst zu vermeiden. „Denn das Elend besteht nicht darin, Dinge entbehren zu müssen, sondern sie nicht entbehren zu können" (S. 58). Wie „trivialisiert" die Gestaltung der subjektiven Freiheit schließlich als bloße Präferenzfreiheit auch aussehen mag; am Beginn ihrer Idee stand ein radikaler moralischer Purismus, der mit Rousseau dazu führte, die gerechte Gesellschaft neu zu denken und die Kindheit neu zu entdecken. Die Ambivalenz Rousseaus ist hinzunehmen. Eugen Fink (1992) schreibt an einer Stelle: „Alles Große ist zweideutig" (S. 157).

Tolstojs Pädagogik nun – maßgeblich durch seine Rousseau-Lektüre geprägt – ist von eben dieser Art, überspitzt möchte man sagen: so zweideutig wie unmöglich, so gutgläubig wie engagiert, wohl strukturell unaufrichtig, aber doch rührend und vielleicht auch – im positiven Sinn – etwas verrückt.

11 Dies wird spätestens mit den *Rêveries du promeneur solitaire* (1782/1994) – vier Jahre nach Rousseaus Tod erschienen – deutlich.

Neben dem von Tolstoj 1862 geschriebenen Erfahrungsbericht zur pädagogischen Praxis an der von ihm gegründeten Bauernschule sowie diversen Dokumenten und Beiträgen zur Pädagogik geben die sogenannten *Erinnerungen eines Jassnopoljaner Schülers* von Wassilij Morosow ein interessantes Bild der so genannten „libertären" Reformpädagogik Tolstojs, wobei mit dem Adjektiv „interessant" die ganze Ambivalenz derselben angedeutet werden soll.

Morosow endet seine 1919 in Deutsch erschienen „Erinnerungen" wie folgt: „Wir aber waren traurig, dass Lew Nikolajewitsch heiratete. Wir wussten, dass unsere frühere Vertrautheit mit ihm zu Ende wäre. Nach der Heirat (...) dauerte unsere Schule noch einige Zeit fort; sie war aber schon durchaus nicht mehr dieselbe wie früher. Wir hatten Lehrer (...), doch Lew Nikolajewitsch besuchte uns selten. Und unsere Schule wurde fade. Die Schüler gingen allmählich auseinander. Binnen wenigen Monaten waren wir unser nur mehr die Hälfte, sogar weniger. In kurzer Zeit nahm auch diese Hälfte noch um die Hälfte ab. (...) Die letzten Schüler fühlten sich vereinsamt, langweilten sich und wurden düster" (S. 117).

1862 wurde die Schule, von der weiter unten die Rede sein soll – nach nur drei Jahren –, ganz geschlossen. Morosow: „... nichts in meinem Leben ist mir so schwer geworden, wie die Trennung von der Jassnopoljaner Schule und unserem Lew Nikolajewitsch. Ich wurde Fuhrmann, verbrachte so einige Jahre. Lew Nikolajewitsch sah ich in dieser Zeit sehr selten ... (...). Lew Nikolajewitsch war von seinem Familienleben und seinen Schriftstellereien in Anspruch genommen und interessierte sich für uns nicht mehr so wie früher" (S. 117 f.). Nach 25 Jahren kann Mosorow den Kontakt zu Tolstoj wieder aufnehmen, allerdings nicht in der gewünschten Intensität. „Ich begann wieder zu ihm zu gehen, und es kam wieder zu einem Vertrautsein. Wieder begann ich zu fühlen, dass ich mich von Lew Nikolajewitsch nicht losreißen konnte. Allein es gelang mir nicht, ihn am Abend seines Lebens so oft zu sehen, wie ich gern gewollt hätte. Das Schicksal riss mich von ihm los. Seit jener Zeit, da ich als Knabe von Jasnaja Poljana fortgefahren bin, lebe ich bis jetzt in Tula, gleichsam als ob ich die Frist eines Verbannten auszubüssen hätte, der an seinen Karren festgeschmiedet ist." Und abschließend: „Das sind alle meine Erinnerungen an meine Schulzeit. Es sind seit jener Zeit fünfzig Jahre vergangen. Ich bin schon ein Greis. Aber alle meine Erinnerungen an die Schule Lew Nikolajewitschs und an ihn selbst sind noch ganz klar (...). Ich sehe mich als zehnjährigen Schüler der Schule, sehe den jungen, heiteren Lew Nikolajewitsch, das Schlittenfahren vom steilen Berge, die lustigen Balgereien mit Lew Nikolajewitsch, das Schneeballwerfen, das Laptaspiel, die Spaziergänge durch Wald und Flur, erinnere mich an die Gespräche auf der

Terrasse, unsere Erzählungen von den Zauberern ... (...). Meine Liebe zu Lew Nikolajewitsch, die damals in mir entzündet ward, brennt hell in meiner Seele und erleuchtet mein Leben" (S. 118 f.).

Auch Mosorows Leser erhält ein idealisiertes positives Lehrerbild, wie man, dies sei wiederholt (vgl. Exkurs I), literarisch nicht so oft erfährt. Die Lehrperson Tolstoj wird von Wassilij Mosorow verehrt und geliebt. Der Wunsch, in die Nähe Tolstojs zu kommen, und das am Ende des eigenen langen Lebens ausgedrückte Bedauern, nur bedingt in die Aura des Lehrers getreten sein zu können, zeugt von einer (immer noch) kindlichen und umfassenden Anerkennung der pädagogischen Autorität, wie sie typischerweise charismatischen Reformpädagogen entgegengebracht wird, die ihrerseits oft jede Autorität verneinen oder gar ableugnen. Vielleicht ist diese Selbsttäuschung über die eigene Rolle (und Pädagogik) sogar ein konstitutives Moment für die Leidenschaft, mit der auch Tolstoj pädagogisch gewirkt hat.

Libertäre Pädagogik

Die Wurzeln der libertären Pädagogik und des anarchistischen Erziehungsideals reichen vergleichsweise weit in die Geschichte der Schule zurück. Grunder (2007, S. 6) und Klemm (1984, S. 9) verweisen auf zentrale Figuren des 18. und 19. Jahrhunderts, darunter beispielsweise auf den englischen Sozialphilosophen William Godwin (1756–1856), den britischen Unternehmer und Frühsozialisten Robert Owen (1771–1858), den französischen Ökonomen, Soziologen und Anarchisten Pierre-Joseph Proudhon (1809–1865), aber auch auf Max Stirner (1806–1856), Michael Bakunin (1814–1876) und etliche andere. Was diese Autoren und Reformer verbindet, ist „der Gedanke an eine radikale Freiheit des Individuums durch Aufhebung jeglicher Herrschaft über den Menschen" (Klemm ebd.). Das freiheitliche Verständnis vom Menschen kann so als Grundlage der libertären Pädagogik verstanden werden. Im Laufe der letzten beiden Jahrhunderte ist es zu einer ganzen Reihe von zwar meist vereinzelten libertären Schul- und Bildungsexperimenten gekommen. So gesellte sich zu Owens Musterkolonie „New Lanark" (1812–1824) und „New Harmony" (1859–1862) auch Tolstojs Bauernschule „Jasnaja Poljana" (1859–1862).

Während es in den romanischen Ländern später recht verbreitete und teilweise anerkannte anarchistische Erziehungsbewegungen gab – etwa im Anschluss an Fransciso Ferrer (1859–1909), einem spanischen bzw. katalanischen libertären Pädagogen –, war und ist im deutschsprachigen Raum insgesamt eine starke Zurückhaltung der Rezeption anarchistischer Pädagogik zu beobachten (Klemm 1984, S. 10): „Lediglich in der Weimarer Zeit existierte für wenige Jahre eine ausgeprägte anarchistisch-proletarische Erziehungsbewegung, die besonders mit Otto und Alice Rühle, Siegfried Bernfeld, Ernst Friedrich und Willy Steiger verbunden ist" (ebd.). Die libertäre Erziehungsphilosophie – wenn sie denn tatsächlich „Philosophie" genannt werden kann – genauer zu bestimmen, ist nicht einfach, wenn vielleicht auch nicht unmöglich. Denn die anarchistischen Pädagogen, einschließlich Tolstoj, waren vor allen Dingen pädagogische *Praktiker*, und keiner von ihnen hat ein geschlossenes System des pädagogischen Denkens – sei es Bildungs- und oder Erziehungstheorie und sowieso keine Schultheorie – hinterlassen, allenfalls Postulate zu einer Lehr- und/oder Lerntheorie.

Vieles was reformpädagogisch berichtet wird, sind Beobachtungen, Erfahrungen, meist in Form kasuistischen Wissens, oft polemisierend und von dichotomischen Kategorien geprägt. In seinem einflussreichen Buch *Language of Education* (1960) analysierte Isreal Scheffler unterschiedliche Kategorien des Erziehungsdiskurses und befand, dass vor allem drei Kategorien vorzufinden sind: Definitionen, Slogans und Metaphern. Das ist auch der Grund, warum der Erziehungs- und Bildungsdiskurs sehr unkontrollierte Verläufe haben kann, zwar viele Menschen anspricht, die gleich mitreden können und oft auch unbedingt wollen, aber auch leicht missbrauchbar ist (vgl. Kap. 4.4). Mit Klemm kann man wohl sagen, dass die Freiheit des Individuums und die Idee einer freien und lebensoffenen Bildungsgemeinschaft zentrale Momente der libertären Pädagogik sind. Mit vielen Reformpädagogiken teilen die libertären Pädagogen eine radikale Schulkritik bzw. die Ablehnung des mehr oder weniger autoritären Zwangschulsystems. Und so gilt auch Tolstoj für manche als ein Klassiker der „antiautoritären Erziehungslehre", ja sogar Vertreter der „Antipädagogik libertärer Prägung" (vgl. Klemm 1984, S. 16) – das scheint beim hyperreligiösen Tolstoj, gelinde ausgedrückt, eine doch etwas einseitige Vereinnahmung.

Spezifisch für Tolstojs pädagogisches Denken in der ersten von drei Phasen, in welchem dasselbe manchmal beschrieben wird, ist die Auseinandersetzung mit – und Auseinanderdividierung von – *Bildung* und *Erziehung* (sowie Unterricht). In mehreren Aufsätzen seiner Zeitschrift „Jasnaja Poljana", namentlich in den Beiträgen 1. „Erziehung und Bildung", 2. „Fortschritt und der Begriff der Bildung" und 3. „Gedanken über Volksbildung"[12] vertritt Tolstoj die Ansicht, dass allein die Bildung Gegenstand der Pädagogik sein dürfe und könne, nicht aber Erziehung (!): „Der Unterschied zwischen Er-

12 Tolstojs pädagogische Schriften sind 1907 in Deutsch in einer zweibändigen Ausgabe in Jena erschienen.

ziehung und Bildung liegt allein in dem Zwang, dessen Recht die Erziehung für sich in Anspruch nimmt. Erziehung ist Zwangsbildung. Bildung ist frei“ (Tolstoj 1907, S. 144). Erwähnenswert ist in diesem Zusammenhang, dass Tolstoj Erziehung keineswegs generell ablehnt; im Gegenteil, *Eltern* haben bzw. die Familie hat das Recht zu erziehen, nicht aber die professionellen Pädagogen (!). Mit anderen Worten, Tolstoj hat überhaupt keine Probleme mit familiärer Erziehung, sondern nur mit *institutionellen* Erziehungsansprüchen. Erziehung als moralische und sittliche Unterweisung scheint ihm für die Familie vielmehr ganz natürlich zu sein: „Dieses Streben ist so natürlich, dass kein Grund vorliegt, sich darüber zu empören“ (S. 157). Genauso anerkennt Tolstoj die Religion als „einzige, rechtmäßige und vernünftige Grundlage der Erziehung“ (S. 158). Die Analyse und Unterschiede der Begriffe fasst Tolstoj selbst wie folgt selbst zusammen:

1. Bildung und Erziehung sind zwei verschiedene Begriffe.
2. Die Bildung ist frei und daher gerecht und vernünftig; die Erziehung ist gewaltsam und daher ungerecht und unvernünftig, sie kann durch die Vernunft nicht gerechtfertigt werden, und daher auch kein Gegenstand der Pädagogik sein.
3. Die Erziehung als Erscheinung hat ihren Ursprung: a) in der Familie, b) im Glauben, c) in der Regierung, d) in der Gesellschaft.
4. Die religiöse, die Regierungs- und Familiengrundlagen der Erziehung sind natürlich und haben ihre Rechtfertigung in einer gewissen Notwendigkeit, die gesellschaftliche Erziehung aber hat keinerlei Grundlagen außer dem Hochmut der menschlichen Vernunft und bringt daher nur sehr schädliche Wirkungen wie die Universität und Universitätsbildung hervor (S. 196).

Die Bauernschule Jasnaja Poljana (1859–1862)

Tolstojs pädagogisches Wirken kann, wie erwähnt, in drei Phasen unterteilt werden, namentlich in die Phasen des 1. libertären Schulkritikers (1859–1863), 2. des pädagogischen Schriftstellers (1869–1876) und 3. des (Quasi-) Bildungsphilosophen – oder lieber noch „Menschheitserziehers“ – (ca. 1880 bis 1910) (vgl. Klemm 1984). 1847 hat Tolstoj das Studium an der Universität Kasan abgebrochen, kehrte auf das elterliche Gut Jasnaja Poljana zurück und initiierte, erst 21 Jahre alt und von der Lektüre Rousseaus geprägt, die erste Bauernschule für seine leibeigenen Bauern[13]. Dieser Versuch ist aller-

13 Die Leibeigenschaft wurde in Russland (erst) 1861 abgeschafft.

dings gescheitert, m.W. ist über die genauen Gründe nur wenig bekannt. 1857 unternahm Tolstoj, 29-jährig, seine erste Auslandreise nach Westeuropa. 1860/61 besuchte er Europa intensiver – die Reise dauerte immerhin neun Monate – und kam mit europäischen Schul- und Bildungswesen in Berührung. Es eröffneten sich Möglichkeiten, wichtige pädagogische Persönlichkeiten der Zeit zu treffen (etwa den Neffen des Kindergartenpädagogen Friedrich Fröbels, den Sohn Adolph Diesterwegs, aber auch Proudhon in Paris oder Herzen in London). Durch zahlreiche Besuche von französischen und deutschen Schulen, die damals als besonders fortschrittlich galten, konnte Tolstoj ein Bild der Bildungsinstitutionen gewinnen. Ebenso kam er mit den Schulsystemen Italiens, Belgiens, der Schweiz und Englands in Kontakt. Die gewonnenen Eindrücke waren sehr negativ, der „Zwangscharakter dieser Erziehungssysteme" erschreckte Tolstoj so sehr, dass er sich später in Russland – pädagogisch äußerst motiviert, mit großem Eifer – seiner freiheitlichen Reformpädagogik widmen wollte (und wenigstens drei Jahre lang ja auch konnte). Über die Schulpädagogik in Deutschland schreibt er am 29. Juli 1860 im Telegrammstil: „War in der Schule. Entsetzlich. Gebet für König. Prügel, alles auswendig, verängstigte, seelisch verkrüppelte Kinder" (Tolstoj, zit. nach Klemm 1988, S. 208).

Mit dem zweiten Versuch der Einrichtung einer Modellschule – „Jasnaja Poljana" (was „Lichte Wiese" heißt; nach dem Landgut Tolstojs benannt, ein Gut, das ca. 100 km südlich von Moskau im Gouvernement Tula liegt) – hatte Tolstoj mehr Erfolg und ermöglichte 1859–1862/63 – nach Jahren des freiwilligen Militärdienstes (u. a. im Krim-Krieg 1853–1856) – Bildung für die Bauernkinder der Umgebung mit der Intention, dabei *nicht* (!) als Erzieher zu wirken (Tolstoj 1980). Wie kann aber die Schule funktionieren, die nicht auch erzieherisch wirksam ist, fragt man sich freilich in Zeiten, in denen die Erziehung nicht mehr allein als intendierte Einwirkung verstanden wird? In dieser schulkritischen Phase hatte Tolstoj noch strikt zwischen Erziehung und Bildung unterschieden, in den späteren Jahren seines Lebens sollte er dies nicht mehr tun, wohl weil dann die Frage nach dem „Sinn des Lebens" in den Vordergrund rückte und nun die religiösen Grundlagen des Lebens im Vordergrund seines Interesses standen. In dieser dritten Phase verstand sich Tolstoj, wie oben erwähnt, als „Menschheitserzieher". Das hätte noch kaum in die erste Phase gepasst, auf welche sich die Erörterungen hier konzentrieren sollen, denn sie scheint die aus heutiger Sicht und für den vorliegenden Zusammenhang interessanteste Phase zu sein.

In den Jahren 1859 bis 1862 war die Schule für Tolstoj allein ein Ort der Vermittlung von Wissen bzw. der freiwilligen Aneignung von Wissen: „Die Schule muss ein Ziel haben – die Vermittlung von Kenntnissen, von Wissen

(...), ohne den Versuch zu machen, in das sittliche Gebiet der Überzeugungen, den Glauben, den Charakter überzugreifen: ihr Ziel muss allein – die Wissenschaft sein und nicht die Einwirkung auf die Persönlichkeit des Menschen", schreibt er in „Erziehung und Bildung" (1907, S. 198). Zunächst gründete Tolstoj die Zeitschrift *Jasnaja Poljana*, die insgesamt in zwölf Ausgaben bis Anfang 1863 erscheinen konnte.

Die Schule von Jasnaja Poljana war, wie Stefan Blankertz (1980) schrieb, „in fast allen ihren Festlegungen die Negation der damals (wie heute) bestehenden Schule" (S. 13). Zentral ist der Gedanke, dass es an Tolstojs Schule nicht darauf ankommt, „dass die Kinder zu einem bestimmten Zeitpunkt ganz bestimmte Fähigkeiten erwerben" (S. 15).

Die Schule war unentgeltlich, befand sich in einem zweistöckigen steinernen Haus, wovon zwei Zimmer benutzt worden sind. Die Anzahl der Schüler war 40, „aber selten sind mehr als 30 zusammen", darunter normalerweise drei bis fünf Mädchen (S. 49), das Alter der Kinder: zunächst zwischen 7 und 10 Jahren, die ältesten waren – bei der Schließung der Schule – 12 Jahre alt. Die meisten Kinder stammten aus Jasnaja Poljana, später auch aus den Nachbardörfern. Die Bauern waren zunächst sehr skeptisch: „Sie glauben, dass man die Kinder aus irgendeinem persönlichen Interesse unterrichte, dass man die Schüler eines schönen Tages auf Wagen lade und nach Moskau schleppen werde" (S. 52). Diese Angst legte sich aber bald, wie auch die „Unzufriedenheit damit, dass man nicht schlägt, und dass in der Schule keine Disziplin herrscht" (ebd.). Die Lehrer werden von Tolstoj folgendermaßen charakterisiert: „Wir haben vier Lehrer. Zwei alte, die bereits zwei Jahre lang in der Schule unterrichten, haben sich schon an die Schüler und an ihre Tätigkeit, an die Freiheit und die äußere Unordnung in der Schule gewöhnt. Zwei neue Lehrer, die die Schule selbst erst vor kurzem verlassen haben, sind Freunde der äußeren Ordnung, des Stundenplanes, des Glockenzeichens, der Programme usw., und haben sich noch nicht so in unsere Schule eingelebt, wie die ersten" (S. 20). Und: „Die Ordnung des Unterrichts ist die folgende: Etwa um 8 Uhr schickt ein Lehrer, der in der Schule wohnt, ein Freund der äußeren Ordnung und Verwalter der Schule, einen von den Knaben, die fast immer bei ihm schlafen, hinaus, um zu läuten" (S. 21). Die Kinder treffen allmählich, in Gruppen oder vereinzelt, in der Schule ein: „Nie tadelt man einen Schüler, wenn er sich verspätet, es kommen auch gar keine Verspätungen vor; höchstens bei den Grossen, die die Eltern einer Arbeit wegen zuweilen zu Hause belangen. Und dann kommt so ein Großer im Trab und atemlos in die Schule gelaufen" (S. 22). „Jeder setzt sich, wohin es ihm einfällt: auf die Bank, auf den Tisch, die Fensterbank, den Fußboden oder in den Lehnstuhl. Die Mädchen setzen sich immer zusammen. Freunde und Knaben aus demselben Dorfe, besonders die kleinen, die gewöhnlich eng befreundet sind, sitzen immer nebeneinander" (S. 23). Der große Lehnstuhl, „der zufällig in die Stube geraten ist, ist ein Gegenstand der Eifersucht für alle selbständigeren Personen ... Wenn einer sich in den Lehnstuhl setzen will, erkennt ein anderer diese Absicht schon an seinem Blick, und sie stoßen zusammen oder drücken sich umeinander herum ..." (S. 23 f.).

Der normale Tagesablauf – bzw. die normale Abweichung von Ablauf- und Lehrplänen – wird wie folgt beschrieben: „Nach dem Lehrplan werden bis zum Mittag vier Stunden gegeben, oft aber werden es nur drei oder zwei, und zuweilen sind auch die Lehrgegenstände ganz andere, als sie der Lehrplan vorsieht. Der Lehrer beginnt mit Arithmetik und geht auf die Geometrie über, oder aber er beginnt die Stunde mit der Biblischen Geschichte und beschließt sie mit Grammatik" (S. 24). Nur die zeitliche Ordnung der Religionsstunde wird – aus rein pragmatischen Gründen – strikt eingehalten, „weil der Religionslehrer zwei Werst weit von der Schule wohnt und nur zweimal die Woche kommt" (ebd.). Die beliebteste Stunde ist aber die Zeichenstunde, da sind alle zusammen, sämtliche Schüler nehmen teil: „Vor diesen Stunden sind die Bewegung, die Balgereien, das Geschrei und die äußere Unruhe gewöhnlich am stärksten. Hier schleppt einer eine Bank aus dem Zimmer ins andere, dort prügeln sich zwei, hier läuft einer nach Hause, um Brot zu holen, dort röstet einer Brot im Ofen; einer nimmt den anderen etwas weg, ein anderer treibt Gymnastik, und auch hier, wie bei den lärmenden Spielen des Morgens ist es wiederum viel leichter, sie sich selber beruhigen und zur natürlichen Ordnung übergehen zu lassen, als diese mit Gewalt zu erzwingen" (S. 25).

Tolstojs Umgang mit Disziplinproblemen

Die pädagogische Anthropologie Tolstojs ist – wenn man so will – „unpädagogisch": „Die Schüler sind Menschen – zwar kleinere als wir, aber doch Menschen mit denselben Bedürfnissen, und sie denken nach denselben Regeln, wie wir; sie wollen alle lernen, und deshalb gehen sie auch bloß in die Schule; daher werden sie auch sehr leicht zu dem Schluss kommen, dass man sich bestimmten Bedingungen fügen muss, wenn man lernen will" (S. 27). Interessant sind freilich die Äußerungen zur Disziplin bzw. zu Disziplinproblemen, die auch umgangen werden sollen bzw. können: „Die Freiheit, plötzlich vom Unterrichte wegzulaufen, ist etwas Nützliches und Notwendiges, und zwar nur als ein Mittel, den Lehrer vor den äußersten und gröbsten Fehlern zu bewahren" (S. 39).

Doch die Person Tolstojs ist auch in absentia präsent und wirkt auch abwesend als pädagogische Autorität, das ist auch dem Reformpädagogen selber klar: „Aber mehr noch – sie sind nicht bloß Menschen, sondern eine Gesellschaft von Menschen, die durch *einen* Gedanken verbunden ist. Und: *wo drei versammelt sind in Meinem Namen, da bin Ich mitten unter ihnen!*" (S. 27). Doch reformpädagogisch und theoretisch verklausuliert klingt dies dann doch auch anders: „Indem sie sich nur den natürlichen Gesetzen fügen, die allein aus ihrer Nähe stammen, sträuben sie sich nicht und murren nicht; wenn sie sich aber unseren voreiligen Eingriffen unterordnen, glauben sie nicht an die Gerechtigkeit unserer Gesetze, Stundenpläne und Regeln" (S. 27).

In den schon erwähnten Erinnerungen des ehemaligen Schülers Wassilij Mosorow (1919) kommen allerdings auch etwas andere Perspektiven zum Ausdruck. Mosorow betont den Lerneifer der Schüler und den Lehreifer insbesondere Tolstojs: „Wir lernten mit Lust. Aber mit noch größerer Lust lehrte Lew Nikolajewitsch. Sein Eifer war so groß, dass er nicht selten sein Mittagessen vergaß" (S. 36). In Wirklichkeit ist das Lernmilieu diszipliniert, ernsthaft, und die letztlich unhinterfragte Autorität besonders wirksam: „In der Schule trug er eine ernste Miene zur Schau. Von uns verlangte er dreierlei: Reinlichkeit, Ordentlichkeit, und Wahrhaftigkeit. Er sah es nicht gern, wenn sich einer von den Schülern dumme Scherze erlaubte, und liebte die Spaßvögel nicht, die sich gewöhnlich durch ein albernes Gelächter bemerkbar machen" (S. 37).

Das pädagogische Handeln in Tolstojs Schulbericht wirkt oft eher zufällig, explorierend, unbestimmt, und manchmal auch fragwürdig. Immer wieder sollen die Kinder die Strafen, die als nötig erachtet werden, selbst bestimmen, wenn zum Beispiel ein kleiner Diebstahl begangen worden ist: „Wir schlugen ihnen vor, die Strafe selbst zu bestimmen. Die einen verlangten, dass der Dieb durchgeprügelt werde, wollten es aber durchaus selber tun; andere sagten, man solle ihm einen Zettel mit der Inschrift ‚Dieb' anheften. Zu unserer Beschämung hatten wir diese Strafe früher selbst angewandt, und dieses Mal war es derselbe Knabe, der vor einem Jahr einen Zettel mit der Inschrift ‚Lügner' getragen hatte, der nun den Zettel für den Dieb forderte. Wir entschieden uns für den Zettel, und als ein Mädchen ihn annähte, sahen ihr alle Schüler mit Schadenfreude zu und spotteten über die Bestraften. Sie forderten auch eine Verschärfung der Strafe. ‚Man soll sie durch das Dorf führen, und sie sollen ihre Zettel bis zu den Feiertagen behalten', sagten sie. Die Bestraften weinten ..." (S. 31 f.). Einer der Bestraften geht gedemütigt nach Hause. Tolstoj: „Als er, ohne sich umzudrehen, mit gesenktem Kopf und, wie mir schien, mit einem besonders verbrecherischen Gang [!] nach

Hause ging und die Jungen in einem Haufen hinter ihm hergingen und ihn mit unnatürlicher und seltsamer Grausamkeit verspotteten, wie von einem bösen Geiste gegen ihren Willen getrieben, da sprach etwas wie eine innere Stimme in mir, dass das nicht gut sei; aber es blieb doch dabei, und der Dieb ging ganze Tage lang mit seinem Zettel herum. Seit dieser Zeit schien er mir schlechter zu lernen, und man sah ihn nicht mehr an den Spielen und Unterhaltungen der Kameraden teilnehmen“ (S. 32). Doch der Knabe habe später wieder gestohlen, 20 Kopeken in Kupfermünzen, man hat ihn erwischt, als er sie verstecken wollte. „Wir hängten ihm wieder den Zettel um, und die widerwärtige Szene wiederholte sich noch einmal. Ich fing an, ihn zu ermahnen, wie alle Erzieher zu ermahnen pflegen“ (ebd.). Die Schüler beginnen den Dieb ebenfalls zu ermahnen, was Tolstoj seinerseits zu enervieren beginnt: „Ich fing an, ärgerlich zu werden, fast fühlte ich etwas wie Wut über den Dieb. Ich sah dem Bestraften in das noch bleichere, leidende und verstockte Gesicht; ich musste plötzlich an einen gefangenen Verbrecher denken, und mich packte eine so tiefe Scham, ein solcher Ekel, dass ich ihm den dummen Zettel abriss, zu ihm sagte, er möge gehen, wohin er wolle, und mich plötzlich, nicht mit dem Verstand, aber mit meinem ganzen Wesen davon überzeugte, dass ich kein Recht hatte, diesen unglücklichen Knaben zu quälen, und dass ich nicht das aus ihm machen könne, was ich und der Sohn des Hausknechts [der Tolstoj sozusagen gegen den Bestraften „zu Hilfe“ kam] gern aus ihm gemacht hätten“ (S. 33). Selbst für den heutigen Leser wirkt das Bemühen der insgesamt doch nicht ambivalenzfreien Person Tolstojs eindrücklich, sich aufrichtig Rechenschaft darüber zu geben, was er pädagogisch getan, bewirkt oder auch unterlassen hat.

Freilich erinnert sich auch Wassilij Mosorow an die Szene, wie Tolstoj darauf beharrte, dass ein Schüler die Wahrheit sage. Dieser Schüler hatte Mosorow ein Schimpfwort ins Ohr geflüstert und dies – von Tolstoj zur Rede gestellt – abgeleugnet: „Lew Nikolajewitsch stand eine Weile und dachte darüber nach, was da zu tun sei, und dann wandte er sich an die Schüler: ‚Wisst ihr was? Wir wollen es einmal so probieren: Wenn jemand lügt, so wollen wir ihm einen Zettel mit der Anschrift ‚Lügner‘ auf den Rücken kleben und ihn so durchs Dorf führen [!]. Die Sache ließe sich ja gleich (…) in Anwendung bringen‘“ (S. 38). „Alle waren damit einverstanden. Der Zettel wurde geschrieben und (dem Jungen) auf den Rücken geklebt. Alle Schüler lachten. Sie traten herzu und lasen: Lüg-ner, Lüg-ner!“ (ebd.) Tolstoj habe sich erbarmt und bald befohlen, den Zettel wieder abzunehmen. Mosorow erläutert ebenfalls die Episode mit dem Diebstahl, die – wie Tolstoj ja selber anmerkt – zum gleichen Strafprozedere geführt hat. Interessant für den vorliegenden Kontext ist die Tatsache, dass Tolstoj in der Erinnerung Mosorows viel früher reagiert, er ermahnt ihm zufolge nun die Schar der Schüler und überzeugt sie davon, dass die Bestrafung mit dem Zettel und die öffentliche Vorführung des Bestraften im Dorf nicht tolerierbar sei (vgl. 39). Die Kinder kommen selbst darauf, dass das Stigma bleiben würde: „So wurde beschlossen, Gnade für Recht ergehen zu lassen" (ebd.). In der Erinnerung Mosorows erscheint das Verhalten Tolstojs als intendiertes, pädagogisch reflektiertes, legitimes Handeln.

Wirkung und Kritik: Tolstoj als pädagogische Autorität

Am 3. Oktober 1862 schrieb der russische Innenminister an das Unterrichtsministerium: „Die sorgfältige Prüfung der pädagogischen Zeitschrift ‚Jasnaja Poljana', welche Graf Tolstoj herausgibt, führt uns zum Schluss, dass diese Zeitschrift durch ihre Propaganda für neue Lehrmethoden und Volksschulgründungen häufig Ideen verbreitet, die nicht nur unrichtig, sondern auch schädlich sind ..." (Birjukow 1906, S. 478, zit. n. Klemm 1988, S. 209). Tolstoj wurde zusätzlich der Verschwörung gegen den Zaren bezichtigt. Dies war der Anlass, seine Wohnung und ebenso die Schule zu durchsuchen und auch zu verwüsten. 1863 zog sich Tolstoj daher reichlich verbittert aus der Pädagogik zurück und schrieb *Krieg und Frieden* (ebd.). Doch 1869 arbeitete er an einem Elementarbuch für Volksschulen. 1872 erschien die erste Ausgabe mit dem Titel *Das Alphabet.* Nach anfänglichen Schwierigkeiten und Überarbeitungen erfolgte *Das Neue Alphabet* – eine Elementarfibel. Dieses Schulbuch fand mit einer Auflage von 1,5 Millionen eine weite Verbreitung im damaligen Russland. Ab 1880 verstand sich Tolstoj nicht ganz unbescheiden als „Menschheitserzieher" – als universelle pädagogische Autorität. Klemm dazu: „Geprägt von seiner urschristlich-anarchistischen Weltanschauung ging es ihm um die Vermittlung der Frage nach dem Sinn des Lebens. Aus dem Schriftsteller von *Krieg und Frieden* und *Anna Karenina* wurde ein Prophet für Frieden und Herrschaftslosigkeit" (S. 209).

Tolstoj als libertärer Pädagoge und auch als christlicher Anarchist sind Perspektiven, die in der deutschsprachigen Pädagogik nur wenig Interesse gefunden haben. Bildung fand für Tolstoj schließlich (ab 1870) außerhalb der Schule statt. In der dritten Phase seines pädagogischen Wirkens und Schreibens interessierte ihn die zunächst behauptete grundsätzliche Differenz von Bildung und Erziehung nicht mehr so heftig, wie ebenso auch nicht die Kritik der bestehenden Schule. Die Bedeutung der Volkserzählung als Form auch der Volksbildung interessierte ihn umso mehr. Diese kleineren Erzählungen für das einfache Volk, Bauernvolk, vermitteln Normen und Werte auf didaktisch und literarisch verkleidete Weise. Der volkstümliche Erzählstil als Mittel der pädagogischen Einwirkung und Unterweisung hat Tolstoj in seiner Bauernschule entdeckt: „Sollen die Bauernkinder bei uns schreiben lernen, oder wir bei ihnen?" lautete Tolstojs rhetorisch geschickte Frage (vgl. Klemm 1988, S. 217).

Die religiöse Lebenshilfe, welche die Menschen durch die Erzählungen vermittelt erhalten sollten, überzeugte in der deutschsprachigen Rezeption wahrscheinlich insgesamt wenig. Allerdings ist das Lehrbuch *Die Lehre Christi dargestellt für Kinder*, in Russland 1908 erschienen, schon 1909 in deutscher Übersetzung erhältlich gewesen. Tolstoj schrieb diesen Band, nach dem er 1907 erneut auf Jasnaja Poljana eine Bauernschule eingerichtet hatte und „die Notwendigkeit eines Lehrbuches zur religiösen Unterweisung sah. Mit diesem wollte er vor allem auf Lehrer und Eltern einwirken und ihnen eine Hilfe zum Unterricht der Evangelien an die Hand geben" (S. 218)[14].

Erziehung als Zwang und Bildung als Selbstbestimmung – in der schulkritischen Phase strikte auseinander gehalten und einander gegenübergestellt – konvergieren im Grunde in der letzten Lebensphase Tolstojs, 40 Jahre später. Allerdings wird das Prinzip der Freiheit und Freiwilligkeit nicht aufgegeben. Tolstoj: „Nur bei völliger Freiheit kann man die besten Schüler bis an jene Grenzen führen, die sie erreichen können, und man soll sie nicht um der Schwachen willen zurückhalten, denn diese besten Schüler sind am nötigsten" (Klemm 1988, S. 221 – aus den Tagebüchern). Der Widerspruch oder zumindest die Spannung in Tolstojs Pädagogik besteht darin, dass einerseits eine religiöse Wahrheit – das Gesetz Gottes als Gesetz der Liebe und Brüderlichkeit – absolut gesetzt wird, andererseits eine Freiheit eingeräumt wird, selbst entscheiden zu können, ob der Mensch sich dieser Wahrheit nähern will oder nicht. Jedenfalls werden alle hierarchischen Institutionen – Kirche, Staat, Schule – zur Durchsetzung der Annahme dieser religiösen Wahrheit strikte abgelehnt.

Die Bedeutung und theoretische Ambivalenz der Pädagogik Tolstoj zeigt sich aus heutiger Sicht in Problemen bzw. miteinander verbundene Problembereichen, die m. E. typisch sind für den mehr oder weniger reformpädagogisch inspirierten – scheinbar kritischen – populär-pädagogischen Diskurs.

14 Schon früher, 1902, erschien ein Buch in deutscher Ausgabe mit dem Titel *Über Erziehung und Bildung*. Es handelt sich um einen Reader mit Auszügen aus Tolstojs Tagebüchern und Briefen und einer langen, aber unvollendeten pädagogischen Abhandlung. Und es gab andere Werke und Übersetzungen in deutscher Sprache aus der sogenannten Volksbildungsphase, in welcher er die Religion als die richtige Grundlage des Lebens, von Erziehung und Bildung bzw. die falsche oder falsch verstandene Religion als Ursache allen Übels – inklusive die Gewalttätigkeit – hervorhebt.

Diese Punkte, welche hier nicht abgehandelt werden können, betreffen 1. die Frage nach der pädagogischen Autorität bei gleichzeitiger Autoritätsverleugnung, 2. die Philosophie einer *éducation négative* und die Kaschierung des totalen Charakters derselben, 3. die sogenannte Selbstregulationshypothese (wonach sich Kinder – wenn sie von Erziehungszumutungen der Erwachsenen verschont bleiben – immer noch am günstigsten entwickeln), 4. der unklare Stellenwert der Kultur in der Pädagogik Tolstojs und schließlich 5. die gänzlich fehlende (quasi-)„bildungssoziologische" Perspektive bzw. die Verkennung der gesellschaftliche Bedeutung der Institution Schule. Diese Probleme teilt Tolstoj m. E. mit fast allen Reformpädagogiken. Das romantische Erziehungsdenken verführt, speziell in der Mischung von Natürlichkeit und Christlichkeit bzw. Natur und Religion, zu sehr eigenartigen, pathetischen Betrachtungen[15].

4.2 Anti-autoritäre Pädagogik und Anti-Pädagogik

In der griechischen Mythologie ist Kairos der jüngste Sohn von Zeus und Symbol für den richtigen Zeitpunkt, die günstige Gelegenheit, die Dinge zu ändern, Einfluss zu nehmen und das Blatt zu wenden. Gewiss hat das Jahr 1968 etwas vom Kairos-Gefühl für viele Menschen vermittelt, vom Versprechen, die Gelegenheit beim Schopf zu fassen und eine andere, bessere Welt zu kreieren und einen „neuen, besseren" Menschen zu schaffen. Der „neue Mensch" war nicht allein ein „sozialistisches" Ideal (Guevara 2003), sondern auch ein von der humanistischen Psychologie proklamiertes (vgl. Rogers 1980/2007). Was 40 Jahre später naiv und möglicherweise sogar verrückt erscheint, verdankte sich der Energetisierung und dem Rausch der romantischen Revolte, dem Pariser Mai, der Freisetzung des Denkens und dem anarchistischen Taumel. Sollte die Errichtung von „revolutionären Kommunen" helfen, den „neuen Menschen" zu schaffen, so wurde bald klar, dass die „Kommunarden" schliesslich immer noch von der „alten" und zu überwindenden Welt geprägt waren: „Niemand konnte wissen, auf welch

15 Am stärksten kommt dies m. E. in den pädagogischen Schriften Maria Montessoris zum Ausdruck (viel zitiert und ungelesen bleibt der gute Ruf meist nur bis zum Zeitpunkt bestehen, zu welchem man Montessori wirklich auch zu lesen beginnt …). Ästhetisch betrachtet, häuft sich in der reformpädagogischen Lektüre der Kitsch. Pädagogischer Kitsch hat eine große Wirkung und Bedeutung – freilich aber überhaupt nicht nur negative Wirkungen (vgl. Reichenbach 2003).

perfide Weise die Übel der bürgerlichen Gesellschaft – Neid, Konkurrenz, Eifersucht, Leistungs- und Hierarchiedenken – in den Einzelnen noch fortexistierten und die Maximen der neuen Kollektivität insgemein sabotierten. Einen wirklichen Neuanfang konnte es deshalb nur mit Kindern geben. Sie waren das unbeschriebene Blatt, dessen es zur Ausgestaltung einer neuen, einer befreiten Gesellschaft bedurfte" (Kraushaar 2008, S. 131 f.). In der Folge wurden in Deutschland – von Berlin ausgehend – sogenannte „antiautoritäre Kinderläden" eingerichtet. Schon bald kam es zu recht heftigen Debatten, die auch in der öffentlichen Presse mitunter mit grotesken, aus heutiger Perspektive eher zu belächelnden, Wahrnehmungsverzerrungen geführt worden sind.

Summerhill

Gleichzeitig wurde das schon früher erschienene und aus dem Englischen übersetzte Buch *„Theorie und Praxis der antiautoritären Erziehung. Das Beispiel Summerhill"* von Alexander Sutherland Neill zu einem Bestseller. Es verkaufte sich in Deutschland innerhalb eines Jahres (1969) in mehr als 600 000 Exemplaren (Kraushaar 2008, S. 138). Die schon 1921 gegründete Internats- und Reformschule „Summerhill" bei Leiston (GB) zeichnete sich durch 1. den freiwilligen Unterricht, 2. den Wegfall eines Benotungs- und Prüfungssystem, 3. das Fehlen einer religiösen Erziehung, 4. den radikalen Verzicht auf die (damals übliche) Prügelstrafe und insbesondere 5. demokratische Schulversammlungen aus. Neills „Erziehungsphilosophie" baute ganz auf die selbstregulierte Erziehung bzw. selbstreguliertes Lernen. Ironischerweise erfreute sich Neill allerdings weniger am deutschen Titel seines Buches und ebenso wenig verstand er Summerhill als Paradebeispiel für antiautoritäre Erziehung.

Die erzieherische Funktion und Wirkung seiner Pädagogik ist aber evident, wiewohl sich Neill immer wieder schon fast anti-pädagogisch davon zu distanzieren versucht. Ein Beispiel aus Neills Bericht soll dies verdeutlichen: „Einmal verbrachte ich im Frühjahr Wochen damit, Kartoffeln zu setzen. Als ich dann im Juni feststellte, dass acht Kartoffelpflanzen ausgerissen worden waren, habe ich grosses Theater gemacht. Trotzdem war das bei mir anders als bei einem autoritären Erzieher. Mir ging es bloss um meine Kartoffeln; ein autoritärer Lehrer dagegen hätte aus der Sache eine Frage von Gut und Böse gemacht. Von mir bekam der Übeltäter nicht zu hören, man dürfe nicht stehlen. Es ging mir nur um *meine Kartoffeln*, und die sollten gefälligst in Ruhe gelassen werden. Ich hoffe, der Unterschied ist klar" (Neill 1969/1996,

S. 26; Hervorhebung wie im Original). In der pädagogischen Praxis, so Neill dann wiederum, gebe es „natürlich Autorität. Diese Art von Autorität kann man vielleicht Schutz, Fürsorge, Verantwortung der Erwachsenen nennen. Eine solche Autorität verlangt manchmal Gehorsam, doch bei anderen Gelegenheiten gehorcht sie auch" (S. 158). Gehorsam solle eine Frage von Geben und Nehmen sein, doch im Grossen und Ganzen existiere Summerhill „ohne jede Autorität und ohne jeden Gehorsam" (ebd.).

Die anti-pädagogische Position

Während das anti-autoritäre Denken nicht Erziehung generell, aber autoritäre Formen von Erziehung ablehnt, stellt(e) das anti-pädagogische Denken die moralische Legitimität von Erziehung überhaupt in Frage. Allerdings wird bzw. wurde damit mitunter auch die Notwendigkeit von Erziehung in Frage gestellt. So ist bei Alice Miller zu lesen: „Auch meine antipädagogische Haltung wendet sich nicht gegen eine bestimmte Art von Erziehung, sondern gegen Erziehung überhaupt, auch gegen die antiautoritäre" (Miller 1983, S. 118). Eine weitere Unterstellung betrifft die „niedrigen" Bedürfnisse der Pädagoginnen und Pädagogen: Die Erziehenden sind es demzufolge, die offenbar Pädagogik wollen bzw. nötig haben, nicht die Kinder; pädagogische Haltungen, Einstellungen, Grundhaltungen seien für die harmonische Entwicklung des Kindes nicht nur nicht förderlich, sondern sogar hinderlich. Kurz: Pädagogik stellt somit ein Bedürfnis allein der Erwachsenen dar bzw. erfüllt dieselben. Die pädagogischen Bestrebungen der Erwachsenen können nach Miller (1983) – einer der damals wichtigen und populären Antipädagoginnen – einem unbewussten Bedürfnis entspringen, die einst erlittenen Demütigungen weiter zu geben. Pädagogische Praxis ist ein Ventil für die abgewerteten Affekte und erfüllt das Bedürfnis, ein verfügbares und manipulierbares lebendiges Objekt zu besitzen. Pädagogik verhilft ebenso, die Idealisierung der eigenen Kindheit und der eigenen Eltern aufrecht zu erhalten bzw. zu stärken und die Richtigkeit der eigenen Erziehungsprinzipien zu bestätigen. Die Angst vor der Freiheit, die Angst vor der Wiederkehr des Verdrängten und schließlich die Rache am Kind für die erbitterten Schmerzen: das sind die „wahren" Motive pädagogischen Handelns! Wer explizit anti-pädagogische Literatur liest, kann – freilich auch bei anderen anti- oder postpädagogischen Autoren, nicht nur bei Alice Miller – ein beeindruckendes Maß an durchgängiger *Irritationslosigkeit* feststellen. Das schriftstellerische Niveau ist z. T. beachtlich (z. T. aber – man denke an Hubertus von Schoenebeck – auch weniger...), die Verbindung von überzeugender Logik und unklaren Konzepten ist nicht immer leicht zu leisten. Die „Ratschläge zur Erziehung der Kinder", so Miller, würden nur die „Bedürfnisse der Erwachsenen" offenbaren, welche „dem lebendigem Wachstum des Kindes nicht nur nicht förderlich sind, sondern es geradezu verhindert. Das gilt auch für die Fälle, in denen der Erwachsene ehrlich davon überzeugt ist, im Interesse des Kindes zu handeln" (S. 119). Auch hier: der betroffene Leser muss merken, es gibt kein Entrinnen, da kann er seine Absichten lange kritisch hinterfragen. Erziehung ist nach Miller höchstens dazu geeignet, *„aus dem Zögling einen guten Erzieher zu machen.* Niemals wird sie ihm aber zur freien Lebendigkeit verhelfen können. Wenn man ein Kind erzieht, lernt es zu erziehen. Wenn man einem Kind Moral predigt, lernt es Moral predigen, wenn man es warnt, lernt es warnen, wenn man mit ihm schimpft, lernt es schimpfen, wenn man es auslacht, lernt es auslachen, wenn man es demütigt, lernt es demütigen, wenn man seine Seele tötet, lernt es töten. Es hat dann nur die Wahl, ob sich selbst oder die anderen oder beides" (ebd.). Die Dramaturgie dieser Stelle und vieler anderer Stellen ist wirkungsvoll, die moralische Mitteilung ist eindeutig; hier wird Endgültiges und Letztgültiges ausgesprochen.

Die pädagogisch-theoretische Reflexion auf die antipädagogische Kritik wurde vor allem von Oelkers und Lehmann (1990) auf überzeugende Weise vorangebracht, indem die beiden Autoren deutlich machten, dass die unterschiedliche Beantwortung der Frage der Möglichkeit von Subjektivität bzw. der Entwicklung des Subjekts – welches seit Rousseau und Kant im Zentrum der modernen Pädagogik (zumindest auf dem europäischen Kontinent) steht – den Kern der Debatte ausmacht. Antipädagogik übernehme die These von der Bedeutung der Erziehung für die Konstituierung von Subjektivität, indem sie auf die Frage, wie Subjektivität möglich sei, antworte: „*Nicht* durch Erziehung" (S. 116; Hervorhebung wie im Original). Der Sinn der Erziehung wird anti-pädagogisch bestritten, aber nicht das Ziel moderner Pädagogik. „Modern" kann in diesem Zusammenhang die Ansicht bezeichnet werden, dass es – für die Ermöglichung von (politischer) Freiheit – auf die „Unterwerfung" der Menschen unter „objektive Gesetze" bzw. die „Vernunft" entscheidend ankomme und in diesem Prozess persönliche Abhängigkeit(en) nicht missbraucht und Macht nicht willkürlich eingesetzt werden dürfen (vgl. S. 120 f.). Die Frage bleibt: ist intentionale Erziehung hierfür notwendig und legitim? Antipädagogisch ist Erziehung weder legitim noch notwendig, während moderne Pädagogik sowohl die Notwendigkeit als auch die Legitimität bejaht. Denken lässt sich auch die wenig wahrscheinliche Position, Erziehung für legitim, aber nicht für notwendig zu halten. In einem gewissen Sinne – je nach Gusto – „ironisch", „tragisch" und/oder allenfalls „postmodern" könnte die These bezeichnet werden, die Erziehung zwar für notwendig, aber nicht für legitim erklärt.

Versuche einer Gegenargumentation

Micha Brumlik (2004) versuchte die These zu stützen, wonach Erziehung nicht nur legitim ist, sondern notwendig sei. Die Antithese zur Antipädagogik diskutiert Brumlik in zwei Varianten, einer Gegen-Argumentation in einem schwachen und in einem starken Sinn. In einem starken Sinn geht es darum, Erziehung für mehr als „bloße" – d. h. unvermeidliche – Sozialisation darzustellen. Die Frage laute: „Dürfen Menschen andere Menschen erziehen und wenn ja, warum?" (S. 94). Dabei seien die Konzepte „Erziehung" und „Sozialisation" zu unterscheiden. Erziehung sei hier verstanden als „bewusst unternommene und angestrengte, ausdifferenzierte und eigens institutionalisierte Tätigkeiten" (S. 95), während mit Sozialisation „implizit verlaufende, in anderen Handlungsketten kontingent eingelassene Ereignisse" gemeint werden (ebd.). Weiter unterscheidet Brumlik in seiner Argumentation therapeutische von pädagogischen Handlungspraktiken. „Therapeutisch" seien die bewusst angestrengten, sozialisatorischen Handlungen zu nennen, die an das *Einverständnis* und die *Zustimmung* des zu Erziehenden geknüpft sind, während „pädagogische" Handlungen entweder *ohne das Wissen* oder *gegen den Willen* der zu Erziehenden (ebd.) ausgeführt werden (müssten). „Ich behaupte", so Brumlik, „dass eine noch zu spezifizierende Anzahl pädagogischer Handlungen unter einer Bedingung zwingend geboten sind: nämlich unter der Bedingung, dass Menschen als Personen leben sollen" (S. 96). Nun sei der Begriff der Person eine Grundkategorie der praktischen Philosophie mit einer Geschichte vom römischen Recht über die Scholastik bis hin zum Dialogismus und Sprachanalytik. Mit den Attributen der Person meint Brumlik die Möglichkeit selbstverantworteten Handelns (also im Grunde die Zielkategorie moderner Pädagogik). Verantwortlich könne nur handeln, „wer weiß, wer er ist, während ein Selbstbewusstsein nur entwickeln und ausbilden kann, wer von anderen als einzigartiger anerkannt wird bzw. selbst andere als einzigartige anerkannt" (ebd.). Unter diesen Voraussetzungen seien beispielsweise „Babies", „mental retardierte Erwachsene", „psychisch sehr schwer kranke Menschen" keine Personen, vielmehr je nach Lebensphase und Lebenssituation: *„Niemals-, Nochnicht- oder Nichtmehrpersonen"* (S. 98). Nun können aber Noch-Nicht-Personen zu Personen werden und sie hätten auch einen Anspruch darauf. Brumlik fragt entsprechend, ob mit dem möglichen Anspruch menschlicher Nicht-Personen nicht auch eine Pflicht menschlicher Personen einhergehe, „menschlichen Nicht-Personen dabei zu helfen, zu Personen zu werden?“ (ebd.) „Noch-Nicht-Personen“ würden einen Anspruch darauf erheben können (…), aufgrund des Umstandes der Nichtpersonalität keinerlei Nachteile zu erleiden. Und „Pädagogen aller Art dürften sich von Antipädagogen dadurch unterscheiden, dass für sie Personalität in irgendeiner Weise auch ein erstrebenswerter Zustand ist, während Antipädagogen womöglich die gesellschaftlichen Umstände, die Menschen bei der Strafe von Nachteilen dazu zwingen, als Personen zu leben, abschaffen möchten“ (S. 101).

Doch warum davon ausgehen können, die zwanglose Ausbildung vernünftiger Personen sei möglich (was Brumlik als „Selbstregulationshypothese“ bezeichnet [ebd.])? Hier komme es auf die – sich wohl kaum auf valide Gründe oder Fakten abstützende – pessimistische oder aber optimistische pädagogische Anthropologie an: Weiß das Kind am besten, was für es gut ist? Wissen Noch-Nicht-Personen implizit am besten, was ihnen nützt oder schadet? Gegenwärtig und/oder künftig? Wird dieses Wissen nicht unterstellt, ist dann nicht die erziehende Person u. U. dazu verpflichtet, gegen den Willen der Noch-Nicht-Person zu verstoßen?

Man merkt freilich auch Brumliks interessantem Versuch an, dass die antipädagogische Position nicht wirklich widerlegt werden kann, denn auch Brumlik zeigt nicht, wie Personen Noch-Nicht-Personen *gegen* deren Willen dabei helfen können, Personen zu werden. Eine logische „Beweisführung“ für die *Notwendigkeit* erzieherischen Handelns fehlt m.W. bisher. Über *notwendige* Bedingungen intentionaler pädagogischer Förderung (von Entwicklung) wissen wir in Wirklichkeit wenig oder nichts. Ist die Wirkung von intentionalem Erziehungshandeln gegenüber den vielfältigen, Lebensphasen und Lebensbereiche umfassenden Sozialisationseinflüssen nicht letztlich zu vernachlässigen? Oder sollte man davon ausgehen, dass das pädagogische Handeln sich gerade um die Verbesserung der Sozialisationsbedingungen bemühen sollte?

Die Erwartung der Wirkung von intentionaler Erziehung mag von Ohnmachtsphantasien (Erziehung bewirkt letztlich nichts oder ihre Wirkungen sind nicht voraussagbar …) bis hin zu Allmachtsphantasien (der „neue“ und bessere Mensch kann willentlich geformt werden, die Menschheit kann als ganze durch Erziehung verbessert werden …) geprägt sein. Die Annahmen und Hoffnungen der Wirkung erzieherischen Handelns können als Reaktionen auf die gesellschaftliche und politische Situation und wahrgenommenen Interventionsnotwendigkeiten und -möglichkeiten verstanden werden, sie stehen mit der Erziehungswirklichkeit u. U. nicht in engem Kontakt. Giesecke hat in seinem Pamphlet *Das Ende der Erziehung* (1985) beispielsweise die Thesen vertreten, 1. dass man sich in der Erziehung nicht mehr um die Zukunft des Kindes kümmere, sondern immer zunehmend noch um seine gegenwärtigen Bedürfnisse, 2. dass das Generationenverhältnis diffundieren bzw. verschwimmen würde, die dominanten Sozialisationserfahrungen vor allem gegenwartszentriert seien, d. h. sich vorwiegend auf Konsum und Freizeit bezögen, und 3. die Erziehungswissenschaft schließlich nicht mehr Erziehungsprozesse, sondern allein noch Sozialisationsprozesse beschreiben bzw. untersuchen würde. Ein Vierteljahrhundert später bestätigen sich zentrale Aspekte der genannten Thesen.

Treml (1987) hat die Unterscheidung von funktionaler und intentionaler Erziehung in den Kontext der sozio-kulturellen Evolution gestellt und grob zwischen drei Phasen der Menschheitsgeschichte unterschieden: 1. archaische Gesellschaften, 2. Hochkulturen (seit ca. 5000 Jahren) und 3. die Moderne (seit 400–200 Jahren). Danach ist Erziehung gerade in archaischen Gesellschaften primär als Imitation (Nachahmung/Sozialisation), also funktional zu verstehen, genauer: Familienerziehung als Imitation und Stammeserziehung als Initiation zu begreifen. Erziehung dient hier vorwiegend der Traditionsbewahrung. In Hochkulturen tritt zur funktionalen auch die intentionale Erziehung hinzu, d. h. die Erziehungskultur differenziert sich. So gibt es für Minderheiten absichtvolles erzieherisches Handeln und planvollen Unterricht (beispielsweise für die Elite im alten Ägypten). Im Unterschied zu den segmentären Ordnungen archaischer Gesellschaften sind Gesellschaften in den Hochkulturen stärker stratifikatorisch geprägt, also von sozialen Schichtungen; Erziehung ist dort für die obersten Schichten und Minderheiten wesentlich differenzierter und vor allem bewusst und geplant, das Lernen entsprechend nicht nur mimetisch. Mit der Moderne entsteht das Ideal der intentionalen Erziehung für alle. Kulturelle Voraussetzung ist u. a. die Entmoralisierung und Desakralisierung der Natur bzw. der „natürlichen Ordnung“ (der sozialen Unterschiede). Moderne Gesellschaft zeichnen sich durch funktionale Differenzierungen aus; einerseits müssen und können nicht alle Gesellschaftsmitglieder alles lernen, andererseits macht die Ausdifferenzierung der gesellschaftlichen Systeme sowie die notwendige Arbeitsteilung *schulisches* Lernen nötig (a. a. O., S. 120). Das heißt aber natürlich nicht, dass der Einfluss der funktionalen Erziehung und insbesondere weiterer sozialisatorischer Einflüsse nun insgesamt geringer geworden wären.

Entscheidend ist, dass am Ende einer langen Geschichte der Kindheit und Erziehung die *Personalität* bzw. *Personwerdung* im Mittelpunkt steht. So schrieb der Systemtheoretiker Niklas Luhmann (2002) zur Funktion der Erziehung: „Menschen werden geboren. Personen entstehen durch Sozialisation und Erziehung. Wenn man diesen Unterschied vor Augen hat, liegt es nahe, die Funktion der Erziehung auf das Personwerden von Menschen zu beziehen. Besonders in komplexen Gesellschaften kann man dies nicht nur der Sozialisation überlassen" (S. 38).

Das Kind als künftig autonomes Subjekt

Das Ziel der Erziehung wird im modernen, kontinentaleuropäischen Verständnis vor allem mit Jean-Jacques Rousseau (*Emile oder Über Erziehung,* Original 1762) und Immanuel Kant (*Über Pädagogik,* Original 1803) in der „Autonomie" und „Mündigkeit" des Einzelmenschen gesehen. Das ist eine nicht selbstverständliche Wendung des Autonomiebegriffs, der vormodern, insbesondere in der griechischen Antike, als eine Beschreibung für Gemeinwesen, sicher aber nicht für den Einzelmenschen gebraucht worden ist (vgl. Meyer-Drawe 1991). Wie und ob aber Autonomie durch Erziehung zu erreichen sei, da scheiden sich nicht nur pädagogische von anti-pädagogischen Positionen, sondern freilich vor allem auch Pädagogiken und die mit ihnen transportierten Bilder untereinander. Zu den klassischen Bildern bzw. Metaphern der Erziehung gehören Wachsenlassen, Führung, Erweckung, Regierung, Zucht, Anpassung, Lebenhelfen, Begleiten (vgl. Scheuerl 1959). Auch mit neueren erziehungstheoretischen Vorschlägen (Erziehung als Verhandlung [Bruner 1995] oder Erziehung als Zeigen [Prange 2005]) wird das Konzept der Erziehung begrifflich nicht verbindlich bestimmt werden können; sie sind als Transformationen der pädagogischen Metaphorik wahrzunehmen. Gemeinsam ist vielen Metaphern der Erziehung – eben weil Erziehung im engeren Sinne als *intentional* verstanden wird – eine direkte oder aber indirekte (vgl. Rousseaus „éducation négative") *technologische* Vorstellung, wie sie freilich in behavoristischen Konzepten pointiert vertreten ist (auch in der populären Pädagogik-Kultur: vgl. „Triple P" oder „Super Nanny" [vgl. Kap. Erziehung als Verhaltensmodifikation]). Der Grad der vorgestellten Technologiesierbarkeit von Erziehung unterscheidet die Erziehungstheorien bzw. Pädagogiken.

Hügli (1999) hat zwischen „Autonomiepädagogiken" und „Kontrollpädagogiken" unterschieden. Auf der einen Seite zielen erzieherischen Strategien von Kontrollpädagogiken auf Verhaltensveränderungen, deren Wirksamkeit nicht vom Wollen und der Einsicht des Kindes abhängig gemacht wird bzw. werden kann (und insofern kann eingeräumt werden, dass wohl keine Erziehung des Einzelmenschen ganz ohne solche Verhaltensveränderungsstrategien auskommt, welche einen technologischen Charakter aufweisen und Ausdruck nomothetischen Wissens sein können). Autonomiepädagogiken auf der anderen Seite sind Ausdruck einer modernen Perspektive auf die Legitimität und soziale Erwünschtheit erzieherischer Mittel und Ziele, insbesondere des Zieles der „moralischen Autonomie“. Die Erziehungsmittel haben sich aus dieser Perspektive am Ziel der Autonomie zu orientieren, allerdings werden Kinder und Jugendliche auch hier als „Personen“ angesprochen, die erst noch (moralisch) autonom werden sollen (dazu aber auch fähig sind). In der Ausbildung der Fähigkeit, Wünsche zweiter Ordnung zu generieren (vgl. Frankfurt 1971), d. h. der Fähigkeit, die Wünschenswertigkeit der eigenen Wünsche zu befragen, kann ein Kriterium der Zielerreichung von Autonomiepädagogiken gesehen werden. Das richtige bzw. sozial erwünschte Verhalten ist hier nur nachgeschaltet. Diese Fähigkeit steht nicht gegen das Ziel von Kontrollpädagogiken. Aber erzieherische Verhaltensmodifikationen, die *ohne* das Ziel der Autonomie realisiert werden sollen, sind aus der Perspektive von Autonomiepädagogiken nicht legitim, auch wenn damit die Internalisierung der moralischen Regeln und Prinzipien erreicht (oder effizienter und effektiver erreicht) würde. Beiden Gruppen von Erziehungsvorstellungen geht es letztlich um erwünschtes Verhalten, während in der Frage der Möglichkeit und Notwendigkeit der Einsicht in die Gründe für das richtige Verhalten Differenzen bestehen. Erzieherische Verhaltensmodifikationsstrategien sind aber vor allem bei kleinen Kindern wirksam und verlieren spätestens dann an Bedeutung, wenn das Kind in die Pubertät kommt bzw. wenn es (oft in dieser Lebensphase) das Kriterium des Berechtigtseins der Gründe von Handlungsanweisungen (freilich implizit) erkennt. Wenn Erziehung ohne Gewöhnung, ohne Sanktionen und ohne positive Verstärkung auch unwahrscheinlich ist, so zeigt sich die zentrale erzieherische Strategie von Autonomiepädagogiken doch im *Auffordern* – insbesondere im „Auffordern zur Selbsttätigkeit“ (vgl. Benner 1994). Ob aber der Aufforderung in der konkreten Situation auch tatsächlich Folge geleistet wird, hängt u. a. von der Anerkennung der Autorität der Erziehungsperson durch das Kind oder den Jugendlichen ab.

Während sich Anti-Pägagogen, aber auch „anti-autoritäre“ Pädagogiken, wohl darin einig sind (waren), dass etwa die pädagogisch verbreiteten Praktiken des Ermahnens und Predigens nicht nur nutzlos und nicht nur nicht förderlich sind, sondern eher konträre als die erwünschten Effekte hervorbringen (vgl. Miller 1983), können solche Praktiken unter moderner pädagogischer Perspektive auch dann u. U. als bedeutsam erkannt werden, wenn sie offenbar nicht die gewünschte Wirkung erreichen bzw. überhaupt nichts zu bewirken scheinen. So lassen sich m. E. die Ausführungen Bollnows (1984) zur Praktik des Ermahnens interpretieren. Ermahnen stellt Bollnow zwischen die Praktiken des Befehlen und des Appellieren (vgl. S. 64 ff.). Während der Befehl den Menschen als reines Instrument adressiert, richtet sich der Appell gegen freie Wesen, denen gegenüber man keinen Erziehungsanspruch oder auch keinen anderen pädagogisch relevanten Anspruch erheben kann. Die Ermahnung ist ein Erziehungsmittel, das mitunter die Folge eines erzieherischen Versagens darstellt. Ermahnen ist immer wieder erfolglos und trotz aller Misserfolge wird immer wieder neu zu diesem Erziehungsmittel gegriffen. Bollnow fragt nach der Bedeutung dieses Phänomens. In seiner Analyse stellt er zunächst fest, dass sich die Ermahnung unmittelbar an die Zukunft richtet, im Unterschied zum Tadel, der rückwärts, an die Vergangenheit gerichtet ist. Ermahnen sei ein gesteigertes „Mahnen" – so wie jemand an eine zu zahlende Schuld gemahnt werde. Deshalb ist jedes Ermahnen zugleich ein Erinnern. Allerdings erinnert man jemanden an etwas, was er vergessen hat, aber man ermahnt ihn zu etwas, was er unterlassen hat. Die Ermahnung wendet sich an ein Wesen, „zu dem die Möglichkeit gehört, schuldhaft gegenüber seinem Sein-Sollen zurückzubleiben, und dem dann die Aufgabe erwächst, im neuen Anlauf das Versäumte nachzuholen" (S. 65). Das Ermahnen ist ein Indikator geschwächter Autoritätsanerkennung, denn nur „wo Autorität verloren gegangen ist, liegt die Versuchung nahe, sich auf Autorität zu berufen; nur wo der Erzieher seinen Einfluss schwinden sieht, und sich auf keine andere Weise mehr zu helfen weiß, flüchtet er in die bloße Ermahnung (die dann eben so wenig wirkt wie die leere Drohung)" (ebd.).

Die Stufenfolge „Befehl – Ermahnung – Appell" ist entscheidend. Wo befohlen werden kann, muss nicht ermahnt werden, der Befehl wendet sich an ein gehorchendes Wesen. „Wo ich nicht mehr befehlen kann, da kann man nur noch ermahnen: Die Ermahnung kann die Durchführung nicht mehr erzwingen, sie wendet sich vielmehr an ein Wesen, das von sich aus frei über seinen Willen verfügt, und sie bedeutet die Aufforderung, diesen Willen selber in Bewegung zu setzen" (S. 64). In der Ermahnung drückt sich – und das ist sozusagen ihr moderner pädagogischer Anteil – die Anerkennung der Freiheit des Anderen aus. Sie sei hingegen für Erwachsene nicht angemessen, richte sich vielmehr an Kinder und Jugendliche. Wo appelliert wird, ist kein pädagogisches Verhältnis mehr festzustellen, denn der Appell macht ohne Autorität aufmerksam.

Die Praxis des Ermahnens mag erfolglos sein, lästig für alle Beteiligten, sich alltäglich wiederholend, doch immer wird in ihr das Kind – aber freilich auch der Jugendliche – als *künftig autonomes Subjekt* adressiert, als ein Versäumniswesen, ein Wesen, das „dran" hätte denken können und „es" (was immer es auch sein mag) in Zukunft – irgendwann, vielleicht bald, vielleicht noch lange nicht – von selber tun wird.

4.3 „Mut zur Erziehung" – Drei Beispiele

In den öffentlichen pädagogischen Debatten spielen Fragen der Autorität und Disziplin immer wieder eine bedeutsame Rolle. Vor allem die darin vermeintlich klaren Aussagen verleiten dazu, sich ohne argumentativen Tiefgang einer Pro- oder Contra-Gruppe anzuschliessen. Um diesen Horizont – zumindest ein Stück weit – zu erweitern, seien im Folgenden drei Beispiele aufgegriffen.

Das Bonner Forum (1978)

Welches Ziel verfolgt eine *Gesellschaft* mit *institutionalisierter* Erziehung? Dass sie bestehen bleibe, wie sie ist? Oder dass sie sich verändere? Und wenn letzteres der Fall ist, verändere: Wohin? und verändere: Wie? Das sind bildungstheoretische und vor allem auch bildungspolitische Fragen, bei denen nicht erwartet werden kann, dass die Beantwortung einstimmig ausfällt. Immer wieder entwarfen Pädagogen und Philosophen Visionen und Konzepte, die über das Verhältnis von Erzieher, Kinder und Jugendlichen hinaus die Gesellschaft betrafen und mit welchen in aufklärerischer Manier auf die gesamte Menschheit gezielt werden sollte. So fanden 1978 eine Gruppe von Pädagogen, Philosophen und Kulturkritikern in Bonn-Bad Godesberg zusammen zu einer Tagung, die den Titel „Mut zur Erziehung" trug. Dieses Treffen wurde danach das „Bonner Forum" genannt. Das Produkt dieser Veranstaltung waren neun Thesen, die von Kurt Aurin, Nikolaus Lobkowicz, Hermann Lübbe, Alexander Schwan, Robert Spaemann und Friedrich Tenbruck u. a., unter der Schirmherrschaft des damaligen Bundespräsidenten Walter Scheel, in die Öffentlichkeit gebracht worden sind (Bausch et al. 1978).

Die Referate des Forums sind im Buch mit dem Titel „Mut zur Erziehung" (ebd.) nachzulesen. Im gleichen Jahr traf sich eine andere Gruppe von bekannten Pädagogen und Erziehungsphilosophen und gaben ebenfalls einen Band heraus: Die „Entgegnungen zum Bonner Forum ‚Mut zur Erziehung'" (vgl. Benner, Brüggen, Butterhof, Kemper & von Hentig 1978). Es werden alle paar Jahre, seien es konservative oder progressive, Pamphlete veröffentlicht, die dann – meist kurz darauf – von Gegendarstellungen der jeweiligen anderen Seite quittiert werden (vgl. auch Kap. 4.4). Daran zeigt sich die Politisiertheit pädagogischer Debatten und man mag kritisch nach dem Sinn derselben fragen.

Bevor im Folgenden die für das Thema der pädagogischen Autorität relevanten Thesen des Bonner Forums vorgestellt und betrachtet werden, sei auf die damalige Situation in der Bundesrepublik Deutschland hingewiesen. Nach dem Zusammenbruch des nationalsozialistischen Regimes machen sich in Westdeutschland die Einflüsse der westlichen Besatzungsmächte sowie die schulpolitischen Vorstellungen der sich herausbildenden politischen Kräfte in unterschiedlicher Richtung und Stärke bemerkbar, wobei es große regionale Unterschiede und unterschiedliche konfessionelle und soziale Gesichtspunkte zu vermerken gäbe. Beispielsweise wurde die Grundschulzeit in einigen Bundesländern mit großem SPD-Einfluss auf sechs Jahre ausgedehnt, um die Verzweigungen des Bildungssystems, d.h. insbesondere die Selektion oder Auslese im Lebensalter der Schülerinnen und Schüler etwas hinauszuschieben. Das Grundgesetz der Bundesrepublik von 1949 enthält über Bildungsfragen nur sehr allgemeine Richtlinien – der Bildungsbereich gehört zur Kompetenz der Bundesländer. Die Schuldiskussion erreicht nach den großen Anfangsschwierigkeiten des Wiederaufbaus vor allem in den Sechzigerjahren einen Höhepunkt. Die Diskussion war intensiv und kritisch. Untersuchungen schienen zu belegen, dass das deutsche Bildungssystem – sowohl das Schul- als auch das Hochschulwesen – gegenüber den Nachbarländern zahlenmäßig und strukturell deutlich zurückbleibt. Das Schlagwort von der sogenannten „Bildungskatastrophe" tauchte auf – ganz ähnlich der Diskussionen um den sogenannten PISA-Schock in den letzten Jahren. Empirische Forschungen zeigten damals zwischen Stadt und Land, zwischen den Ländern, zwischen den Geschlechtern und im Hinblick auf die soziale Schichtung gravierende Unterschiede auf, die als Gruppenbenachteiligungen gedeutet wurden und wiederum Einzelforschungen und kritische Interpretationen angeregt haben (etwa über die Sozialauslese beim gymnasialen Schuldurchgang, über Schülerbeurteilung und -auslese, über vorzeitige Schulabgänge, Curriculumprobleme und dergleichen mehr).

Im Gesamtfeld dieser Diskussion entstanden in Westdeutschland breitere Erprobungen der Förderstufe (etwa in Hessen) und Versuche der integrierten und differenzierten Gesamtschule. Die Bildungskommission des Deutschen Bildungsrates, die seine Arbeit im Unterschied zum früheren „Deutschen Ausschuss" wissenschaftlich sehr breit und fundiert abstützt, empfahl 1968 Schulversuche mit Ganztagesschulen, 1969 auch Schulversuche mit Gesamtschulen, und die Kultusministerkonferenz beschloss im Anschluss daran ein entsprechendes, breit gestreutes Erprobungsprogramm. Eine umfassende Empfehlung zur Weiterentwicklung des Bildungswesens legte der Deutsche Bildungsrat für alle Stufen von der vorschulischen Erziehung bis zur Sekundarstufe II und insbesondere auch für die Lehrerbildung in seinem „Strukturplan für das Bildungswesen" 1970 vor.

Einige Zeit später treten also die benannten Vertreter des Bonner Forums auf den Plan und wenden sich gegen das „Experimentieren“ in der Schule und fordern den anscheinend verlorengegangenen „Mut zur Erziehung“ (Wissenschaftszentrum Bonn 1978). Die neun Thesen des Bonner Forums weisen eine identische Struktur auf: *„Wir wenden uns gegen den Irrtum X. – In Wahrheit ist Y“.* Diese Form zeigt zweierlei: Erstens wird etwa Bestehendes als Irrtum kritisiert und zweitens scheinen die Autoren jeweils die entgegengesetzte Wahrheit zu kennen. Die Thesen betreffen das Verhältnis von Pädagogik und Politik, das Verhältnis von Pädagogik und Ethik, die Bildungspolitik, insbesondere die Chancengleichheit und die Reform der Gesellschaft, und schließlich die Schule mit ihren Komponenten der Erziehung und des Unterrichts.

Die neun Thesen lauteten:

1. Wir wenden uns gegen den Irrtum, die Mündigkeit, zu der die Schule erziehen soll, läge im Ideal einer Zukunftsgesellschaft vollkommener Befreiung aus allen herkunftsbedingten Lebensverhältnissen. – In Wahrheit ist die Mündigkeit, die die Schule unter jeweils gegebenen Herkunftsverhältnissen einzig fördern kann, die Mündigkeit derer, die der Autorität des Lehrers schließlich entwachsen sind. Denn wenn die Schule die Mündigkeit einer Zukunftsmenschheit zum pädagogischen Ideal erhöhe, erklärte sie uns über unsere ganze Lebenszeit bis in die Zukunft hinein zu Unmündigen.
2. Wir wenden uns gegen den Irrtum, die Schule könne Kinder lehren, glücklich zu werden, indem sie sie ermuntert, „Glücksansprüche“ zu stellen. – In Wahrheit hintertreibt die Schule damit das Glück der Kinder und neurotisiert sie. Denn Glück folgt nicht aus der Befriedigung von Ansprüchen, sondern stellt im Tun des Rechten sich ein.
3. Wir wenden uns gegen den Irrtum, die Tugenden des Fleißes, der Disziplin und der Ordnung seien pädagogisch obsolet geworden, weil sie sich als politisch missbrauchbar erwiesen haben. – In Wahrheit sind diese Tugenden unter allen politischen Umständen nötig. Denn ihre Nötigkeit ist nicht systemspezifisch, sondern human begründet.
4. Wir wenden uns gegen den Irrtum, die Schule könne Kinder „kritikfähig“ machen, indem sie dazu erzieht, keine Vorgegebenheiten unbefragt gelten zu lassen. – In Wahrheit treibt die Schule damit die Kinder in die Arme derer, die als ideologische Besserwisser absolute Ansprüche erheben. Denn zum kritischen Widerstand und zur Skepsis gegenüber solchen Verführern ist nur fähig, wer sich durch seine Erziehung mit Vorgegebenheiten in Übereinstimmung befindet.
5. Wir wenden uns gegen den Irrtum, die Schule hätte die Kinder anzuleiten, „ihre Interessen wahrzunehmen“. – In Wahrheit gibt die Schule damit die

Kinder in die Hand derer, die diese Interessen nach ihren eigenen politischen Interessen auszulegen wissen. Denn bevor man eigene Interessen wahrnehmen kann, muss man in die Lebensverhältnisse eingeführt sein, in denen eigene Interessen erst sich bilden.

6. Wir wenden uns gegen den Irrtum, mit der Gleichheit der Bildungschancen fördere man die Gleichheit derer, die sich in Wahrnehmung dieser Chancen bilden wollen. – In Wahrheit setzt Chancengleichheit stets ungleich verteilte Möglichkeiten ihrer Nutzung frei, und diese Ungleichheit, die sich als Folge realisierter Chancengleichheit erst herstellt, bedarf politischer und sozialer Anerkennung. Denn ohne diese Anerkennung zerstört Chancengleichheit die bürgerliche und menschliche Solidarität derer, denen sie zugute kommen sollte.
7. Wir wenden uns gegen den Irrtum, man könne über die Schule Reformen einleiten, die die Gesellschaft über ihre politischen Institutionen nicht selber einleiten will. – In Wahrheit isoliert man damit die Schule und ihre Schüler gegenüber der Gesellschaft. Denn keine Gesellschaft kann eine Schule als ihre eigene Schule anerkennen, die ihre Schüler eine ganz andere Gesellschaft als ihre eigene anzusehen lehrt.
8. Wir wenden uns gegen den Irrtum, die Verwissenschaftlichung des Unterrichts sei die erzieherische Antwort auf die Herausforderung unserer wissenschaftlichen Zivilisation. – In Wahrheit erschwert man auf diese Weise die Erziehung zur Fähigkeit, sich in der wissenschaftlichen Zivilisation an Gegebenheiten und Maßstäben zu orientieren, die eigener Erfahrung zugänglich sind. Denn selbst noch das spätere Erlernen einer Wissenschaft setzt Kompetenzen voraus, die sich schulisch nicht auf dem Wege der Rezeption wissenschaftlicher Informationen erwerben lassen.
9. Wir wenden uns gegen den Irrtum, optimale Erziehung sei maximal professionalisierte und institutionalisierte Erziehung. – In Wahrheit ist Erziehung in keiner Kultur primär ein Vorgang aus Berufstätigkeit. Denn unsere Schulen können ihren besonderen Beitrag zur Erziehung unserer Kinder nur leisten, sofern auch in ihnen dieselben kulturellen Selbstverständlichkeiten gelten, in deren Anerkennung wir alle vor und außerhalb der Schule stets schon erzogen sind.

Diese und ähnliche Thesen sind – bedauerlicherweise – nicht wirklich veraltet, tauchen sie doch in der einen oder anderen Form im bildungspolitischen und pädagogischen Diskurs regelmäßig auf. Sie lassen sich im Lichte gemeinsamer Thematiken betrachten: Die Thesen 1, 4 und 5 behandeln den Themenkreis *Pädagogik und Politik*. Sie betreffen den „Irrtum" des Bildungszieles Mündigkeit als im Zukunftsideal einer vollkommen von allen herkunftsbedingten Lebensverhältnissen befreiten Gesellschaft begreifen; den „Irrtum", die Schule könne Kinder „kritikfähig" machen, indem sie dazu erziehe, keine Vorgegebenheiten unbefragt gelten zu lassen; und den „Irrtum", die Schule hätte die Kinder anzuleiten, „ihre Interessen wahrzunehmen". Im Kern geht es bei diesen Thesen um die Beziehung von (pädagogischer) Autorität und (politischer) Autonomie. Die Thesen 2 und 3 betreffen den Kontext von *Pädagogik und Ethik*, den „Irrtum", Pädagogik habe die Kinder zu „ermuntern, Glücksansprüche" zu stellen, und den „Irrtum", die Sekundärtugenden des Fleißes, der Disziplin und der Ordnung seien nicht mehr angemessen. Die genannten Thesen betreffen gleichsam Fragen der Einstellung zur pädagogischen Autorität der Schule, das einzufordernde Benehmen und Anstrengungsethos. Im Gegenzug spielen Fragen zur Autorität in den Thesen 6 bis 9, in den behandelten Bereichen Chancengleichheit und Reform der Gesellschaft sowie „Verwissenschaftlichung" des Unterrichts und „Professionalisierung" von Lehre eine untergeordnete Rolle.

Es wäre nicht korrekt, den damaligen Rednern und Hauptakteuren des Bonner Forums eine homogene Meinung zuzuschreiben. Die Differenzen innerhalb des Forums kamen zum Ausdruck. Hartmut von Hentig (in Benner et al. 1978) meinte damals, er glaube, dass eigentlich alle Pädagogen erziehen wollen, der Aufruf nach mehr Mut zur Erziehung sei demzufolge besser von der Frage abzulösen: Mut zu *welcher* Erziehung?

Nun sind aber Reformbestrebungen Zeichen ihrer Zeit – so wie sich die Gesellschaft verändert, so kommt die Schule nicht darum herum, sich in einzelnen Aspekten selbst zu verändern. Erziehungsziele können nicht einfach politisch korrekt „erfunden" oder „phantasiert" werden. Das Bonner Forum wehrte sich aus heutiger Sicht sicher auch teilweise mit guten Gründen gegen problematische gesellschaftliche Entwicklungen, doch wie in anderen Debatten um Erziehung ging es auch dort letztlich nicht um Erziehung. Von Hentig: „Ich dachte, hier werde von ‚Erziehung' die Rede sein, und stattdessen geht es um eine Abrechnung mit einer bestimmten Bildungspolitik, die ja keineswegs nur von sozialdemokratischen Regierungen oder sozialliberalen Koalitionen gemacht worden ist, sondern von allen Kultusverwaltungen aller Länder in einem viel zu einmütigen Konzert (...). Ich sitze nun hier als einer, der die Reform mitgetragen hat. Aber unter den Kritiken, die gestern und heute vorgetragen worden sind, ist keine, die ich nicht auch geübt hatte – sehr ausdrücklich und schon seit vielen Jahren. Es gibt eben nicht ‚die' Reform, die dies alles falsch gemacht hat und deshalb mit Recht scheitert, sondern es gibt zahlreiche, z. T. einander widersprechende, z. T. notwendige, z. T. von niemandem gewollte Veränderungen, so dass die Frage, was falsch gemacht worden sei, nicht beantwortet werden kann mit: ‚Die Reform hat es falsch gemacht, hat uns dies alles eingetragen, und die Ideologien sind daran schuld' – und vieles andere, das wir – auch richtigerweise – gehört haben" (a.a.O., S. 92f.). Die Form der Thesen – *„Wir wenden uns gegen den Irrtum X. – in Wahrheit ist Y."* – diffamiert das scheinbar klare Anliegen im Grunde selber. Auf der anderen Seite besteht das Problem angemessen komplexer Argumentation darin, dass sie nicht oder nicht auf Anhieb von vielen Personen verstanden wird. Die Differenz zwischen guten und schlechten Argumenten fällt nicht mit der Differenz zwischen überzeugenden bzw. wirksamen und nicht überzeugenden bzw. wenig wirksamen Argumenten zusammen. Das mag im Einzelfall frustrierend sein, weil damit die für den Diskurs notwendige Sachlichkeit wenig wahrscheinlich ist. Typisch für unsachliche Argumentation ist es: 1. den mehr oder weniger realen bzw. fiktiven Gegner oder Andersdenkenden als homogene Gruppe zu fassen, 2. ihn in einem geeignet unsympathischen Vokabular Meinungen zu unterstellen, die wahrscheinlich nicht oder nicht so geäußert wurden – z.B. die oben erwähnten „Glücksansprüche", welche die Gegner in den Kindern stärken wollten (was im Grunde dann nur egoistische, selbstverliebte Kinder hervorbringt, die nicht mehr teilen oder solidarisch sein können ...) –, und 3. damit niedrige Motive zu unterstellen.

Das Bonner Forum und daran anschließende Debatten sind nur ein erstes Beispiel, wenn Fragen von Erziehung und Bildung, Schule und Unterricht vor allem in politisierten Lagern – im deutschsprachigen Raum meist „konservative" versus „progressive" Gruppen – behandelt werden, in welchen bestimmte Wörter oder Begrifflichkeiten – z.B. Autorität – automatisch einem Lager zugeordnet und damit emotionalisiert werden. Diese Problematik kommt freilich auch in der jüngeren „Debatte" um Bernhard Buebs *Lob der Disziplin* (2006) zum Ausdruck.

Lob der Disziplin (2006)

Ein Buch mit dem Titel *Lob der Disziplin. Eine Streitschrift* muss im deutschen Sprachraum für Wirbel sorgen. Das Buch von Bueb (2006) ist unter disziplinären Gesichtspunkten – gemeint sei die Erziehungswissenschaft – ein Ärgernis, weil es begrifflich so undiszipliniert verfasst ist, dass man wenig Lust hat, es ausführlich zu beschreiben oder zu kritisieren. Eingeräumt sei freilich, dass der Verfasser dieser erfolgreichen Schrift, die in Deutschland als Bestseller gelten darf, ein ehemaliger Internatsleiter ist, der sozusagen „aus der Praxis" und „für die Praxis" redet und weder an begrifflicher Schärfe noch wissenschaftlichen Konventionen interessiert ist. Auch Bueb fordert: „Wir brauchen wieder Mut zur Erziehung" (S. 13) – damit können die potentiellen Leser erneut in zwei Lager unterteilt werden. Auch Bueb rekurriert auf eine – empirisch ja meist haltlose, jedenfalls oftmals unberechtigte – Katastrophenrhetorik, die, wie es scheint, speziell in Deutschland beliebt zu sein scheint: „Der Bildungsnotstand in Deutschland ist Folge eines Erziehungsnotstandes. Kinder und Jugendliche werden heute nicht mehr aufgezogen, sondern wachsen einfach auf" (ebd.). Mut zur Erziehung heiße vor allem „Mut zur Disziplin", Disziplin sei aber „das ungeliebte Kind der Pädagogik, sie ist aber das Fundament aller Erziehung" (S. 17). Besonders problematisch wirkt die Aussage, dass man nicht weiter hinnehmen dürfe, „dass der Nationalsozialismus weiterhin unsere pädagogische Kultur beschädigt" (S. 12) – das Argument lautet, die heutige „Katastrophe" sei Folge der „Jugendrevolte nach 1968", die ihrerseits „ja nur Folge der deutschen Katastrophe" – des Nationalsozialismus – gewesen sei (ebd.). Die 68er haben letztlich zur Psychologisierung der Pädagogik ge- oder verführt, die fälschlicherweise als „Humanisierung der Erziehung" (S. 73) erlebt oder verstanden worden sei. Dadurch seien mangelnde Anstrengungsbereitschaft, Aggressionen und Konzentrationsstörungen allein noch psychologisch erklärt und problematische Erscheinungen nicht mehr moralisch gedeutet worden, was sozusagen das Ende der Pädagogik vorbereitet.

Natürlich weist Bueb auf viele pädagogisch bedeutsame Aspekte hin und seine Motive sind m. E. nicht zu kritisieren, allerdings ist der polemisierende Sprachgebrauch und sind die unangenehmen sloganhaften Übertreibungen – „Alle Macht den Eltern" (S. 47) – höchst bedenklich und man könnte an vielen Passagen aufzeigen, wie mit der „Wahrheit" noch immer am besten gelogen oder polemisiert wird. Und natürlich ist Bueb keineswegs der Grobian oder pädagogische Haudegen, zu welchem er von Kritikern hochstilisiert worden ist – so ist für ihn beispielsweise klar: „Nie darf ein Kind gedemütigt oder geschlagen werden" (als ob es Alexander Neill gesagt hätte ...; doch es fehlt ihm offenbar jeder Sinn dafür, dass Gehorsam, Autorität und Disziplin *ambivalente* Phänomene sind, die man nicht einfach gegen den Zeitgeist ohne Bedenken auf so einseitige Weise verteidigen kann. Sei dem wie es sei. Interessant ist vielmehr die schnelle Replik, die mit den von Micha Brumlik unter dem Titel *Vom Missbrauch der Disziplin. Antworten der Wissenschaft auf Bernhard Bueb* (2007) herausgegebenen Beiträge realisiert worden ist. In welchem Land außer Deutschland kann ein praktischer Pädagoge, der ein *schlechtes* Buch (!), aber eines, das sich gut verkauft, mit einem provozierenden Titel schreibt, in welchem er seine Erfahrungen weitergibt und sich gegen den von ihm als „psychologisiert" wahrgenommenen pädagogischen Zeitgeist wendet, damit rechnen, von prominenten Figuren der erziehungswissenschaftlichen Zunft gleich zahlreiche „Antworten der Wissenschaft" zu erhalten? Die Skandalisierung und Nervosität, die hier zum Ausdruck kam, kann als Indikator für die Schwierigkeit gedeutet werden, in Deutschland über Autorität und Disziplin in einem pädagogischen Sinn halbwegs gelassen öffentlich nachzudenken. In den lesenswerten Beiträgen erfährt man dann allerdings nicht gerade viel, was die *pädagogische* Sicht Buebs korrigierend und differenzierend hinsichtlich der Phänomene der Autorität und Disziplin aus *erziehungswissenschaftlicher* Sicht erhellen würde. Vielmehr widmen sich die meisten Analysen und Argumente mehr oder weniger direkt dem Nachweis, dass die Thesen des Verfassers der „Streitschrift" in die Nähe der NS-Ideologie zu rücken seien. Dieser Nachweis „gelingt" auch. Doch das ist auch nicht erstaunlich, denn wer die sogenannte „Disziplin" nur loben kann und will – und sei es streitschrift- und pamphlethaft –, den wird man schon an den „Missbrauch der Disziplin" durch das NS-Regime erinnern wollen. Doch die „unzweifelhaft reaktionären" Thesen des Verfassers und seine „bewusste oder unbewusste" Stellung in einer „männerbündischen", „letztlich frauenfeindlichen" Tradition (Brumlik 2007, S. 9; vgl. oben) sind sehr wahrscheinlich nicht der Grund für den Erfolg des Buches. Vielmehr ist der Erfolg m. E. Ausdruck dafür, dass es im deutschsprachigen Raum, freilich besonders in Deutschland, (immer noch) einem Tabubruch gleichkommt, wenn ein Praktiker – der sich in der Veröffentlichung selbst klar vom Nationalsozialismus distanziert – die pädagogische Bedeutung von Disziplin und Autorität hervorhebt (auch wenn ihm dies freilich nicht überzeugend gelingt). Nicht nur ist aber der hyperpolitisierte pädagogische Diskurs gerade politisch problematisch, sondern bedenklich ist auch, wenn die praktisch tätigen Pädagoginnen und Pädagogen über die Konzepte und die Bedeutung der Disziplin, die Differenz zwischen Disziplinierung und Disziplin, ihr Verhältnis zur Autorität und pädagogischen Führung von der Erziehungswissenschaft wenig bis nichts erwarten können, weil man sich dort abgewöhnt hat, über diese Phänomene, die den pädagogischen Alltag – wie jede/r weiß – maßgeblich bestimmen, nachzudenken.

Erziehung als Verhaltensmodifikation

Der pädagogische Diskurs der Moderne scheint dem verbreiteten und verständlichen Wunsch nach „effizienter" Erziehung wenig entgegenkommen zu können und zu wollen. Wenn die Pädagogik nicht helfen will, so hilft die Psychologie, scheint es. Effizient kann nur sein, wer sein Ziel und die Operatoren kennt, die vom Ausgangspunkt zum Ziel führen und wer die Fähigkeiten, das Wissen vorweisen und den Willen aufbringen kann, damit das Ziel in einem bestimmten Zeitrahmen auch erreicht werden kann. Gerade in ökonomisch schwierigen Zeiten ist Effizienz ein zentrales Kriterium für organisatorisches und administratives, aber auch politisches Handeln. Aus diesem Grund mag und muss sich auch das Schulsystem bzw. das Ausbildungswesen von Effizienzkriterien kritisch beleuchtet lassen. Vielleicht muss an manchem Ort mehr geleistet werden, vielleicht müssen auch Lehrpersonen und Schüler/innen mehr leisten. Das mag alles richtig und zu akzeptieren sein. Doch die pädagogische „Leistung" ist eben weniger „Leistung" als „Aufgabe".

Effizient ist „Super Nanny". Es war RTL-„Super Nanny"[16], Katharina Saalfrank, Sozialpädagogin und selber Mutter von vier Kindern, noch immer gelungen, gravierende Verhaltens- bzw. Erziehungsprobleme innerhalb einer Woche zu beheben. „Super Nanny" arbeitet systematisch und freundlich, aber sehr bestimmt; sie sucht nach Ursachen für die störenden Verhaltensweisen (wie häufiger Ungehorsam, unkontrollierte Wutanfälle, aggressives Verhalten), findet sie in ungünstigen familiären Interaktions- und Kommunikationsformen und legt alsbald die Einwirkungspunkte fest, an welchen knapp gehaltene, einfache Regeln konsequent implementiert werden sollen. Im Grunde „therapiert" „Super Nanny" weniger die Kinder als die Eltern. Diese müssen vor allem lernen, konsequent zu handeln und unproduktive oder gar destruktive Verhaltensweisen (z. B. schreien oder beschimpfen) zu unterlassen. Hält sich ein Kind nicht an die klargestellten Regeln, kriegt es eine „Auszeit", d. h. es muss auf den „stillen Stuhl". Die „Auszeit" der pädagogischen Gegenwart entspricht sozusagen der „Schäm-dich-Ecke" der Vergangenheit: der verhaltenstherapeutisch *psychologisierende* „time out-corner" hat den noch primär *moralisierenden* „shame-corner" ersetzt (vgl. Reichenbach & Maxwell 2007).

Die erfolgreiche Fernsehserie „Super Nanny" ist Ausdruck einer zugespitzten Form einer verhaltenstherapeutisch gefassten und wirksamen Erziehungstechnologie, die auch etwa durch die Elternschulungen des so genannten „Positive Parenting Programme" (Sanders 1999), kurz „Triple P" genannt, sehr bekannt und im psychopädagogischen Markt schon ein gehütetes und durch Lizenzen geschütztes Verkaufsprodukt geworden ist. Im „Triple P"-Ansatz wird davon ausgegangen, dass sich Eltern problematisches Erziehungsverhalten angewöhnt haben, welches kaum die erwünschten Wirkungen zeigt, für das Kind und die Eltern selbst belastend und deshalb zu

16 Die Sendung ist von RTL nach 22 Folgen mittlerweile eingestellt worden.

korrigieren ist. Außer Frage steht, dass „Triple P“ „wirksam“ ist, d. h. Eltern können durch verändertes Erziehungsverhalten das Verhalten der Kinder – zumindest der jüngeren Kinder – in die gewünschte Richtung beeinflussen: Das ist auch kaum erstaunlich, sondern seit jeher bekannt, erstaunlich ist vielmehr, dass eine hochentwickelte Kultur in Erziehungsfragen und -kompetenzen offenbar derart verunsichert ist, dass „Triple P“ überhaupt erfolgreich werden konnte. Das Programm basiert auf den Prinzipien 1. Gestaltung einer sicheren und interessanten Umgebung, 2. das Kind zum Lernen anregen, 3. konsequentes Verhalten, 4. angemessene Erwartungen an das Kind haben und 5. die eigenen Bedürfnisse nicht vernachlässigen. Gegen diese Prinzipien kann auch kein vernünftiger Mensch etwas einzuwenden haben. Die Kritik an „Triple P“ bezieht sich denn vielmehr auf die konkrete Anwendung, insbesondere die insgesamt doch rigide erscheinenden Handlungsanweisungen (an die Eltern und der „geschulten“ Eltern an ihre Kinder).

Zum Wesen einer effizienten und effektiven Verhaltensmodifikation gehört, dass sie konsequent sein muss. Dieser Aspekt scheint unproblematisch zu sein. Die Frage, die sich vielmehr stellt, ist, ob Erziehung *mehr* ist als Verhaltensmodifikation. Aus der o. g. pädagogischen Tradition ist die Frage leicht zu beantworten: Erziehung ist wesentlich mehr – der technologische Aspekt der Verhaltensmodifikation entspricht bloß der fundamentalen, wenn auch leicht vernachlässigten, da verunglimpften Aufgabe der sogenannten *Disziplinierung*, ohne welche eine gehaltvolle Erziehung (aber auch etwa Unterricht) gar nicht stattfinden kann: Herstellung einer gewissen Ordnung, welche für das Kind Vorhersagbarkeit und Sicherheit ermöglicht, d. h. eine Sicherung der *Verhaltens*voraussetzungen der Interaktionen zwischen Eltern und Kind bzw. Lehrperson und Schüler/innen u. a. Doch eine Verkürzung der Erziehung auf Verhaltensmodifikation ist, wie schon erläutert, pädagogisch nicht erwünscht und ethisch fragwürdig. Modernetaugliche Erziehungspraktiken leiden eben nicht primär unter einem „Technologie*defizit*“, sondern unterliegen vielmehr in wesentlichen Teilen einem „Technologie*verbot*“ (vgl. Benner 1979): Eine Erziehung, die das Kind zu hundert Prozent so formen könnte, wie es den Erziehern gerade passt, wäre auch unter der Voraussetzung, dass es so die nobelsten moralischen Ziele erreichen würde, unmenschlich.

4.4 „Echte", „gesunde" und „ideale" Autorität?

Der Versuch, die Problematik und die Ambivalenz der pädagogischen Autorität – oder auch von Disziplin (vgl. oben) – dadurch zu lösen, dass zwischen guten und schlechten Formen, gesunden und kranken oder echten und falschen Formen von Autorität klar unterschieden werden solle, wirkt auf den ersten Blick sympathisch, lösungsorientiert und notwendig. Allerdings zeigt sich früher oder später, dass die Problematik dadurch nicht entschärft werden konnte, dass die scheinbare „Lösung" vielmehr mit der Verführungskraft der Sprache bzw. der „guten" und „schlechten" Wörter zu tun hat. Die pädagogischen Debatten scheinen diesen Verführungen kaum widerstehen zu können. Auch scheint es, dass manche der Debatten ganz unnötig sind und im Grunde oft keine großen Unterschiede bei der Bewertung konkreter Praxis implizieren – die manchmal gar nicht mehr zu interessieren scheint –, sondern eher die präferierten pädagogischen Vokabulare strittig sind, mit welchen über Praxis geredet und nachgedacht wird. So mögen manche lieber „begleiten" statt „führen", so begleiten sie eben und führen weniger – die Frage ist tatsächlich letztlich, was konkret getan wird, wenn „begleitet" und nicht „geführt", oder „geführt", aber nicht „begleitet" wird: wie *zeigt* sich dies auf der Schulreise, im Biologieunterricht, in der Suchtprävention …?

Pädagogisch korrekte Sprache?

Israel Scheffler (1971) hat behauptet, dass sich die pädagogische Sprache in drei Unterarten erschöpfe, namentlich in Definitionen, Slogans und Metaphern. Insbesondere die pädagogischen Slogans mit ihren emotionalen Konnotationsfeldern („loaded language") und ihren Überredungsdefinitionen („persuasive definitions") hilft beispielsweise, die etwas biedere bzw. konservative Sprache der Tugend durch eine sich gerne progressiv verstehende kompetenz- und lerntheoretische Sprache zu ersetzen (vgl. Reichenbach 2004). So ist denn gerne vom „aktiven" Lernen, vom „offenen" Lernen, vom „entdeckenden Lernen", vom „ganzheitlichen" Lernen, vom „kooperativen" Lernen, vom „selbsttätigen" und „eigenständigen" Lernen die Rede, davon, dass „Lernarrangements begleitet" und „Lernumwelten kreiert" werden müssen, dass Lernen „Spaß" machen soll, die Schüler „intrinsisch" statt „extrinsisch" motiviert sein sollten, und die Ansammlungen von Einzelindividuen in schulischen Zwangsverbänden heißen „Schulgemeinschaften" und „Klassengemeinschaften", dies in zunehmend „autonomen" Schulen, die sich „selbständig" ihrer „Innovation", „Evaluation" und „Supervision" widmen.

Was dieses Vokabular, über welches man sich nicht aufzuregen braucht, zu kaschieren versucht, scheint der „problematische" Kern des Pädagogischen sein, namentlich die asymmetrische und rollenkomplementäre Struktur der pädagogischen Beziehung im Unterricht und in der Erziehung. „Verdeckt" wird die zu verantwortende Autorität, welche, wie alle wissen, die im pädagogischen Feld tätig sind, ja kein Übel, sondern eher eine Notwendigkeit darstellt. Mit den politisch-korrekten, an symmetrische Kommunikation erinnernden Vokabularien wird keine Wirklichkeit beschrieben, sondern vielmehr verschleiert, so scheint es. Eine Mehrzahl der pädagogischen Slogans und der entsprechende Metapherngebrauch steht im Dienste der „Beschreibung" der prinzipiell *asymmetrischen* und *rollenkomplementären* Beziehung mit *symmetrischen* Vokabularien: So hat Erziehung und Unterricht „demokratisch", „partnerschaftlich", „gleichberechtigt" und „gemeinsam" zu sein. Mit der Symmetrisierung der Beschreibungen wird das Verständnis der pädagogischen Beziehung und das damit verbundene Machtverhältnis subtilisiert. Die soziale Differenz und Distanz (inferiore und superiore Positionen der Beziehungen) werden auf der Beschreibungs- und Betrachtungsebene (so gut es geht) nivelliert: so werden z. B. aus „Untergebenen" „Mitarbeiter" und zwischen Lehrer/innen und Schüler/innen kommt es zu „Lernpartnerschaften", in denen „Lernverträge" abgeschlossen werden etc. Die politisch und pädagogisch korrekte *deskriptive Devianz* fördert – als Pseudoegalität – notgedrungen Pseudopartizipation, Pseudoverhandlungen und Pseudoeinigungen. Damit ist man weit davon entfernt zu verstehen, was Kopperschmidt gemeint hat mit seiner Bemerkung: „Wer gehorchen *muss, kann* nicht zustimmen, wer befehlen *kann, muss* nicht auf Argumente hören ..." (Kopperschmidt 1980, S. 104; kursiv R. R.).

Pädagogik will „verbessern" und muss in Anspruch nehmen, „besser zu wissen", auch was das „Verbessern" selbst betrifft. Beladen mit dem jüdisch-christlichen Erbe, weiß Pädagogik, dass verbessern heißt: sich interessieren, sich engagieren, involviert sein, intervenieren, transformieren. Ein pädagogisch-sinnvolles Leben bemüht sich so stets *aktiv* um die Verringerung des Bösen, des Unrechts und des Elends. Nur auf dieser religiösen Grundlage, ohne welche moderne Moral kaum denkbar ist – ob sich die Stimme Gottes nun im kategorischen Imperativ säkularisiert oder in einem anderen obersten Moralprinzip –, kann es zu der *von konkreten Inhalten, Zwecken* oder *Zielen völlig unabhängigen Bewertung* kommen, wonach ‚aktiv sein' prinzipiell gut sein soll, ‚passiv sein' aber fast immer schlecht, ‚engagiert sein' und ‚involviert sein' prinzipiell gut, ‚desengagiert sein' aber schlecht, ‚offen-transformativ sein' immer gut, ‚bewahrend-konservierend' eher schlecht, ‚Veränderung' gut, ‚Stagnation' schlecht.

So findet man den zeitgenössischen pädagogischen Diskurs – aber natürlich längst nicht nur ihn – voller Aktivismus-Rhetorik: *aktives* Lernen (und Leben) ist gut. Aber auch *offenes* Lernen ist gut, *gemeinschaftliches* und *ganzheitliches* ebenso, heute vor allem auch *nachhaltiges* Lernen. Mit der Kombination, nämlich mit dem „aktiven, offenen, ganzheitlichen, gemeinschaftlichen und nachhaltigen Lernen" kann man bildungspolitisch und pädagogisch überzeugen.

Es sei kurz beim *aktiven* Lernen verblieben. Pädagogen, aber auch Erziehungs*wissenschaftler* klären darüber auf, dass wir am *eigenen* Lernen *aktiv* beteiligt sein sollen (wenn möglich freiwillig, und/oder aus eigener Betroffenheit heraus, und/oder aus Einsicht und Verantwortung). Heid (2002, S. 103) mokierte sich mit einigem Recht über solche Rede und zitiert einschlägige Autoren (deren Namen hier nicht interessieren sollen), nach welchen „Kinder (...) dann mit der größten Wahrscheinlichkeit produktiv sind, wenn sie aktiv an ihrem eigenen Lernprozess beteiligt sind", oder die wissen, dass „der Lernende im Mittelpunkt des Lernprozesses" stehe, oder nach welchen Lernen „ohne Beteiligung des Selbst nicht vorstellbar" ist, oder die auch wissen, dass „gelungenes Lernen die aktive Beteiligung des Lernenden voraussetzt". Solche Aussagen vergleicht Heid mit der folgenden: „Gelungenes Trinken setzt voraus, dass der Trinkende sich an seinem Trinken beteiligt" (ebd.).

Was wissen wir also, wenn wir „wissen", dass wir ‚verschlossene' (?), ‚einsame' (?), ‚unfreiwillige' (?), ‚unbeteiligte' (?) und ‚sinnlose' (?) Lernprozesse ablehnen? Die Vermutung liegt nahe, dass es nicht gerade viel ist. Vielleicht hat eine politisch korrekte Pädagogik ohne Überredungsadjektive wie ‚aktiv', ‚offen', ‚gemeinsam', ‚ganzheitlich', ‚innovativ', ‚konstruktiv', ‚konstruktivistisch' etc. kaum noch etwas zu sagen. Ihre Suggestionskraft bezieht sie denn auch bloß aus der durchgängigen, begriffsanalytischen Vernachlässigung des jeweiligen Konterparts der *kontrastiven* Begrifflichkeit (aktiv-*passiv*, offen-*geschlossen*, gemeinsam-*allein*, ganzheitlich-*fragmentiert*). Die bloß suggerierten und dadurch diffamierten, aber nicht untersuchten Kontraste würden ja auch nur allzu schnell offenlegen, wie empirisch gehaltlos diese scheinbar pädagogische Rede ist. Nichtsdestotrotz ist sie rhetorisch-politisch wirksam, und das ist nicht wenig.

Aktiv sein ist gut, engagiert sein, beteiligt sein auch – im moralischen und pädagogischen Bereich jedenfalls immer. Die Frage aber, *wohin* denn der moralisch geforderte Aktivismus, Interventionismus und Transformatismus führe oder führen soll, welche *Ziele* er eigentlich verfolge, welches *Nebenwirkungen* sein könnten, interessiert erstaunlich wenig und ist offensichtlich auch zweitrangig. Ist dies ein Ausdruck einer fundamentalistischen Weise, das Wissen (um Aktivität, zum Beispiel) zu besitzen, Ausdruck einer pädagogischen Orthodoxie der Gegenwart bzw. einer gegenwartszentristischen Pädagogik? Doch wenn dem so ist: Warum eigentlich den Glauben an das Gute aufgeben, wenn man es doch *so gut* kennt? Warum der Schönheit des edlen Kampfes entsagen, wenn man die Waffe der moralischen Irritationslosigkeit besitzt? *„We are guided by the beauty of our weapons"* (L. Cohen), und gibt es eine schönere Waffe im pädagogischen Kampf gegen Indifferenz, Apathie und Zynismus als der Imperativ für Engagement, Aktivismus und Intervention?

Bisher ist man in demokratischen Zeiten gut gefahren mit der Sichtweise, dass gesellschaftlich bedeutsame Konzepte strittig sind. Zu denken sei an den Begriff der ‚Demokratie' selbst, an ‚Recht', ‚Gerechtigkeit', ‚Liebe', ‚Gemeinschaft', ‚gutes Leben', ‚moralische Pflicht' und auch ‚Erziehung' und ‚Bildung'. Es gibt Grund für die Annahmen, 1. dass es wichtig sein könnte, diesen Streit in demokratischen Lebenslagen fortzuführen, 2. dass es manchmal vor allem darum geht, gesittet, d. h. gewaltfrei, mit Dissens zu leben, und nicht darum, unbedingt einen Konsens zu erzwingen, ja 3. dass der Wunsch nach Konsens mitunter eine destruktive Kraft darstellt, und vor allem 4. dass ‚strittig' nicht ‚schwammig' heißt und auch nicht ‚subjektiv', kurz: dass wir in kohärenter argumentativer Manier streiten können. Doch leider scheint die besagte Strittigkeit de facto eine schnell verfügbare Rechtfertigung für „schwammigen" Subjektivismus darzustellen und damit auch einen fruchtbaren Boden für Diffamation und Überredung.

Diffamierte Wörter, Überredungsbegriffe und die Transformation der Vokabularien

So manch pädagogischer Diskurs lebt von der manichäischen Trennung zwischen ‚guten' und ‚bösen' Wörtern (und den damit korrespondierenden Vorstellungen und Konnotationsfeldern). Zu den ‚bösen' Wörtern gehören im deutschen Sprachraum sicherlich ‚Autorität', ‚Gehorsam', ‚Macht', ‚Disziplin', ‚Strafe', ‚Frontalunterricht', teilweise auch etwa ‚Tugend', manchmal auch ‚Leistung', ‚Üben' und für viele Pädagoginnen und Pädagogen selbst ‚Erziehung'. „Gute" Erziehung ist keine „typische" Erziehung, „gute" Lehrer sind keine „typischen" Lehrer. Treffend schrieb Schirlbauer (1996): „Es gehört zur Pathologie des Lehrers, dass er nicht lehrerhaft sein will. Keinem Anwalt oder Richter fiele es ein, sein Anwalt- oder Richtersein zu verleugnen oder zu kaschieren. Keinem Arzt käme es in den Sinn, den Habitus des Mediziners zu vertuschen. Auch der Ingenieur hat mit seiner Berufsrolle kaum nennenswerte Probleme – der Lehrer schon. Vor allem möchte er nicht lehrerhaft erscheinen. Nicht in der Öffentlichkeit, aber – und das macht stutzig – auch nicht am Ort seiner Profession" (S. 71).

Die diffamierten Wörter müssen durch mehr oder weniger raffinierte Begriffsvermeidungsstrategien umschifft werden, es sei denn, sie leisten gerade nützliche Dienste zur Beschreibung des pädagogischen Denkens oder Handelns der (meist ja nur halluzinierten) Gegner. Doch für die eigene Position gilt: Kann auf ein Erziehungskonzept nicht verzichtet werden, so wird es in ein Vokabular gefasst, das die Asymmetrie und Rollenkomplementarität des erzieherischen Verhältnisses vertuscht. Lehrerinnen und Lehrer wurden so an mancher Stelle zu *„facilitators of learning"* (Rogers & Freiberg 1993), zu „Begleitern von Lernprozessen", „Gestaltern von Lernarrangements", Schüler/innen wurden zu „Kunden", Eltern-Kind-Beziehungen primär als „Partnerschaften" und „Freundschaften" gesehen, und freilich heißen die „Untergebenen" dann „Mitarbeiterinnen" und „Mitarbeiter". Mit diesen, Symmetrie zwischen den Beteiligten vorgaukelnden Bezeichnungen für diffamiertes ‚Altes' gehen Versprechungen und Hoffnungen einher, die naturgemäß nicht eingehalten werden können bzw. enttäuscht werden müssen. Die dahinter liegenden pädagogischen Phänomene verlieren ihre Grundstruktur ja nicht mit den nun allein noch zugelassenen ‚guten' Wörtern, vielmehr werden diese Phänomene in ihrer Machtförmigkeit subtilisiert. Subtilisierung ist Zementierung.

So mündet der Versuch, die sogenannte pädagogische Antinomie zwischen Zwang und Freiheit – der Widerspruch aller modernen Autonomiepädagogik und der tiefere Grund dafür, warum auch pädagogische Autorität ein ambivalentes Phänomen darstellt – zu überwinden, regelmäßig in pädagogischen *Kitsch* bzw. pädagogische *Ideologie,* zumindest führt er zu einem ‚monistischen' Metapherngebrauch (welcher als das gemeinsame Merkmal von Kitsch und Ideologie betrachtet werden kann [vgl. Reichenbach 2003]). Kants bekannte Frage zur pädagogischen Antinomie – „Wie kultiviere ich die Freiheit bei dem Zwange?" – lässt sich eben weder in der konkreten Erziehungssituation noch in allgemeinem theoretischen Sinne reibungs- und widerspruchslos, zumindest also nicht ohne heikle Gewichtsetzungen beantworten. Die *vermeintliche* ‚Überwindung' des Widerspruchs wird ermöglicht durch 1. *einseitigen Metapherngebrauch* (z. B. mit der Wachstumsmetapher), 2. *Emotionalisierung des Vokabulars* (Verwendung von Überredungsbegriffen) und, damit verbunden, 3. *hypertrophen Distinktionen* zwischen ‚guten' und ‚bösen' pädagogischen Akteuren.

Überredungs*definitionen (persuasive definitions)* sind Definitionen, die weniger bestimmen, eingrenzen und klären (was ihre Aufgabe wäre), als vielmehr mit emotional aufgeladenen Wörtern zu ‚überzeugen‘ trachten und so auf mehr oder weniger direkte, mehr oder weniger polemische Weise Eindeutigkeiten erzeugen, d. h. es handelt sich um Versuche, die Einstellungen und Gefühle der Adressaten in bestimmter Hinsicht zu bearbeiten und zu dirigieren. In Überredungsdefinitionen kommt die Kraft der ‚guten‘ und der ‚bösen‘ Wörter erst richtig zur Geltung. Je eindeutiger die emotionale Geladenheit der Wörter (sei es im positiven oder negativen Sinn), je mehr also das Pädagogenherz ergriffen oder aber abgestoßen ist, desto schwerer mag es ihm fallen, den strategischen Gebrauch der Sprache überhaupt noch zu erkennen. Vielmehr meint es dann wahrscheinlich, mit der moralischen Wirklichkeit und Wahrheit in ganz besonders engem Kontakt zu stehen.

Dass Überredungsdefinitionen oft unauffällig daherkommen, gehört zu ihrer Variabilität und Stärke. Wenn beispielsweise Alternativ- und Privatschulen dadurch definiert werden, dass in ihnen – scheinbar im Unterschied zu anderen, z. B. öffentlichen Schulen – die „Achtung vor der Persönlichkeit der Schülerinnen und Schüler im Zentrum steht“, oder wenn möglichst wenig „extrinsische“ Motive, dafür aber um so mehr „intrinsische“ Motive gestärkt, gefördert bzw. befriedigt oder wenn Schulen als „embryonale Gesellschaften“ verstanden, Kinder schlicht als „anders“ begriffen werden sollen (und so weiter und so fort), dann handelt es sich im besten Fall um pädagogische *Slogans*, die einerseits oft eine hohe Zustimmungsrate erheischen, andererseits aber definitorisch überhaupt nichts bedeuten außer eben, dass sie als Pseudodefinitionen Überredungskraft besitzen.

Eigentlich könnte man ja wissen, dass wenn alle mit dem Kopf nicken, etwas mit dem Denken nicht stimmen kann. Wenn ein Körnchen Wahrheit im Zitat von Max Planck stecken sollte – „Es gibt Dinge, über die man sich einigen kann, und wichtige Dinge“ –, dann hätten wir Anlass, die pädagogischen Plattitüden zu hinterfragen, wonach beispielsweise Lernen ‚Spaß‘ machen *soll*, wonach ‚intrinsische‘ Motivation pädagogisch wertvoller oder wünschenswerter sei als ‚extrinsische‘ Motivation, ‚aktives‘ Lernen besser als ‚passives‘ (von welchem wir nicht wissen, was es ist), oder wonach es immer auch auf „Ganzheitlichkeit“ ankomme, auf „niederlagenlose“ Methoden des Konfliktlösens, auf „offene“ Lernprozesse, auf „selbständiges“ Lernen und auf einen „demokratischen“ Erziehungsstil und eine „handlungsorientierte“ Didaktik.

Die politisch korrekten Überredungsbegriffe begleiten einen auf Schritt und Tritt, sie sind die treuesten Partner des pädagogischen Besserwissens, die fidelen Begleiter der Kritik ohne die Mühe der Reflexion, der Moral ohne die Übel des Zweifels und der Irritation.

Bedeutsame Transformationen der Vokabulare haben das pädagogische Denken in den letzten Jahrzehnten geprägt und damit auch den Blick auf die pädagogische Wirklichkeit verändert. Vokabulare verändern heißt, Deutungsmuster verändern, und dies wiederum heißt, die Dinge anders gewichten, was seinerseits heißt, zu anderem Handeln und Reagieren aufzufordern. Pädagogisch bedeutsame Transformationen der Vokabulare und in den Vokabularien scheinen u. a. zu sein:

- die Transformation der Sprache der *Tugenden* in die Sprache der *Kompetenzen,*
- die Transformation der *moralischen* Sprache in die *psychologische* Sprache,
- die Transformation der Sprache des *Handelns* (des handelnden Subjekts) in die Sprache des *Verhaltens* (des sich verhaltenden Bedürfniswesens).

Es ist natürlich richtig: mit dem Begriff der Tugend läuft man Gefahr, politisch festgelegt zu werden. Doch dass der Begriff der Tugend in konservativen und neo-konservativen Diskursen in den letzten Jahren wiederum eine Konjunktur erfahren hat, sollte nicht darüber hinwegtäuschen, dass er erstens weder parteipolitisch noch in Bezug auf Wertorientierungen festgelegt und zweitens zu wichtig ist, als dass er nur *einer* politischen Grundorientierung überlassen werden sollte. Allerdings ist nicht zu übersehen, dass der Begriff der Tugend, wird mit ihm ausschließlich auf instrumentale und funktionale Dispositionen (Sparsamkeit, Ordnungsliebe, Fleiß, Pünktlichkeit etc.) rekurriert, zu Recht devaluiert worden ist.

Für die pädagogische Interpretation und Alltagsdiagnostik gravierender erscheinen die Transformationen von der moralischen in die psychologische Sprache, weil kaum plausibel erscheint, wie ohne moralische Adressierung „Autonomie" (bzw. die für das Rechtssystem, Moralsystem und Erziehungssystem notwendige *Illusion* der Autonomie) entstehen kann. Autonomie als kontrafaktische Selbstunterstellung (basale ‚Als-ob-Struktur') wird kaum als das Resultat gelingender Bedürfnisbefriedigung betrachtet werden können (wiewohl ein diesbezüglicher Mangel immer hinderlich sein mag). Ob also die Entwicklung eigenverantwortlichen Handelns ohne „moralische Adressierung" des Kindes gedacht werden kann, ob ohne „Emanzipations-" bzw. „Befreiungspraxis" des Jugendlichen Selbstachtung aufgebaut werden kann, bleibt zumindest fraglich. Wer „Lausbube" sagt, moralisiert, doch wer „verhaltensauffällig" sagt, pathologisiert. So kann vielleicht und durchaus mit gutem Grund bemerkt werden: Nicht alle „Schlitzohren" sind „milieugeschädigt", nicht alle „Zappelphilipps" sind „POS-Kinder", „ADS-Kinder" oder „hyperaktiv". Auch wenn die psycho(patho)logische Diagnostik immer wieder nötig und die konkrete Diagnose valide und bedeutsam ist, der wesentliche Unterschied bleibt bestehen: Moralisierung (auch als lästige Erziehungskommunikation) *unterstellt Willens- und Handlungsfreiheit,* und sie stellt so ein *Konstituens pädagogischer Interpretation* dar; diese Unterstellung ist aber gerade weder Anlass noch meist Resultat psychologischen Verstehens und Diagnostizierens. Pädagogik ohne explizit moralisches Vokabular entwickelt zwar mitunter ein psychologisch motiviertes Ethos (etwa in ihrem Rekurs auf humanistische Psychologie), und ist allein schon diesbezüglich keineswegs „moralfrei", dennoch liegt ihre Überzeugungskraft sicher auch gerade im Kultivieren der in modernen Lebenslagen weitverbreiteten Selbsttäuschung einer Freiheit *von* Moral. Dieser unreflektierte Post-Moralismus im psycho-pädagogischen Feld bezieht seinen *imperativisch* anmutenden Impetus freilich gerade aus dem *implizit moralisch eingeforderten Recht* zur Bedürfnisbefriedigung.

Die oben angedeutete „Aktivitis" bezieht sich nur scheinbar auf die Idee eines *handelnden* Subjektes in einem starken Sinne, das seine Freiheit praktiziert und dieselbe zu verantworten hat bzw. lernt oder lernen soll, für dieselbe Verantwortung zu übernehmen. Vielmehr scheint, wer die ‚Eigenaktivität' zu einem Hauptkriterium pädagogischer Qualität erhebt, einen Begriff von Handeln zu favorisieren, der mit solcher Freiheitspraxis, die immer eine heikle und paradoxerweise meist ‚unfreiwillige' *Tätigkeit* und keineswegs ein *Geschehen* darstellt, nicht das Geringste zu tun hat (‚Freiheit' *als* Bedürfnisbefriedigung). Wiewohl die Befriedigung von primären Bedürfnissen lebenszentral und die Befriedigung von sekundären Bedürfnissen kulturell und natürlich auch pädagogisch überaus bedeutsam und Ursache für den Großteil der ‚Aktivitäten' des menschlichen Lebens und Zusammenlebens ist, erscheint es doch prekär oder zumindest sehr ungenau zu sein, entsprechendes *Verhalten* (das wir ja auch mit Meerschweinchen, Zaunkönigen und Nilpferden gemeinsam haben) mit *Handeln* als einer zu verantwortenden Freiheitspraxis gleichzusetzen. Dass Freiheitspraxis immer störend sein könnte, oft gerade gewählt wird, *weil* die Bedürfnisse nicht immer befriedigt werden können oder gerade *bewirkt,* dass dieselben nicht befriedigt werden können, dass also Freiheit eher eine „wilde Pflanze" darstellt (Alain Touraine) als ein nettes Pflänzchen im häuslichen Topf, welches es zu hegen und pflegen gilt, mag manchem Pädagogenherz sein Leben lang verschlossen bleiben, und damit auch der Umstand, dass der Pädagoge Freiheits*praxis* nicht lehren kann.

Das Feld der ‚einheimischen Begriffe' der Pädagogik erfährt und provoziert – also durchaus selbstverschuldet, sofern man hier von Schuld sprechen darf – zur Zeit ‚Intrusionen' des ökonomischen, des psychologischen und des psycho-ökonomischen Vokabulars. Bekanntlich reden wir heute beispielsweise von „Investition" in die Bildung, „Investition" in die Zukunft unserer Kinder, „Investition" in die Beziehung. Das kräftige Input-Output-Schema (Investition – Ertrag, Aufwand – Ergebnis etc.) lässt selbst das Erziehungsverhältnis als Tauschverhältnis begreifen, von „Lernverträgen" und selbst „Erziehungsverträgen" ist die Rede. Im „Gefühlshaushalt" finden wir die Vereinigung der Vokabulare zum *psycho-ökonomischen* Denken, dem Haushalten mit psychischer Energie, psychischen Ressourcen, und können entsprechend fragen „Was *bringt* mir diese Beziehung noch?", wenn wir etwa befürchten, dass die „Input-Output-Bilanz" dieser Beziehung einfach nicht mehr stimmt, dass wir zuviel psychische Energie verbrauchen, zuviel Gefühl investieren und so im Grunde unsere Psycho*ökologie* verschmutzen.

Zur pädagogischen Bildung gehört die Sensibilität für ihre Sprachlichkeit und Sprachanfälligkeit. Zum einen geht es um die Entwicklung eines ganzen *Repertoires* an pädagogischen Vokabularien, darum, lieber vielfältiger als einfältig-eindeutiger Pädagoge zu sein. Zum anderen geht damit die Entwicklung eines Sensoriums für die Differenzen der pädagogischen und nichtpädagogischen Sprachspiele einher, für ihre jeweiligen ‚blinden Flecken' und Fokussierungen, ihre strategischen Figur-Hintergrund-Manöver im politisch korrekten und politisch inkorrekten Raum. Dies ist gleichbedeutend mit der Aussage, wonach pädagogische Bildung einerseits das Verständnis für die unterschiedlichen Moralen bezeichnet, die mit unterschiedlichem Wortgebrauch einhergehen, und andererseits die Entwicklung der Motivation zum „Kampf" um die angemessene Sprache zur Beschreibung des pädagogischen Verhältnisses und der jeweiligen Situation in pädagogischer Hinsicht.

5

Die empirische Erforschung der Autorität

„Aus all den (...) Überlegungen folgt,
dass Autorität weder eindeutig fassbar
noch vermeidbar ist, dass sie fiktional und grundlos,
aber zugleich wirksam und notwendig ist.“
Michael Wimmer (2009, S. 116)

Das Thema der pädagogischen Autorität ist schon während und dann aber nach und in Folge des zweiten Weltkrieges vor allem als sogenannte Erziehungsstilforschung etwa durch Kurt Lewin und seine Mitarbeitenden vorangetrieben worden. Gleichzeitig interessierte die Frage nach der „autoritären Persönlichkeit“ (Adorno 1973), die auch heute noch vereinzelt empirisch befragt wird (vgl. Seipel & Rippl 1999). Neben diesen beiden bekannten und äußerst relevanten Forschungszentrierungen ergeben sich m. E. mindestens acht weitere Interessen- und Untersuchungsstränge, mit welchen sich die Forschungsbemühungen zur *pädagogischen* Autorität untergliedern lassen.

1. Zum einen sind relevante Veröffentlichungen zu vermerken, die sich der *pädagogischen Führung* unter *handlungspraktischer Perspektive* widmen, mitunter leider eher als Ratgeberliteratur und/oder pamphlethaft (vgl. z. B. Apel 2002; Beer 1995; Bessoth 2003a & 2003b; Bönner o. J.: Brühlmeier 1993; von Heymann 1986; Rock 1995; Smolka 2000).
2. Davon zu unterscheiden, wiewohl verwandt, ist die Literatur zur *Unterrichtsforschung,* sofern sie den Unterrichts-, Erziehungs- und/oder Kommunikationsstil von Lehrpersonen und das sogenannte *Classroom management* betrifft (vgl. z. B. Bennett 1976; Cerda & Assaél 1998; Furlán 1998a & 1998b; Hinsch, Jürgens & Steinhorst 1980; Kansteiner-Schänzlin 2003; Levinson 1998; Mintrop 1996; Ruiz 1998; Reinhardt 1987).
3. Eine weitere Forschungsausrichtung betrifft *allgemeine* theoretische, aber auch empirische *Untersuchungen,* die das Thema der pädagogischen Autorität weit über Fragen der konkreten schulischen Klassenführung hinaus bearbeiten, als Konstituens erzieherischer Tätigkeit (vgl. z. B. Bohnsack 1995; Frei 2003; Geißler & Solzbacher 1992; Geißler & Wollersheim 1991; Heiland 1971; Kerschensteiner 1924; Meirieu 2005; Neill 1996; Nohl 1935; Schott 2003; Volmer 1990; Weber 1974).
4. Der pädagogische Diskurs konnte/könnte auch von primär *soziologischen* Analysen zur Autorität, mitunter einschlägigen Gesellschaftsanalysen, profitieren (vgl. z. B. Hartfiel 1970; Popitz 1986; Seipel & Rippl 1999; Sennett 1985; Sofsky & Paris 1994). Allerdings ist hier der Übergang zu sozialpsychologischen und psychologischen Interpretationen teilweise fließend.
5. So ist weiter das Feld der *psychologischen* und *psychoanalytischen* Autoritätsforschungen zu nennen, wiewohl auch hier Überlappungen zu anderen (disziplinären) Forschungszugängen festgestellt werden können (vgl. z. B. deMaude 1974/1992; Gruen 2002; Seipel & Rippl 1999).
6. Von anderen Zugängen deutlicher abzugrenzen sind *erziehungsgeschichtliche* Analysen zur Autorität bzw. zum erzieherischen Verhältnis (vgl. z. B. deMaude 1974/1992; Hinrichs 1996; Horn 1999; Pohlmann 1999; Pongratz 1995; Ritzi 1999; Schmitt 1999).
7. Davon wiederum zu unterscheiden sind *begriffsgeschichtliche* und *systematische* Analysen und Rekonstruktionen (vgl. z. B. Helmer & Kemper 2004; Lüdemann 2009; Schäfer & Thompson 2009; Wimmer 2009).
8. Schließlich sind *philosophische* Studien zu Fragen der Autorität zu erwähnen und von den anderen Zugängen zu unterscheiden, die den pädagogischen Diskurs in vielerlei Hinsicht geprägt haben (vgl. z. B. Arendt 1994, 1995; Krämer 1993; Raatzsch 2007; Renault 2004; Revault d'Allonnes 2005; Schäfer & Thompson 2009; Schütz 1971; Wimmer 2009).

Im Folgenden wird auf die Autoritarismusforschung nach 1945 eingegangen (5.1), die Erziehungsstilforschung kommentiert (5.2), die Bedeutung der Klassenführung erörtert (5.3) und eine entwicklungspädagogische Perspektive eingenommen, die danach fragt, wie sich die Vorstellung von Autorität beim Kind entwickelt (5.4). Abschliessend sei in einem zweiten Exkurs, der zur Generierung von Hypothesen inspirierte, auf einen kulturellen Vergleich zwischen der Autorität in französischen und deutschen Schulen hingewiesen.

5.1 Die Autoritarismusforschung nach 1945

„Autoritarismus" ist ein Sammelbegriff für Einstellungen, die als antidemokratisch oder auch faschistisch gelten. Die Begrifflichkeit „autoritärer Charakter" bzw. „autoritäre Persönlichkeit" wurde insbesondere von Adorno und Mitarbeitern (Adorno, Frenkel-Brunswik, Levinson & Sanford 1950; Adorno 1973) eingeführt, um die tiefere Ursache und Pathologie zu bezeichnen, die nach den Autoren für die autoritäre Diktatur verantwortlich ist, namentlich die durch ungünstige Sozialisation, allen voran Erziehungseinflüsse in der frühen Kindheit entstandenen bzw. hervorgehobenen oder bekräftigten Persönlichkeitszüge insbesondere des Konventionalismus, der Unterwürfigkeit, der Aggression gegen Andersartigkeit und Herabsetzen der Andersdenkenden. Die Entstehung des „Syndroms" der „autoritären Disposition" wird primär als „Folge einer emotional kalten, extrem rationalistischen Beziehung zu einem dominierenden Vater gesehen" (Seipel & Rippl 1999, S. 189).

Die psychoanalytische Erklärung der Entwicklung der autoritären Persönlichkeit kann etwa so zusammengefasst werden: Die kindlichen Hassgefühle gegenüber den dominierenden und kalten Eltern, insbesondere dem Vater, können vom Kind nicht ausgedrückt oder ausgelebt werden, weil dies mit großen Ängsten verbunden ist. Dadurch gerät das Kind in intrapsychische Konflikte, „wobei der Hass latent erhalten bleibt und überlagert wird durch eine unreflektierte Haltung von Konformität und Liebe gegenüber der Autorität" (ebd.). Der derart unterdrückte Hass, der im Grunde die Eltern meint, aber nicht auf sie gerichtet werden kann, wird nun auf andere Personen verschoben. Diese Verschiebung richtet sich gemäß der psychoanalytischen Psychoökonomie und -hydraulik nun gegen Schwächere und/oder sozial ausgegrenzte Personen oder Personengruppen: sie sind „geeignete Opfer", da ihnen die Attribute der Autorität und der Schutz der Konvention fehlen. Mehrfach konnte nachgewiesen werden, dass Autoritarismus als Persönlichkeitseigenschaft bzw. -syndrom mit Fremdenfeindlichkeit korreliert (z. B. Oesterreich 1996; Hopf et al. 1995). Unabhängig von der Plausibilität der psychoanalytischen Erklärung der Störungsentwicklung war und ist dieser Zusammenhang empirisch festzustellen.

Seipel und Rippl (ebd.) haben sich nun gefragt, ob die gesellschaftlichen Veränderungen seit 1945, insbesondere die deutlich erscheinenden Veränderungen der Erziehungspraxis nicht doch auch zu einer Verschiebung oder wenigstens Veränderung des Syndroms der autoritären Persönlichkeit geführt haben. In ihrer Untersuchung überprüften sie deshalb, ob die Subdimensionen der autoritären Persönlichkeit heute immer noch festzustellen sind und, wenn ja, ob sie – immer noch – in einem engen Zusammenhang zueinander stehen, d. h. hier: als empirische Korrelation. Zu diesem Zweck hatten sie 1979 919 Jugendliche (Durchschnittsalter 16,3 Jahre) und 1991 552 Jugendliche (Durchschnittsalter 16,6 Jahre) aus weitgehend den gleichen westdeutschen Schulen und Klassen befragt bzw. mit Persönlichkeitsskalen in Fragebogenerhebungen untersucht[17]. Die drei Subdimensionen waren 1. rigider Konventionalismus, 2. autoritäre Unterwürfigkeit und 3. autoritäre Aggression, also exakt die von Adorno und Mitarbeitern vorgeschlagenen Dimensionen bzw. Skalen.

Die hypothetischen Überlegungen gingen in die Richtung einer Entflechtung des Zusammenhangs der Ausprägungen auf diesen Skalen. Zugleich sollte untersucht werden, ob das Konstrukt Autoritarismus immer noch als „Erklärung" zur Fremdenfeindlichkeit tauge, d. h. es interessierten sowohl die Stabilität des Konstrukts als auch die Stabilität der Erklärungskraft des Konstrukts. Die Ergebnisse widersprechen – leider – den Annahmen, wonach die Konsistenz des klassisches Syndroms bzw. Konstrukts Autoritarismus im Laufe der Zeit gesunken sei, wie es manche Autoren für die Gegenwartsgesellschaft angenommen haben (und wie man es sich sicher erhoffen würde). Auch die Stabilität der Erklärungskraft des Konstrukts für Fremdenfeindlichkeit konnte nachgewiesen werden: „Autoritarismus erweist sich 1979 als guter Prädiktor für Fremdenfeindlichkeit und diese Erklärungskraft bleibt stabil auch in der Kohorte für den zweiten Befragungszeitpunkt 1991" (S. 199). Die Schwachen zu verachten und die Starken zu bewundern, sich von den Schwachen bedroht und verfolgt zu fühlen und sie als Sündenböcke für die Übel der Gesellschaft zu entlarven, sich den Starken aber blind zu unterwerfen, ist offensichtlich ein stabilerer Persönlichkeitszug als man annehmen möchte.

Die Autoritarismusforschung, die mit der bekannten Studie zur autoritären Persönlichkeit (vgl. Adorno et al. 1950) begann und mit der sogenannten

---

17 Die Daten wurden mit dem LISREL-Ansatz überprüft.

F-Skala (Faschismus-Skala) einen Meilenstein der Messung politischer Orientierungen setzte, wurde in den Jahrzehnten danach immer wieder mit unterschiedlichsten Gründen – die theoretischen und methodischen Grundlagen betreffend – kritisiert. Dennoch wurden auf dieser Grundlage viele Untersuchungen realisiert und es gab bedeutsame Weiterentwicklungsversuche (z. B. von Altemeyer 1996 oder auch Osterreich 1996), mit denen insbesondere die psychoanalytischen Erklärungen durch heute vielleicht geeigneter erscheinende bzw. überzeugendere Konzeptionen, etwa lern- und sozialisationstheoretischen, ergänzt bzw. ersetzt worden sind. Es bleibt ein Verdienst dieses Ansatzes, auf eine dunkle und meist verdrängte Seite menschlicher Entwicklung hinzuweisen, die es für pädagogisches Denken und die Erziehungspraxis im Bewusstsein zu halten gilt.

5.2 Die Erziehungsstilforschung

Unter dem Stichwort „Erziehungsstil“ sind seit Ende der 30er Jahre des 20. Jahrhunderts Versuche unternommen worden, die Wirkungen von Erziehung empirisch zu erfassen. Kategoriale Unterscheidungen zum Erziehungsverhalten sind Typologien gewichen und haben schließlich in einem *dimensionalen* Verständnis von Erziehungsstilen gemündet (vgl. Hurrelmann 2002). Mit den klassischen Labor-Experimenten von Lewin, Lippitt und White (1939) hatte sich die Rede vom „autoritären“, „demokratischen“ und später auch „laissez-faire“-Erziehungsstil eingebürgert. Als „Stil“ der Erziehung werden typische, in einschlägigen Situationen wiederkehrende Verhaltensmuster der erziehenden Person bezeichnet, von denen erwartet wird, dass sie nicht ohne Wirkung auf die Kinder und Jugendlichen bleiben und hinsichtlich ihrer pädagogischen, psychologischen, aber auch moralischen Wünschenswertigkeit unterschieden werden können. Die problematische, da besonderen Effekt erheischende Bezeichnung „demokratisch“ wurde von späteren Erziehungsstiltypologien ersetzt, zunächst durch das Wort „autoritativ“ (vgl. Maccoby & Martin 1983), mit welchem – im Unterschied zu „demokratisch“ – die „Dominanz“ der Eltern nicht verschleiert wird. Maccoby und Martin (ebd.) haben die drei Kategorien ergänzt durch eine vierte: den „vernachlässigenden“ Erziehungsstil.

Freilich ist es nicht bei diesen Kategorien und Typologien geblieben. Die Kritik wurde aber insbesondere hinsichtlich der Kategorisierung von Erziehungsstilen laut. Ein Erziehungsstil sei weniger eine diskrete Kategorie als eine Sammlung von Ausprägungen auf relevanten Dimensionen des Verhaltens. So sind eine Reihe von bipolaren, aber auch unipolare Dimensionen vorgeschlagen worden, die jeweils ein Spektrum von erzieherisch bedeutsamen Verhaltensweisen und deren Ausprägungen bezeichnen, beispielsweise die Dimensionen „integrativ versus dominant" (Anderson 1943) oder „sozial-integrativ versus autokratisch" (Tausch & Tausch 1991). Bedeutsam ist die dimensionale Sicht oder Perspektive auf das Erziehungsverhalten, weil nun unterschiedlichste Positionierungen möglich sind, insbesondere indem als bedeutsam erachtete Dimensionen in ein orthogonales Verhältnis zueinander gebracht werden. Bekannt sind diesbezüglich die Dimensionen „hohe versus niedrige Lenkung" und „Wertschätzung versus Geringschätzung" von Tausch und Tausch (ebd.) geworden. Es kann damit gezeigt werden, dass eine sehr hohe Lenkung (der Erziehungs- und/oder Lehrperson) *nicht notwendigerweise* mit einer geringen Wertschätzung einhergehen muss und dass eine geringe Lenkung kein Zeichen der Wertschätzung der Kinder oder Schülerinnen und Schüler sein muss. Auf den Dimensionen „Einsatz elterlicher Autorität" (hoch versus niedrig) und „Berücksichtigung kindlicher Bedürfnisse" (hoch versus niedrig) hat Hurrelmann (2002) eine Typologie der Erziehungsstile vorgeschlagen, die große Plausibilität besitzt (vgl. Abb. 1).

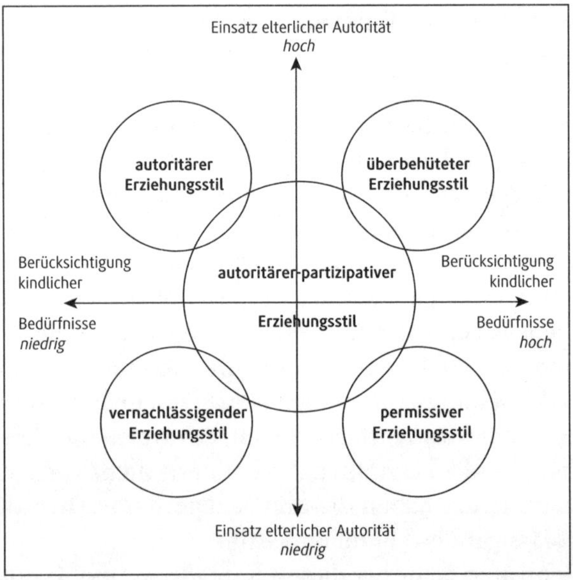

Abb. 1: Typologie der Erziehungsstile nach Hurrelmann (2002, S. 161)

Damit lassen sich die mittlerweile bekannten Erziehungsstile – autoritärer, überbehütender, vernachlässigender und permissiver Erziehungsstil – dimensional aufeinander beziehen und die sehr breit vertretene Ansicht plausibilisieren, wonach ein autoritativ-partizipativer Erziehungsstil den Königsweg der Erziehung darstelle (vgl. ebd., S. 161). Diese Dimensionen können auch andere Namen haben (etwa hohe versus niedrige „Wärme/Zuneigung" bzw. hohe versus niedrige „Kontrolle/Lenkung"), meinen aber im Kern das Gleiche. Als bedeutsam werden diese Dimensionen erachtet, weil von ihnen besondere sozialisatorische Wirkungen erwartet werden, die mit Tausch und Tausch als „beeinträchtigend" oder eben als „fördernd" oder mit Tschöppe-Scheffler (2004) als „entwicklungsfördernd" bzw. „entwicklungshemmend" verstanden werden. Während etwa „emotionale Wärme" (Anteilnahme, Zuwendung, Trost, Körperkontakt, Lächeln, freundliche Zuwendung, wohlwollende Atmosphäre) die Entwicklung des Kindes unterstütze, hemmen „emotionale Kälte" (Ablehnung, Distanz, Desinteresse, kein Körperkontakt, Ignorieren, unfreundliche Abwendung, zurückweisende Haltung), aber auch „emotionale Überhitzung" (Überbehütung, Einengung, Abhängigkeit, fürsorgliche Belagerung) die Entwicklung des Kindes (ebd.; vgl. zusammenfassend den Überblick bei Raithel, Dollinger & Hörmann 2007, S. 31).

Eine vergleichbare Klassifikation von Erziehungsstilen findet sich bei Zimbardo und Gerrig (2004), die mit den beiden Dimensionen „Anforderung der Eltern" (unipolar) und „Reaktivität der Eltern" (bipolar) eine Matrix von vier Gruppen von Erziehungsstilen vorschlagen (vgl. Abb. 2).

Trotz den wichtigen und pädagogisch leicht vergessenen Temperamentsunterschieden, welche die Kinder in die Interaktionen der Familie und Schule bringen, konnte ein insgesamt günstiger Erziehungsstil festgestellt werden, den Maccoby und Martin (1983) im Zusammenspiel der Dimensionen „Anforderung" und „Reaktivität" lokalisiert haben (vgl. Abb. 2). Anforderung heisst in diesem Zusammenhang die Bereitschaft der Eltern, Sozialisationsfunktionen zu übernehmen, und Reaktivität heisst, dabei die Individualität bzw. Besonderheit des Kindes zu berücksichtigen. Nicht nur wirken die Eltern auf das Kind ein, sondern sie lassen sich in ihren Interaktionen auch vom Kind beeinflussen und prägen. Sogenannte *autoritative* Eltern stellen angemessene Anforderungen an ihre Kinder, erwarten, dass das Kind sich an zuvor deutlich gemachte Verhaltensregeln hält, sind aber auch bereit, sich ihrem Kind anzupassen, um dessen Fähigkeiten zur Selbstregulation zu stärken (vgl. Gray & Steinberg 1999). Die Kombination einer relativ hohen Lenkung und einer hohen Kindorientierung ist also nicht nur möglich und kein logischer Widerspruch, sondern für die Entwicklung des Kindes insgesamt auch förderlich.

		Reaktivität der Eltern	
		akzeptierend, reaktiv, kindzentriert	*zurückweisend, nicht reaktiv, elternzentriert*
Anforderung der Eltern	*fordernd, kontrollierend*	autoritativ-reziprok, hohe bidirektionale Kommunikation	autoritär, Macht
	wenig fordernd, wenig Kontrollversuche	Laissez-faire	vernachlässigend, ignorierend, gleichgültig unbeteiligt

Abb. 2: Klassifikation von Erziehungsstilen (entnommen aus Zimbardo & Gerrig 2004, S. 475)

Mit solcherweise postulierten, teilweise empirisch recht gut gestützten Zusammenhängen wird insgeheim davon ausgegangen, dass im Mittelpunkt der Erziehung und Sozialisation die Beziehung zwischen einer aktiven Erziehungsperson zu einem Kind bzw. einem/einer Jugendlichen steht. Die Merkmale von Erziehungsverhalten wurden erst spät als in Interaktion mit Verhaltensmerkmalen des Kindes stehend gesehen. Wiewohl die Bedeutung der Dimensionen 1. Lenkungsverhalten, 2. Partnerschaftlichkeit oder sozial-emotionale Zuwendung und ebenfalls 3. das Förderungsverhalten, d.h. die Stimulierung von Aktivität, kaum ernsthaft anzuzweifeln sind, gibt es eine kritische Diskussion der Erziehungsstilforschung, auch in ihrer dimensionsanalytischen Variante. Kritisch zu betrachten ist vor allem die stillschweigende Annahme der (über-situationalen) Konsistenz der relevanten Verhaltensweisen von Erziehungspersonen, sei es in der Familie oder in der Schule. Ohne die Konsistenzannahme vermag die Erziehungsstilforschung insgesamt nicht zu überzeugen, da die erstere das Fundament der letzteren darstellt. Offenbar sind aber einige der relevanten Dimensionen stark situationsabhängig, andere weniger. So ist es aus Sicht der pädagogischen Führung evident, dass der Grad der Lenkung stark von den Situationsgegebenheiten geprägt ist und geprägt sein muss. Umgekehrt scheint die emotional-soziale Zuwendung beispielsweise von Lehrpersonen hoch konsistent zu sein, unabhängig vom unterrichteten Fach und der Klasse. Es handelt sich um eine Dimension, die gut (und besser) als (professionelle) *Haltung* beschrieben werden könnte. Tausch und Tausch (1991) konnten dann aber wieder zeigen, dass dieselbe Lehrperson mit unterschiedlichen Klassen bzw. Schülergruppen ein insgesamt ähnlicheres Verhalten zeigten als unterschiedliche Lehrpersonen in und mit den gleichen Klassen. Nur ist das Lehrerverhalten freilich nicht ganz konsistent, was ein Indiz dafür sein kann, dass das Verhalten von Schüler/innen und Lehrpersonen, wie auch von Eltern und Kindern *wechselseitig* (mit-)gesteuert wird. Die Annahme, dass das Verhalten von Kindern und Jugendlichen bzw. von Schülerinnen und Schülern allein oder vorwiegend von den Eltern bzw. den Lehrpersonen gesteuert oder bestimmt wird, lässt sich sicher nicht aufrechterhalten und entspricht eher einer – positiv oder negativ gepolten – Phantasie pädagogischer Allmacht. Die Kritik an der Erziehungsstilforschung ist denn vor allem aus methodischen Gründen überzeugend: 1. korrelative und nicht kausale Zusammenhänge wurden in der Regel untersucht bzw. sind/waren meist nur für eine Überprüfung möglich; 2. es fehlen Langzeitstudien und 3. die Modelle multikausaler Ansätze sind methodisch und theoretisch bisher nicht gerade sehr überzeugend.

Interessant bleibt die Frage nach dem Ausmaß und der spezifischen Wirkung des kindlichen und jugendlichen Verhaltens auf den Erziehungs- oder auch Unterrichtstil der Erwachsenen. Diese Wirkungsrichtung, mit welcher der Erziehungsstilforschungsansatz – mehr oder weniger stark – in Frage gestellt werden kann, wird auch „retroaktive Sozialisation" (z. B. Klewes 1983) genannt. Während die wechselseitige Beeinflussung der an pädagogischen Prozessen beteiligten Personen für Berufspraktiker und Eltern möglicherweise selbstverständlich ist, bleibt dieser Aspekt für pädagogische Theorie und erziehungswissenschaftliche Untersuchungen häufig nicht berücksichtigt, so tief ist die Idee oder Annahme der unidirektionalen Einwirkung. Freilich gibt es aber auch Forscherinnen und Forscher, welche die Einwirkung der Kinder auf ihre Eltern und die Beeinflussung der Schüler/innen auf ihre Lehrer/innen als stärker einschätzen würden als die umgekehrten Wirkungen. Insbesondere von Säuglingen wird ja gerne behauptet, dass sie ihre Umgebung stärker sozialisieren als dass sie sozialisiert werden. Weil dies nicht ganz von der Hand zu weisen ist, kann man auch behaupten, dass ein schreiender oder auch lächelnder Säugling eine nicht geringe Macht auf die Betreuungsperson ausübt, sofern Macht mit Max Weber (2005) als die Eigenschaft oder Fähigkeit verstanden wird, beim anderen ein Verhalten zu bewirken, das dieser nicht freiwillig gezeigt hätte (vgl. S. 311) – z. B. mitten in der Nacht mehrmals aufstehen und den kleinen Säugling durch die Wohnung tragen, bis er wieder sanft einschläft. Dennoch erscheint es kontraintuitiv, die Macht der retroaktiven Sozialisation allzu hoch anzusetzen. Was für das Säuglingsalter noch relativ plausibel ist, ist für die Lebensphase der Kindheit und das frühe Jugendalter nicht mehr der Fall. Ebenso widerspricht die neuere Bindungsforschung, die freilich von den Interaktionseffekten zwischen Mutter (oder Vater) und Kind ausgeht, der Überschätzung des retroaktiven Sozialisationseffektes.

Mit Dollase (1984) kann behauptet werden, dass die Erziehungsstilforschung selbst einen sozialisierenden Effekt auf die Erzieher/innen und Eltern ausgeübt hat, indem ihre Resultate allesamt so gelesen werden konnten, dass „partnerschaftliches", „symmetrisches", „kindorientiertes" Verhalten als das insgesamt Beste ausgewiesen wurde (und auch heute noch wird). Allerdings sei hier angemerkt, dass dieser „Sieg des pädagogisch Richtigen" seinen Preis einfordert. Die Interaktion und Wechselseitigkeit des pädagogischen Verhältnisses ist nur von Verständnis, Akzeptanz und Berücksichtigung der Bedürfnisses des/der Anderen geprägt, sondern auch vom Wunsch nach Bedürfnisbefriedigung, dem Wunsch, sich nicht unterzuordnen und dem Bedürfnis der Selbstbestimmung.

Die Forschung zu den Erziehungsstilen und ihren Korrelaten leidet letztlich an den Verallgemeinerungen, die schließlich nur wenig praktisch relevantes Wissen für das erzieherische Handeln ermöglichen. Die Frage ist nämlich weniger, welcher Erziehungsstil allen anderen Erziehungsstilen in allen Situationen überlegen ist, als vielmehr in welchen Situationen welcher Erziehungsstil bzw. welche erzieherische Strategie allen anderen überlegen ist (vgl. Kap. 7). Die Fähigkeit und Sensibilität, dies zu beurteilen, was also im Umgang mit dem jungen – je individuellen – Menschen in einer konkreten – je individuellen – Situation am besten zu tun sei, wurde von Herbart „pädagogischer Takt" (1802/1986) genannt. Die allgemein einsichtige Notwendigkeit von pädagogischem Urteilsvermögen und situationsangemessenem Erziehungshandeln ist ein (weiteres) Indiz dafür, dass Erziehung nur begrenzt eine Technologie darstellt und die „Kunst" der Erziehung bis heute im pädagogischen Takt besteht.

5.3 Klassenführung, Schulerfolg und Frau Kim

In einem Interview mit *Die Zeit* (4.7.2002, S. 30) fasst der Bildungsforscher Jäger zusammen: „In allen Schulformen ist nach unserer Studie Autorität das wichtigste Merkmal eines erfolgreichen Unterrichts. Der Lehrer braucht einmal Sachautorität, er muss also sein Fach verstehen. Zum anderen muss er seinen Unterricht souverän leiten, also Störungen vorbeugen und auf die Einhaltung verbindlicher Regeln achten." Darauf meint der Interviewer: „Das ist eigentlich eine Binsenwahrheit", worauf Jäger antwortet: „Dennoch müssen die einzelnen Lehrer erst einmal merken, dass sie dort Defizite haben. Das funktioniert nur dadurch, dass sie sehen, wie andere Lehrer ihren Unterricht besser gestalten …" (ebd.). Das Erstaunliche an solchen wahren und lapidaren Aussagen ist, dass sie offenbar notwendig geworden sind, dass es empirische Untersuchung braucht, um zu bestätigen, was die meisten Lehrerinnen und Lehrer wie auch die meisten Personen mit „gesunden Menschenverstand" selber wissen. Die Autorität in der Sache und die Autorität in der Führung: um diese beiden Anerkennungsverhältnisse und damit verbundenen Voraussetzungen (sowohl soziale und didaktische Fähigkeiten als auch Wissen) kreist die Kompetenz der Lehrperson.

Während es zahlreiche Vorstellungen gibt, was unter pädagogischer Autorität in einem kommunikativen Sinn verstanden werden kann, scheint die handlungs- und interaktionstheoretische Umsetzung der Frage, wie pädagogische Autorität hergestellt, wie sie aufrecht erhalten wird und wie sie verloren geht, in einem gewissen Sinn eher wenig behandelt: Im Rahmen von Untersuchungen zum sogenannten „classroom management" (früher auch „Klassenführung" genannt) fokussiert sich das Interesse auf handlungspraktische Empfehlungen (vgl. Kounin 1970; Mayr 2006; Neuenschwander 2006); dabei scheint tendenziell vernachlässigt zu werden, dass Autorität als Eigenschaft einer *Beziehung* und eines *Anerkennungsverhältnisses* aufzufassen ist, also intersubjektiv zu rekonstruieren wäre.

Welches die Muster erfolgreichen Lehrerhandelns sind, wird schon seit vielen Jahrzehnten auch empirisch untersucht. Dabei kann von einem Konsens darüber ausgegangen werden, „dass Lehrpersonen ihre Klassen so führen sollten, dass die Schülerinnen und Schüler sich im Unterricht intensiv dem Lernen widmen, dass die Lehr- und Lernprozesse möglichst wenig durch Störungen beeinträchtigt werden und dass mit den verbleibenden Konflikten konstruktiv umgegangen wird" (Mayr ebd., S. 227). Nach Mayr unterscheiden sich aber die Akzentsetzungen der Klassenführung. Während der *classroom management*-Ansatz, als dessen Protagonist Jacob Kounin (1970) gelten darf, vor allem die Geschmeidigkeit der Abläufe und Übergänge im Unterricht fokussiert, so dass die Schülerinnen und Schüler möglichst immer „bei der Sache" bleiben – und nicht anderswo sind –, und also konkrete Empfehlungen abgibt[18], steht im humanistisch-psychologisch inspirierten *personenzentrierten* Ansatz – zumindest vermeintlich – die Be-

18 Empfehlungen, welche beispielsweise die „Allgegenwärtigkeit" der Lehrperson in den Augen der Schüler/innen betreffen oder auch die Art und Weise, wie mit den zwangsläufig lärmigen Unterrichtsperioden umgangen werden soll, die Zügigkeit und der Schwung des Unterrichtens überhaupt, die generell zu vermeidende Langeweile, die Aktivierung aller Schüler/innen und einige andere mehr …

ziehung zwischen Lehrpersonen und Schüler/innen im Mittelpunkt, damit insbesondere die Annahme, dass die „authentische, von Einfühlsamkeit und Wertschätzung getragene ‚Begegnung von Person zu Person' (...)" [im Sinne von Tausch & Tausch] ein „fachliches und persönliches ‚Lernen in Freiheit' (...) [im Sinne von Carl Rogers] ermöglichen" soll (S. 227). Schließlich sei, aufbauend auf dem *classroom management*-Ansatz, auch ein Ansatz auszumachen, der mit der *„Gestaltung des Unterrichts* als Mittel zur Steuerung des Schülerverhaltens" (S. 228) zu tun habe, wobei dabei vor allem auf „anspruchsvolle kognitive Ziele und Formen selbstregulierten Lernens" gesetzt werde (ebd.).

Diese in letzter Konsequenz wenig interaktiv gedachten Ansätze, scheinen implizit von einem Führungs- bzw. Autoritätsverständnis auszugehen, welches weniger auf Anerkennungsleistungen beruht, sondern diese vielmehr als Konsequenz der richtigen oder guten Führung erachtet, was sicher nicht ganz verkehrt ist, wohl aber einseitig und die Rolle und Möglichkeiten der Führungsperson, beispielsweise der Lehrerin oder des Lehrers, in dieser Frage tendenziell überschätzt.

Die Untersuchungsergebnisse, die etwa Mayr (2006) und Neuenschwander (2006) berichten, sind denn auch wenig überraschend, wiewohl als empirische Bestätigung für das pädagogisch immer schon oder wenigstens seit langem Gewusste, durchaus wertvoll. Mayr (ebd.) kommt in seiner Untersuchung zum Schluss, dass es – in der Unterrichtssituation – einen engen Zusammenhang zwischen Lehrerverhalten und Schülerverhalten gebe. Dabei würden vor allem die Einflüsse der Lehrperson hinsichtlich der 1. Merkmale der Unterrichtsgestaltung, 2. der Förderung der sozialen Beziehungen und 3. der Maßnahmen der Verhaltenskontrolle entscheidend sein (vgl. S. 238). Zu den ersteren gehöre beispielsweise die „Interessantheit des Unterrichts, seine klare Strukturierung und eine für die Schüler erkennbare Bedeutsamkeit der Lehrinhalte für ihr späteres Leben": diese Variablen korrelierten positiv mit dem Engagement der Schülerinnen und Schüler im Unterricht – was zweifelsohne wenig erstaunt. Zur zweiten Merkmalsgruppe gehören die „Authentizität der Lehrperson und ein wertschätzender Umgang mit den Schülern" – was ebenso wenig erstaunt, aber freilich sehr bedeutsam ist. Zur dritten Merkmalsgruppe gehören, vor allem für die jüngeren Schülerinnen und Schüler – was kaum erstaunt – „klare Verhaltenserwartungen, Aufmerksamkeit für die Vorgänge im Klassenzimmer und Anerkennen konstruktiver Verhaltensweisen der Schüler" (S. 238).

Dass die Klassenführung einen Einfluss habe auf die Lehrerwahrnehmung der Schülerinnen und Schüler, aber auch die Schülerleistungen – beispielsweise in Mathematik – kann auch Neuenschwander (2006) zeigen. Neuenschwander überprüfte an einer Stichprobe von 183 Lehrpersonen und ihren (sechsten) Klassen eine Vierertypologie der Klassenführung und unterschied die „souveräne“ von der „regelgeleiteten“, „situationsspezifischen“ und „desorganisierten“ Klassenführung (S. 243), die er aus den beiden, empirisch bestätigten Variablen bzw. Lehrerkompetenzen oder auch -einsichten „Setzen von Regeln“ und „Flexibilität/Adaptivität“ gewinnt (S. 244 f.; vgl. Abb. 3).

Neuenschwander konnte zeigen, dass die vier Typen mit unterschiedlichen unterrichtsbezogenen Werthaltungen korrespondieren, insbesondere dass Lehrpersonen mit souveräner Klassenführung die bildungs- und beziehungsorientierten Werte als sehr wichtig erachten (vgl. S. 255). Nur für diese Lehrpersonen sind tatsächlich auch beide Orientierungen, die Sache und die Personen und deren Entwicklung gleichermaßen bedeutsam. Sicher zu recht schreibt Neuenschwander somit abschließend: „Die Ergebnisse legen nahe, dass Lehrerstudierende zu einer souveränen Klassenführung ermutigt und befähigt werden sollten“ (S. 255).

Abb. 3: Vier Verhaltensmuster von Klassenführung nach Neuenschwander (2006, S. 245)

	Flexibilität der Lehrperson: hoch	Flexibilität der Lehrperson: niedrig
Setzen von Regeln: als wichtig erachtet	Souveräne Klassenführung	Regelgeleitete Klassenführung
Setzen von Regeln: eher unwichtig	Situationsspezifische Klassenführung	Desorganisierte Klassenführung

Während die Bedeutsamkeit des untersuchten Sachverhalts m. E. nicht zu hinterfragen ist, bleibt die Frage, ob wir dies nicht schon seit langem wussten bzw. warum das, was manche Pädagogen schon seit langem wussten, über längere Zeit nicht mehr gesagt werden sollte. Die Einsichtigkeit der Befunde spricht für sich. Der „gute“ – oder auch „professionelle“ – Pädagoge soll an beidem – den Personen wie der Sache – gleichermaßen interessiert sein und in beiden Bereichen, dem sozialen wie auch dem sachlichen, hinreichende Kompetenzen – und Autorität – erwerben.

Dass aber die Klassenführung eine subtile Angelegenheit sein kann oder auch sein muss, illustriert ein kommentierter Beobachtungsbericht, den Petra Eberwein (2005) nach Unterrichtsbesuchen in einer südkoreanischen Grundschule veröffentlicht hat. Der Bericht interessiert nicht zuletzt durch die Tatsache, dass Südkorea in verschiedenen internationalen Leistungsstands- bzw. Vergleichsstudien unter den Nationen mit den höchsten Werten liegt (PISA-Leseleistungs-Rankin: Nr. 2; TIMSS [mathematisch-naturwissenschaftliche Leistung]: Nr. 1).

Die von Eberwein – die des Koreanischen mächtig ist – besuchte Schulklasse mit 35 Zweitklässlern, welche von Lehrerin Kim unterrichtet werden, befindet sich in einer Grundschule in Pusan, einer Stadt von 3,5 Millionen Einwohnern. Ab dem sechsten Lebensjahr ist die Schulpflicht für die Kinder obligatorisch, ohne Schuleignungsprüfung treten die Kinder in die Schule und bleiben – automatisch versetzt – während sechs Jahren in ihrem Klassenverband. Die Grundschule ist ein Ganztagessystem, das Mittagessen wird in der Schule eingenommen und die Kinder und Lehrpersonen interagieren zwangsläufig auch außerhalb des Klassenzimmers häufig. Aus den vielen kleinen, interessanten Beobachtungen Eberweins seien einige wenige wiedergegeben, die für unseren Zusammenhang besonders bedeutsam erscheinen. Zunächst einige Beobachtungen zur Strukturierung des Unterrichts.

Unterrichtsbeginn: „Hierzu erheben sich die Schüler von ihren Plätzen und verbeugen sich kurz vor der Lehrkraft" (Eberwein ebd., S. 198) – es folgt der Lehrervortrag. Während dem Lehrervortrag „werden die Schüler in der Regel nicht zum Nachfragen ermuntert. Sie werden nur einbezogen, um zentrale Begrifflichkeiten gemeinsam im Sprechchor zu wiederholen" (S. 199). Nach dem Vortrag der Lehrerin erteilt diese einen Arbeitsauftrag, der in Gruppen durchgeführt wird: „Während der *Gruppenarbeit* interveniert die Lehrkraft in keiner Weise" (ebd.). Die Kinder tragen die Ergebnisse vor. Die Lehrerin fasst sie zu einem einheitlichen Ergebnis zusammen, „das von den Schülern im Sprechchor wiederholt wird" (ebd.). Vor der ersten langen Pause kündigt ein akustisches Signal die „bevorstehenden Gymnastikübungen an", bei denen Schüler/innen und die Lehrperson mitmachen (ebd.).

In der ersten Klasse werden das „richtige Grüssen, Sitzen, Sprechen, Zuhören und Bewegen im Schulgebäude" sowie die „Melderegeln" – verschiedene Handzeichen meinen verschiedene Interventionen [z.B. „Ich bin einverstanden" oder „Ich habe eine Frage" oder „Ich habe eine andere Meinung"] eingeübt (S. 200). „Es wird von den Schülern erwartet, dass sie die Angelegenheiten, die in ihren Verantwortungsbereich fallen, unter sich regeln", so sind etwa auch die *„Pausen ohne Aufsicht* einer erwachsenen Person" (ebd.) und „bei Abwesenheit der Lehrkraft verhalten sie [die Schülerinnen und Schüler] sich im Klassenzimmer geradezu übertrieben leise und beherrscht" (S. 200f.). „Umso mehr erstaunt der hohe Geräuschpegel von Stimmen während des Unterrichts (...). Die Lehrperson scheint dieses laute Umfeld nicht als belastend oder störend zu empfinden. Der Unterricht wird zum größten Teil unbeeindruckt von den offensichtlichen Störungen durchgeführt" (S. 201). Die Lehrkraft „positioniert" sich vor der Tafel: „Die Schüler folgern daraus, dass ihre Aufmerksamkeit erwartet wird. Dieser Effekt wird auch bei sehr starker Unruhe genutzt, indem die Lehrkraft sich kommentarlos in die entsprechende Position begibt und geduldig ‚ausharrt'" (ebd.). Nebengespräche und Nebentätigkeiten werden „mit beachtlicher Geduld hingenommen". Ein deutscher Lehrer wäre in vergleichbaren Situationen sicher schon längst „eingeschritten" (S. 202). Doch diese „extrem hohe Toleranz ist nicht als mangelnde Lehrerkompetenz, -autorität oder dergleichen zu erklären. Vielmehr entspricht es einer anderen Wahrnehmung und Auffassung von Störung und Lärm: Störungen gehören einfach dazu, wenn viele Kinder aufeinander treffen. *Sie sind es nach Frau Kims Aussage nicht wert, beachtet zu werden, da sie unvermeidlich sind und immer wieder auftreten werden. Es wäre sinnlos und Energie verschwendend, diesen Störungen permanent entgegenzutreten*" (S. 202; Hervorhebung R. R.). Die Lehrperson ist *„betont zurückhaltend* (...). Besonders deutlich wird dies am Gebrauch der *Stimme.* Die Stimme wird unabhängig von der Intention in keiner Weise erhoben. Die Schüler werden nicht durch lautes Sprechen übertönt" (S. 204). „Trotzdem stellt die Lehrkraft eine *Autorität* dar" – die Ausdauer ist das Machtmittel der Lehrkraft (ebd.).

Es gibt einige Parallelen zu vermerken zu den Regeln, die seit Kounin (1970) immer wieder empfohlen werden, einige Punkte aber scheinen im Bericht von Eberwein, sofern derselbe eine gewisse Validität und Verallgemeinerbarkeit besitzt, deutlich abzuweichen. Insbesondere die Art *der scheinbar passiven Souveränität* der Klassenführung von Frau Kim ist von einer beeindruckenden Andersartigkeit. Neben dem sicherlich funktionalen Einsatz von Ritualen (z. B. Sprechchor) und Gymnastikübungen ist die Gelassenheit im Umgang mit Störungen hervorzuheben. Die „Kunst der koreanischen Lehrer" – so die Bezeichnung von Eberwein – „besteht darin, den Unterrichtsstörungen die negativen Seiten zu nehmen. Sie werden immer auftreten, sie müssen aber nicht gleich ständig in den Mittelpunkt gestellt werden" (S. 209). Gegenüber Störungen ist die Lehrkraft nachsichtig: „Fehlverhalten und Störungen werden nicht als persönliche Angriffe oder Bedrohung der Arbeit gedeutet. Dieser neutrale Umgang mit den Unterrichtstörungen ist wirkungsvoller als eine emotionale Reaktion" (ebd.).

5.4 Eine entwicklungspädagogische Perspektive

Der Mensch kommt nicht autoritätsgläubig zur Welt, auch sind nicht nur Säuglinge, sondern auch kleine Kinder der Welt der Erwachsenen vielleicht in vielerlei Hinsicht ausgeliefert, deshalb aber noch lange nicht gehorsam. Während meist nach dem Wesen von Autorität gefragt wird, ohne die Perspektive des Kindes einzunehmen, fragt eine entwicklungsorientierte Pädagogik, wann und wie die Autoritätsvorstellungen bei Kindern entstehen, wodurch sie transformiert werden und welche Strategien das Kind im Umgang mit – diversen – Autoritäten erwirbt. Geißler ist zuzustimmen, wenn er – pädagogisch betrachtet – behauptet, dass ungezwungener Gehorsam ein Teil der Autorität konstituierenden Bestimmungsmerkmale darstelle (vgl. Geißler 2000, S. 79), und eine andere bestehe darin, „dass solcher Gehorsam nicht direkt aus der eigenen Einsicht in die sachlichen Zusammenhänge stammen kann“ (ebd.). Die Frage nach der Genese der Autorität bzw. der Autoritätsvorstellungen führt zur Antwort, dass Autorität während einer ersten Erziehungsphase eine zunehmende Größe ist, wohl abhängig von der „Erziehungskunst“ der beteiligten Erwachsenen, dass sie aber in einer zweiten Phase abnimmt (S. 85). Aus pädagogischer Sicht bestünde die „zeitlich erste Aufgabe des Erziehers“, überhaupt „Autorität zu werden“, die zweite aber sei es, „sich selber überflüssig zu machen, sich nicht zu lange an das Verhältnis sozialer Macht zu klammern“ (ebd.).

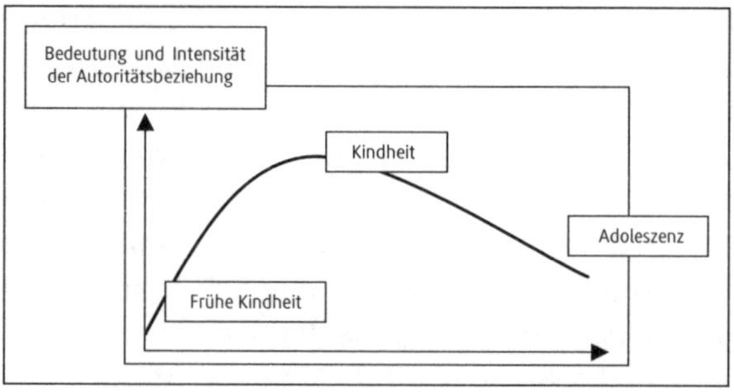

Abb. 4: Aufbau und Abbau der Autoritätsbeziehung

In einer aus heutiger Sicht sehr interessanten und höchst problematischen – da nur scheinbar entwicklungsorientierten – Studie befragte Gertrud Beck (1973) 171 Schulanfängerinnen und -anfänger (90 Jungen, 81 Mädchen; im Schnitt rund 6,5 Jahre alt) und deren Eltern (160 Mütter, 6 Väter und 5 „Sonstige“). Sie meinte zu folgenden, nach ihrem Blickwinkel problematischen Aussagen bzw. Ergebnissen kommen zu müssen: „*Sechsjährige* Kinder haben nicht gelernt, Autorität auf ihre Notwendigkeit und Funktion hin zu befragen. Alle Aussagen, die eine distanzierte Haltung gegenüber der Autorität wiedergeben und Anerkennung von erwiesener Legitimität der Autoritätsansprüche abhängig machen (…), wurden selten gewählt" (Beck 1973, S. 118; Hervorhebung R. R.). Das waren eben die frühen Siebzigerjahre, in welchen das autoritätsgläubige Kind als Problem erachtet worden ist. Beck weiter: Die Kinder „haben nicht einmal in Ansätzen gelernt, reale Ursachen ihrer Beeinträchtigungen und Versagungen zu untersuchen, über die Legitimität von Autoritätsansprüchen zu reflektieren, die eigenen Aggressionen zu ertragen und in zielgerichtete Aktivität umzusetzen. Gerade das aber wäre Voraussetzung, wenn Mündigkeit und mögliche Emanzipation im politischen Handeln wirksam werden soll. Das gilt in vollem Umfang auch für die Übernahme bzw. Internalisierung von Normen. Eine distanzierte Anwendung der Normen oder eine Verweigerung von Anpassungsakten scheint kaum möglich …" (S. 118). Man merkt, wie politisiert der Blick gewesen war, wie wenig hier auch nur in Ansätzen das Kind in seiner Kindlichkeit – und nicht in seiner künftigen politischen Rolle – wahrgenommen worden ist. Die „unreflektierte Akzeptanz" von Autoritäten dieser Kinder wird letztlich als Ausdruck einer repressiven Gesellschaft gedeutet, es fehlt jede pädagogisch-anthropologische Deutung des Kindes. Daher kann die Autorin nur alarmiert berichten, „dass bei allen befragten Vorschulkindern eine unkontrollierte Adaptationsbereitschaft gegenüber jeglicher Autorität festgestellt wurde, Selbstbestimmung in ihrem Bewusstsein also nur innerhalb autoritärer Grenzen möglich erscheint" (S. 119). Dabei zeigten die Ergebnisse auch einen Interaktionseffekt zwischen Autoritätsgläubigkeit und sozialer Herkunft: „Je höher die Sozialschicht, umso mehr Bedeutung kommt im Bewusstsein der Kinder der normativen Autorität zu. Je niedriger die Sozialschicht, desto mehr Bedeutung kommt personaler Autorität zu" (ebd.). Freilich weiß die Autorin auch, wie der Mechanismus der Unterwerfung und Abhängigkeit funktioniert und was daraus resultiert: „Die Unfähigkeit, die eigenen Aggressionen ohne Angst zu ertragen und in gezielte Aktivität umzusetzen, verstärkt wiederum die Abhängigkeit von personaler und normativer Autorität (…). Auf dem Hintergrund dieser ambivalenten, infantilen Haltung gegenüber jeglicher Autorität entsteht eine Regression in Passivität, die zu politischer Apathie führen muss" (S. 120).

Im Unterschied zu dieser, aus heutiger und entwicklungspsychologischer wie auch pädagogischer Sicht nicht gerade überzeugenden, aber dennoch m. E. informativen Studie kann nun aus Untersuchungsergebnissen von William Damon berichtet werden, der als einer der wenigen wissen wollte, wie sich die Autoritätsvorstellungen der Kinder tatsächlich entwickeln. Die Autoritätsvorstellungen unterliegen nach Damon (1984) in der Zeit von der Kindheit zur Adoleszenz dramatischen Transformationen und Entwicklungen (vgl. S. 203). Das Autoritätsverhältnis ist dem Autor zufolge eine Form der sozialen Beziehung, „in der zwischen den beteiligten Personen ein Machtgefälle besteht und Gehorsam gegenüber der Person verlangt wird, die die größere soziale Macht besitzt" (S. 203 f.). Dennoch ist gerade das pädagogische Verhältnis insbesondere zwischen Eltern und Kindern gerade *nie* ein ausschließliches Autoritätsverhältnis, vielmehr setzt, woran auch Herzog (2002) mit Scheuerl erinnert, das asymmetrische, dezidiert *pädagogische* Verhältnis immer ein symmetrisches, soziales Verhältnis voraus, denn wo „die Verbundenheit fehlt, ist Erziehung *nicht möglich*. (...) Wo (...) das Gefälle fehlt, ist Erziehung *nicht nötig*" (Scheuerl, zit. nach Herzog 2002, S. 506).

Damon hat 51 Kindern im Alter zwischen vier und neun Jahren je zwei hypothetische Autoritätssituationen vorgelegt und die Kinder dazu befragt. Die beiden Situationen unterschieden sich darin, dass es zum einen um eine Autoritätsbeziehung zwischen Kind und Erwachsenem geht und zum anderen um eine Autoritätsbeziehung zwischen Kindern. Die erste der beiden Situationen sei hier wiedergegeben:

„Das hier ist Peter (bei Mädchen: Michelle), und das hier ist seine Mutter, Frau Johnson. Frau Johnson möchte, dass Peter jeden Tag sein Zimmer aufräumt, und sagt ihm, dass er nicht zum Spielen hinausgehen darf, bevor er nicht sein Zimmer aufgeräumt und seine Spielsachen weggepackt hat. Eines Tages kommt nun Peters Freund Michael vorbei und erzählt Peter, dass alle Kinder sich zu einem Picknick fertigmachen und gleich losgehen wollen. Peter möchte mit, aber in seinem Zimmer herrscht eine heillose Unordnung. Er sagt seiner Mutter, dass er keine Zeit habe, jetzt sein Zimmer aufzuräumen, dass er es aber später tun werde. Seine Mutter sagt ‚Nein!', er müsse zu Hause bleiben und das Picknick ausfallen lassen" (Damon 1984, S. 207).

Die Kinder werden nun wie folgt befragt:

1. Was soll Peter machen? Warum?
2. Ist es gerecht, dass Frau Johnson das zu Peter sagt? Warum/Warum nicht?
3. Was wäre, wenn Peter sich irgendwie aus dem Haus schleichen und doch am Picknick teilnehmen würde? – Wäre es richtig, wenn Peter das täte?
4. Was wäre, wenn es Peter gelingen würde, unbemerkt das Haus zu verlassen, weil seine Mutter gerade ihren Mittagsschlaf hält? Und was wäre, wenn er zurückkommen und sein Zimmer aufräumen könnte, noch bevor sie aufwacht? Wäre das immer noch schlecht, wenn Peter so handeln würde, oder wäre das in Ordnung?

5. Was sollte Peters Mutter mit Peter machen, wenn sie ihn erwischen würde? Ist das gerecht ihm gegenüber? Warum darf sie ihn (nicht) bestrafen? Aus welchem Grund ist das gerecht?
6. Warum hat Peters Mutter das Recht, Peter zu sagen, was er tun soll? Hat Peter das Recht seiner Mutter zu sagen, was sie tun soll, und darf er sie bestrafen? Wo liegt der Unterschied?
7. Woher, meinst du, haben Mütter das Recht, Kinder zu befehlen? Eines Tages hat Peter sein Zimmer wirklich schön aufgeräumt, aber seine Mutter ist mit dem falschen Bein aufgestanden und hat eine miserable Laune. Sie sagt: ‚Ist mir doch egal, ob ich dir gesagt habe, dass du spielen gehen könntest; du bleibst zu Hause, und damit basta!'
8. Hat die Mutter das Recht, Peter das zu sagen? Spielt es eine Rolle, dass sie Peter gegenüber ihr Versprechen gebrochen hat? Was soll Peter machen?
9. Ist es jetzt in Ordnung, wenn Peter irgendwie versucht, aus dem Haus zu schleichen, um mit seinen Freunden zu spielen? Was ist, wenn er weiß, er wird dabei nicht ertappt?
10. Hat ein Kind immer zu tun, was seine Mutter ihm befiehlt? Egal was? Wenn sie z. B. sagt, du sollst ihr eine hübsche Kette aus einem Geschäft stehlen; hat sie das Recht, das zu tun? Was sollte das Kind machen? Wo ist hier (wenn überhaupt) ein Unterschied?
11. Was ist schlechter, wenn ein Kind seiner Mutter gegenüber ein Versprechen bricht oder wenn eine Mutter ihrem Kind gegenüber ein Versprechen bricht?" (S. 207 f.).

Es ist leicht zu bemerken, wie Damon sowohl bei der Wahl der Situation wie auch bei den Fragen die beiden Phänomene und Probleme miteinander verknüpft, die für das Verständnis von Autorität unabdingbar sind, nämlich Gehorsam und Legitimität (vgl. S. 205). Einige der Antworten der befragten Kinder seien hier exemplarisch wiedergegeben, um dann die Stufenfolge bzw. die Entwicklung der Autoritätsvorstellungen von Kindern nach Damon systematischer zu beschreiben:

> *Niveau 0-A:*
> Karen (4 Jahre, 1 Monat) antwortet auf die Frage, woher die Mutter von Michelle das Recht habe, ihr zu sagen, was sie zu tun habe: „Sie ist eben ihre Mutter." Was das bedeute: „Michelle liebt ihre Mutter und tut, was immer sie sagt" (S. 215).
> Marisa (4 Jahre, 2 Monate) auf die Frage, was Peter tun soll: „Am Picknick teilnehmen." Warum? „Weil er das gerne möchte und alle seine Freunde hingehen." Aber wenn seine Mama ihm diese verbieten würde: „Er würde tun, was seine Mama sagt." Warum? „Weil er das gern macht." Aber wenn

er wirklich zum Picknick gehen wollte und sein Zimmer gar nicht gerne aufräumen wollte: „Seine Mama würde ihn mit seinen Freunden gehen lassen." Und wenn nicht: „Dann würde er zu Hause bleiben und mit seiner Schwester spielen und alle seine Spielsachen in eine Kiste räumen" (S. 216).

Niveau 0-B:

Billy (5 Jahre, 11 Monate). Wäre es in Ordnung, wenn Peter trotzdem zum Picknick gehen würde: „Nein." Warum nicht? „Er würde Schwierigkeiten kriegen." Warum? „Mütter können einen bestrafen" (S. 220).

Niveau 1-A:

Tim (5 Jahre, 2 Monate). Was sollte Peter tun? „Sein Zimmer aufräumen." Warum? „Weil seine Mutter ihm das befohlen hat." Warum muss er ihr gehorchen? „Weil sie seine Mutter ist." Schließlich: „Mütter und Väter sind größer, und sie können einen den Hintern versohlen" (S. 223).

Niveau 1-B:

Ben (7 Jahre, 1 Monate). Was sollte Peter tun? „Er sollte das Picknick ausfallen lassen." Warum? „Weil, wenn seine Mutter ihm etwas befohlen hat, sollte er es auch tun." Warum? „Weil, wenn man krank wäre und würde sie um ein Glas Wasser bitten, dann würde sie einem das bringen. Aber wenn man nicht ihr zu Gefallen täte, dann würde sie es nicht für einen tun" (S. 227).

Niveau 2-A:

Paula (8 Jahre, 5 Monate). Worin gründet das Recht der Mutter, Peter zu befehlen? „Weil sie weiß, was das beste für ihn ist." Warum? „Weil sie Erfahrung hat und alles" (S. 231).

Becky (9 Jahre, 5 Monate). Hat die Mutter das Recht, Peter etwas zu verbieten, bloß weil sie schlechte Laune hat? „Nein, das Recht hat sie nicht, weil sie ihm das Versprechen gegeben hat und das Versprechen nicht brechen darf." Was sollte Peter tun? „Seiner Mutter gehorchen." Warum? „Dann käme er nicht in Schwierigkeiten (...) ... er kann rausgehen, wenn es ihm nichts ausmacht, dass er Schwierigkeiten bekommt" (S. 231 f.).

Niveau 2-B:

Eugene (8 Jahre, 11 Monate). Warum sollte Peter seiner Mutter gehorchen? „Weil seine Mutter so eine Art Beschützerin ist, und sie sollte in der Lage sein, ihm zu sagen, was er tun soll, andernfalls könnte sie nicht auf ihn aufpassen" (S. 236).

Maxine (9 Jahre, 6 Monate). „Mütter wissen, was das Beste für ihre Kinder ist." Was das bedeutet? „Das bedeutet, sie wissen, wie man sie großzieht und all das; sie wissen, wann man zu einem Kind ‚Nein!' und wann man ‚Ja!' sagen muss (...). Sie müssen nicht über alles mehr wissen; nur die Dinge, die beim Großziehen der Kinder eine Rolle spielen; z. B. um wie viel Uhr Kinder abends ins Bett müssen, was sie zu essen kriegen sollten und dass sie ihr Zimmer aufräumen sollten, bevor sie zu einem Picknick gehen ..." (S. 236).

Tabelle 1 fasst die zentralen Beschreibungsmerkmale der frühen Niveaus der Autoritätsvorstellung zusammen:

Tab. 1: Die frühen Niveaus der kindlichen Autoritätsauffassungen nach Damon (entnommen und angepasst aus Damon 1984, S. 210 f.)

0-A	Merkmale der persönlichen (emotionalen) Bindung und Wünsche legitimieren die Autorität. Grundlage des Gehorsams ist eine „Verknüpfung der Forderungen der Autoritätsperson mit den Wünschen des Selbst" (Damon 1984, S. 210).
0-B	Legitimation der Autorität durch physische Merkmale oder Eigenschaften (Größe, Kleidung, Geschlecht). Konflikte zwischen Selbst und Autorität werden erkannt. Gehorsam wird pragmatisch betrachtet.
1-A	Legitimation der Autorität durch deren Möglichkeit, ihre Forderungen durchzusetzen (per sozialer Macht, physischer Gewalt, Körperkraft etc.) Gehorsam beruht auf dem Respekt vor diesen Möglichkeiten der Autoritätsperson.
1-B	Legitimation der Autorität durch deren Überlegenheit im Sinne von Begabungen und Fähigkeiten. Grundlage des Gehorsams ist der sozialer Austausch – gehorchen, weil die Autoritätsperson für einen sorgt und den Gehorsam „verdient".
2-A	Legitimation der Autorität durch deren Führungserfahrung und -kompetenz. Gehorsam beruht auf dem Respekt vor diesen Fähigkeiten, weil dieselben für das Wohl der geführten eingesetzt werden (sollten).
2-B	Legitimation der Autorität hinsichtlich deren Eigenschaften und situativen Faktoren. Gehorsam beruht auf der Einsicht, dass situationsspezifisch Autorität für alle Beteiligten sinnvoll, aber auf die Situation begrenzt ist.

Wiewohl diese Niveaus – oder ähnliche Versuche der Erfassung der Qualität von Autoritätsvorstellungen und ihrer Entwicklung vom Kleinkindalter in das Erwachsenenalter – freilich weitere empirische Bestätigung (oder Widerlegung) erfahren müssten, kommt dessen ungeachtet die pädagogische Relevanz der Beschreibungen von Damon zum Ausdruck. Die Frage nach pädagogischer Autorität kann, mit anderen Worten, sicherlich nicht unabhängig vom Alter und vor allem dem Entwicklungsstand der Kinder und Jugendlichen diskutiert werden. Solche Versuche hat es immer wieder gegeben, aber vor allem in jenen Zeiten, in denen das Thema und der Begriff der Autorität aus gesellschaftlich verständlichen Gründen primär als Negativfolie benützt worden ist (vgl. Beck 1973), gegen welche das richtige und zukunftsweisende Erziehungsverhalten gesetzt wurde. Beispielsweise zeigt Bönner in seinem „Handbuch für Eltern und Pädagogen" unter dem Titel

Nichtautoritäre Erziehung (o. J.) die Bedeutsamkeit der Entwicklungsphasen nach. ‚Autorität' ist aber ein solch negativ besetztes Wort, dass ihr pädagogisch überhaupt keine Rolle zukommen kann, außer eine unerwünschte: „Die Autorität ist an eine Person oder Institution gebunden, wird durch Befehl, Gebot und Verbot, durch Drohungen und Sanktionen aller Art gestützt und erzwungen. Der Lehrer hat Autorität kraft seines Amtes. Solche Autorität muss grob frustrieren, das Leistungsverhalten wird unproduktiver und primitiver. Angst mischt sich störend in die Leistung, das soziale Verhalten lädt sich aggressiv und destruktiv auf" (S. 136).

Gleichzeitig wurde eine Art Entwicklungs- oder Prozessperspektive natürlich schon lange eingenommen, etwa als Brückner schrieb: „Die Erziehung findet dann ihr Ende darin, dass aus der Beherrschung Selbstbeherrschung geworden ist und der Heranwachsende seinem Gewissen so folgt wie vordem nur der Autorität" (Brückner 1966/2000, S. 87). Insbesondere wurde die pädagogisch zentrale Funktion der Autorität, die Befriedigung des Bedürfnisses nach Sicherheit, zu Recht immer wieder betont. Dazu gehöre auch eine „Ökonomie des Gehorchens", denn Gehorsam erspare Unlust und „verleiht eine wenn auch vom Wohlleben der Mächtigen abhängige Sicherheit" (S. 99). Während Gehorsam freilich vielfach zum Schutz des Kindes notwendig ist, sollte er hingegen nicht als (kindliche) Tugend betrachtet werden, denn, wie Bittner m. E. richtig schreibt, bedeutet „Lernen, aus Einsicht zu gehorchen", wenn damit „keine verschleiernde Leerformel gemeint sein soll, immer zugleich: lernen, nicht zu gehorchen" (Bittner 2000, S. 105). Gehorchen kann im einen Fall eine Art Tugend, im anderen eine Art Untugend sein, nicht zu gehorchen ebenfalls. Allein diese jedem und jeder zugänglichen Differenzierungen, für die aus allen Bereichen des menschlichen Lebens zig Beispiele herangezogen werden können, sollten Anlass sein, über die hier interessierenden Phänomen nicht auf einseitige Weise nachzudenken bzw. sie nicht weiter mit mittlerweile dysfunktional gewordenen Tabus der politischen und pädagogischen Korrektheit zu belegen.

Exkurs II

Autorität in französischen und deutschen Schulen – ein Sketch

Leider wollte es dem Verfasser der vorliegenden Arbeit nicht gelingen, empirisch überzeugende Untersuchungen zum Unterschied der schulischen Praxis unter dem Aspekt der Autorität der Lehrperson im Kulturvergleich zu finden. Gleichwohl lässt sich zu diesem interessanten Themenkomplex einiges sagen, was zumindest Augenscheinvalidität besitzt und hier den Vergleich zwischen Deutschland und Frankreich betrifft. Es ist davon auszugehen, dass die meisten Personen, die Erfahrungen haben mit beiden – deutschen und französischen – Schulsystemen, möglichst auf den gleichen Niveaus, sei es als Schülerin oder Schüler, sei es als deren Eltern, oder sei es als Lehrerin oder Lehrer, den Differenzen, die hier sketchartig wiedergegeben werden, grosso modo zustimmen können. Ganz ähnliche Differenzen, wenn auch weniger ausgeprägt, lassen sich auch etwa zwischen deutschschweizerischen und französischschweizerischen Schulen finden.

Die folgenden Gegenüberstellungen sind einem Erfahrungsbericht entnommen, der unter dem Titel *Das Wertesystem der Grundschule in Deutsch-*

land und Frankreich von Anne Dussap-Köhler (2002) verfasst worden und der dem Internet zu entnehmen ist[19]. Es handelt sich um die zusammengefassten Erfahrungen von französischen und deutschen Lehrpersonen der Grundschulstufe, die zu einem zeitlich befristeten Austausch auf der gleichen Schulstufe in ihrem Nachbarland bereit waren. Die drei hier interessierenden Fragen lauten: 1. Wie wird das Verhalten des Grundschulkindes von den Besucherinnen wahrgenommen, 2. Wie wird die Rolle der Lehrperson von den Besuchern wahrgenommen und 3. Wie wird die offenbar dahinterliegende „Pädagogik" wahrgenommen? Dabei wird einerseits deutlich, dass es sich um Wahrnehmungen handelt, andererseits aber auch, dass die Lehrpersonen sich mit ihren Kolleginnen und Kollegen aus dem Nachbarland intensiv ausgetauscht haben.

Wie wird das Grundschulkind wahrgenommen?

Das *französische* Grundschulkind aus der Sicht der *deutschen* Lehrer/innen: Es verbringt sein Leben in der Schule (schon ab 3 Jahren), jeweils 8.30–16.30 Uhr[20]. Das französische Kind zeigt kaum oder keine Eigeninitiative (es hat viel zu wenig Zeit zum Spielen, zu wenig „Selbstentfaltungsmöglichkeiten"). Es hat lange Sommerferien, sonst ist sein Lernen allein von der Lehrerin oder vom Lehrer gelenkt und geplant. Es ist aber sehr diszipliniert, hat großen Respekt vor der Lehrerin, es unterwirft sich breitwillig. Natürlich ist es ängstlich und muss gute Noten nach Hause bringen ...

Das *deutsche* Grundschulkind aus der Sicht der *französischen* Lehrer/innen: Es ist König, d. h. laut und undiszipliniert, autonom, spontan und respektlos. Es hat Mühe, aufmerksam zu sein. Es rauft gerne, und wenn die Lehrerin ins Klassenzimmer kommt, rauft es weiter. Es muss eingestimmt werden, hingeführt werden, motiviert werden. Wenn ihm etwas nicht passt, so gibt es seine Meinung spontan kund. Es will dann diskutieren und die Lehrerin sucht eine Einigung ...

---

19 Link: http://www.tele-tandem.org/doclies/annedussapblicke/annedussapblicke3.html

20 In die Primarschule gehen in Frankreich die Kinder zwischen zwei und elf Jahren. Sie gliedert sich in zwei Abschnitte: die *école maternelle* (für Zwei- bis Fünfjährige) und die *école élémentaire* (für die Sechs- bis Elfjährigen). Die Schulpflicht – bzw. genauer die Pflicht zur Bildung – beginnt mit sechs Jahren, also mit dem Eintritt in die *école élémentaire.* Faktisch gehen aber schon 98 % der Dreijährigen regelmäßig in eine *école maternelle* (vgl. MEN, 2002; übersetzt v. A. Schürmann).

Die Rolle der Lehrperson

Der französische Lehrer aus deutscher Perspektive: Er ist Staatsdiener. Er ist streng und weiß, wie man die Kinder diszipliniert. Er „bemuttert" die Kinder nicht, auch die ganz Kleinen nicht. Er ist freundlich und distanziert. Er redet nicht über Pädagogik und er tauscht sich nicht über Lehrmethoden aus.

Die deutsche Lehrerin aus französischer Perspektive: Sie steht ständig unter Zeitdruck („Stoffmenge"). Sie ist sehr geduldig und muss ständig mit Kindern und Eltern (und Kolleg/innen) über alles verhandeln. Sie hat immer ein offenes Ohr (eines, das auch „aktiv zuhören" kann ...). Will sie respektiert werden, so muss sie motivieren können, Interessen wecken können. Sie versteht sich als Begleiterin von Lernprozessen, ist kindzentriert und hinterfragt ihr pädagogisches Können ...

Zur Schulpädagogik

Die französische Grundschulpädagogik aus deutscher Sicht: Es gibt sie eigentlich nicht, der Unterricht ist auf bloße Wissensvermittlung ausgerichtet („Frontalunterricht"): Wenig Autonomie, viele Noten. Man scheint sich keine Gedanken zu machen über die Entwicklung des Kindes und seine Kreativität, Eigeninitiative, Autonomie ...

Die deutsche Grundschulpädagogik aus französischer Sicht: Sie gleicht eher einem Animationsprogramm in einem Ferienlager (Spiel, Spaß und Basteln). Sie lässt einen Lärmpegel zu, in welchem die Kinder nicht lernen können. Die Lernziele sind eh meist unklar und die erste Klasse ist noch Kindergarten ...

Das Fazit dieser Gegenüberstellung, die für sich beansprucht, nicht ohne wahre Klischees zu sein, lässt sich in drei Punkten festhalten: 1. Man versteht sich (offenbar) nicht. 2. Der augenfälligste Unterschied betrifft das Verhältnis zur bzw. das Verständnis der Autorität der Lehrperson. 3. Während die französische Lehrperson vor allem den Staat und dessen republikanischen Ideale zu repräsentierten scheint, besteht die Grundlage des pädagogischen Selbstverständnisses der deutschen Lehrpersonen auf dieser Schulstufe eher in der Beziehung und dem persönlichen Verhältnis zwischen Lehrperson und Schüler/innen.

Mit einigen Nachbemerkungen sei diese insgesamt problematische, aber dennoch nicht aus der Luft gegriffene Skizze kritisch ergänzt. Problematisch ist dieser klischierte Vergleich natürlich, weil er sämtliche Differenzen, die sich durch das Faktum der kulturellen Intersektionalität ergeben – aus didaktischen und argumentationsästhetischen Gründen –, schlicht ignoriert. Selbstverständlich gilt wie bei fast allen Vergleichen im sozialen Bereich, dass – statistisch gesehen – die Varianz *innerhalb* einer Gruppe größer ist als jene *zwischen* den Gruppen, umso mehr als es sich um große, kulturell ausdifferenzierte und heterogene Gruppen handelt. So würde man gewiss zig Gegenbeispiele finden und die Differenzen plausibel beschreiben können. Dennoch sind die genannten Unterschiede nicht zu unterschätzen. Würde man allein den *Lärmpegel* in allen Klassen der französischen und deutschen Grundschulen messen und vergleichen wollen und können, so würde es wohl nur wenige Personen geben – vorausgesetzt, sie sind mit den beiden Schulsystemen etwas vertraut –, die nicht ziemlich genau wüssten, welche Hypothese überhaupt plausibel erscheinen kann.

Die deutsch-französischen Unterschiede der Schul- und Unterrichtsgestaltung, soweit sie plausibel sind und empirisch erhärtet werden könnten, bleiben für die Thematik der pädagogischen Autorität und ihrer Entmystifizierung fruchtbar und stimulieren die Formulierung interessanter Hypothesen, die in Teilbereichen innerhalb der gleichen (schul-) kulturellen Gruppe ja schon empirisch hinlänglich überprüft worden sind. Dazu gehören etwa die Hypothesen,

- wonach die Lenkungsdimension im Unterricht (hoch versus gering) unabhängig ist von der Dimension der Kindorientierung (z. B. operationalisiert als hohe versus tiefe Achtung [Wärme und/oder Rücksichtnahme]),
- wonach ein vergleichsweise hochgradig disziplinierter Unterricht und diszipliniertes Schulleben nicht mit der Entwicklung von Autonomie und Selbstständigkeit der Schülerinnen und Schüler negativ korrelieren müssen, und
- wonach die geringe emotionale Identifikation mit der Schule und den Lehrpersonen für Schülerinnen und Schüler durchaus positive Auswirkungen haben können (etwa in dem Sinne, dass die Illusion, staatliche Institutionen hätten mütterlich-fürsorglich zu sein, gar nicht erst entsteht).

Eine sich „republikanischen" Idealen verpflichtet sehende Schule trägt das Selbstverständnis der Autorität der Tradition, des Wissens und der Sprache (Kultur) mit wenig Irritation in sich bzw. in ihren wichtigsten Repräsentanten, den Lehrpersonen (vgl. Kap. 8). Die Ordnung und Objektivität, die sie verkörpert, bergen Potentiale für die Bedürfnisse der Sicherheit und der Weltlichkeit des Kindes bzw. der Schülerinnen und Schüler, aber freilich auch Probleme.

Eine Schule andererseits, deren Lehrpersonen vor allem die persönliche Beziehung und die schulische Gemeinschaft und Gemeinschaftlichkeit in den Mittelpunkt stellt, birgt ebenfalls, vielleicht teilweise andere Potentiale und Probleme. Zu ihren Stärken gehört sicher der Fokus auf diskursive Verfahren, wo sie möglich sind, und argumentative Auseinandersetzung. Was aber tatsächlich als Wirkungsfolgen von unterschiedlich gearteten Schulen hinsichtlich solcher Dimensionen valide behauptet werden kann, wird wohl wenig bis nichts sein. Um es – möglicherweise nicht ganz zulässig „klischiert" – abzurunden: Aus der (uninformierten) Sicht einer „bornierten" deutschsprachigen Pädagogik müssten die jungen Französinnen und Franzosen die Schule ziemlich eingeschüchtert, angepasst und wenig selbstbewusst verlassen. Aus Sicht einer entsprechenden französischseitigen Borniertheit müssten die jungen Deutschen ihre Schule vergleichsweise als undisziplinierte Egoisten und Chaoten verlassen – sofern solche Wirkungen der insgesamt relativ dramatischen anmutenden schulpädagogischen Unterschiede überhaupt irgendwie nachweisbar wären. Doch beides scheint insgesamt nicht der Fall zu sein. Daraus aber den Schluss zu ziehen, dass es gleichgültig ist, wie Schule und die Autorität der Lehrperson sich gestaltet, wäre allerdings ebenfalls nicht überzeugend.

6

Affirmierte Autorität

„Die Qualifikation des Lehrers besteht darin,
dass er die Welt kennt und über sie belehren kann,
aber seine Autorität beruht darauf, dass er für diese Welt
Verantwortung übernimmt. Gegenüber dem Kinde
nimmt er es gleichsam auf sich, die Erwachsenen
zu repräsentieren, die ihm sagen und im einzelnen zeigen:
Dies ist unsere Welt."

Hannah Arendt (1994, S. 270)

Nachdem bisher nicht problematische Aspekte zum Phänomen der Autorität erwähnt, teilweise erörtert, möglicherweise geklärt, zumindest aber kommentiert worden sind, soll es im Folgenden darum gehen, die zu bejahenden Seiten des Phänomens festzuhalten. Wer die Bedeutung von Autorität aus heutiger Sicht nur negativ bewerten kann, versteht m. E. das Phänomen nicht. Es gälte die systematischen Zusammenhänge zu beleuchten und zu zeigen, dass Autorität z. B. mit dem Konzept der Macht in einem komplexen Verhältnis steht. Wer nun aber von Macht nur negativ denken kann, der oder die lässt sich vom Reiz der klaren Unterscheidung zwischen den „guten“ und den „schlechten“ oder gar „bösen“ Wörtern verführen, die oben erläutert worden waren (vgl. Kap. 4.4). So lautet die zentrale Frage nicht, wie man Macht ein für alle Mal los wird, aus der Welt der Menschen verbannt, denn das ist sowieso unmöglich. So ist das Erziehungsverhältnis immer auch ein Machtverhältnis und die Frage ist nicht, wie es ein machtloses Verhältnis werden kann, sondern vielmehr wie und mit welchem Ziel von Macht Gebrauch gemacht wird. Die Diskussion zur Differenz von Machtgebrauch und Machtmissbrauch interessiert, nicht die reichlich puristische Behauptung, dass *jeder* Gebrauch von Macht einen Missbrauch darstelle. Eine solche Sicht wäre nicht radikal zu nennen, wie sie sich vielleicht selber vorkommen mag, sondern einfach naiv.

Während zwischen Autorität und Macht sicher eine Art Verwandtschaft besteht, stellt sich das Verhältnis von Autorität und (physischer) Gewalt als Gegensatz heraus. Das Verhältnis von Autorität und Disziplin (sowie Disziplinierung) ist sicher nicht von widersprüchlicher Natur, genau gleich, wie auch Autorität und Autonomie, sowie Autorität und Moral kaum überzeugend als Gegenbegriffe konzipiert werden können. Aus diesem Grund ist es auch ein Irrtum, zwischen Autorität und Demokratie oder auch Freiheit einen Widerspruch zu sehen. So könnte die Demokratie als Staats- und als Lebensform in keiner Weise bestehen, wenn die ihr an- und zugehörigen Menschen nicht die Autorität demokratischer Institutionen und Prozeduren und der Personen, die dieselben repräsentieren, in dieser Funktion anerkennen würden. Nicht die Überwindung dieser Anerkennungsverhältnisse, sondern vielmehr die kritisch-loyale Sicherung ist Ziel von Erziehung und Bildung, dabei stehen aus einer entwicklungstheoretischen (ontogenetischen) Perspektive sicher zunächst personale Autoritäten im Vordergrund, die aber überwunden werden sollen. Wiewohl die daran anschließende Anerkennung der unpersönlichen Autorität der Kultur (vgl. Kap. 8) im Grunde unvermeidlich ist, wohl aber nicht nur „hinzunehmen“, sondern auch zu „bejahen“ ist.

6.1 Merkmale von Autorität (in einem affirmativen Sinne)

Dass Autorität eine anerkannte und geachtete Macht darstellt, die zu gleichen Teilen bewundert und befürchtet wird, wurde von unterschiedlichen Autoren und in unterschiedlichen Disziplinen hervorgehoben. Dennoch fallen Autorität und Macht nicht zusammen, vielmehr ist das Autoritätsverhältnis eine Form des Machtverhältnisses, freilich eine sehr verbreitete Form, die das pädagogische Feld weit überschreitet.

Autorität in Organisationen

Aus soziologischer Perspektive interessiert die „soziale Figuration" des Autoritätsverhältnisses: Was muss der Fall sein, dass ein Autoritätsverhältnis besteht und aufrecht erhalten werden kann? Bekannt sind in diesem Zusammenhang die überzeugenden Analysen von Sofksy und Paris (1994) geworden (vgl. auch Paris 2009). Die beiden Autoren unterscheiden neun Merkmale der „Struktur von Autorität", die hier zusammengefasst wiedergegeben werden sollen.

Das erste Merkmal bezieht sich auf die grundlegende Tatsache, dass Autorität *zugeschrieben* wird. Mit anderen Worten, über Autorität verfügt eine Person nur in dem Maße, in welchem sie von anderen zugeschrieben wird. So verstanden ist „Autorität" keine Bezeichnung einer Eigenschaft einer Person, sondern einer bestimmten Praxis einer *Beziehung. Wenn* einer Person die eine oder andere Form von Autorität zugeschrieben wird, *dann* stellt diese Zuschreibung für eben diese Person eine *Quelle der Macht* dar, die genutzt werden kann oder auch nicht (vgl. S. 22): „Wer weiß, dass die anderen ihn als Autorität anerkennen, braucht sich um ihre grundsätzliche Gehorsamsbereitschaft nicht zu sorgen" (ebd.). Dies bezeichnen Sofsky und Paris als „symbolisches Kapital", das genutzt, aber auch wieder verspielt werden kann (ebd.).

Das zweite Merkmal besteht in der Bestimmung der Autorität als eine *figurative Konstruktion*: indem eine Person als Autorität anerkannt wird, werden gleichzeitig andere Personen als Nicht-Autoritäten mitbestimmt und ein ganzes Netz von sozialen Beziehungen mag dadurch in Bezug auf Hierarchie, Rang und Status der Einzelpersonen beeinflusst werden. Möglicherweise erhalten einzelne den Status als „Zwischenautorität", d. h. „mindere Autoritäten, deren Autoritätszuschreibung selbst Autoritätsgeltung erlangen. Wir finden das gut, was diejenigen gut finden, die wir gut finden" (S. 23).

Das dritte Merkmal ist, wie schon erwähnt, der Umstand, dass Autorität *auf Anerkennung beruht*. Sie wird also „aus freien Stücken" zugebilligt (S. 24): „... wo sie abgefordert oder gar erzwungen werden muss, ist der Autoritätsglaube bereits brüchig" (ebd.). Wer aber über die „waffenlose Macht" der Autorität verfügt, kann „auf den Einsatz grober Machtmittel, Drohungen oder Sanktionen normalerweise verzichten" (ebd.).

Dass die Anerkennung der Autorität die *Anerkennung der Werte*, die eine Autorität vertritt, impliziert, ist das vierte von Sofsky und Paris genannte Merkmal. Eine bedeutsame Unterscheidung besteht darin, ob es sich um eher „konservative Autoritären" handelt, die sich vorwiegend auf bestehende Werte und die Tradition beziehen, oder aber um „innovative Autoritäten", die „neue" Werte vertreten, besser: Werte, die einen Bruch mit der Tradition erfordern oder dulden (S. 26). In gewissem Sinne sind Autoritäten damit Repräsentanten einer bestimmten Gruppenmoral: „Wer sich der Autorität fügt, weiß sich im Einklang mit den moralischen Normen und Ansprüchen der Gruppe" (S. 27).

Das fünfte Merkmal von Autoritätszuschreibungen ist *Personalität* (vgl. S. 28): „Autoritäten sind Persönlichkeiten" – möglicherweise besonders geprägt von Ausstrahlung, Kompetenz und Selbstsicherheit –, wiewohl die Aura der Autorität „mehr als die Wirkung einer Person" ist (ebd.) und sich der Status der Autorität einer objektiven oder objektivierten Instanz verdankt. Die Quasi-Objektivität der Autorität kommt zum einen in der „Unerreichbarkeit und Unangreifbarkeit" zum Ausdruck, zum anderen in der „Verkörperung anerkannter und dauerhafter Werte" (S. 29).

Das Bild der Autorität bezieht sich auf die *gesamte Person*. Darin sehen die Autoren das sechste Merkmal. Der Zuschreibung von Autorität wohne eine „Generalisierungstendenz" inne, d. h. die Anerkennung der Überlegenheit wird – tendenziell – auf viele andere oder gar alle Gebiete verallgemeinert (vgl. S. 30). Psychologisch könnte man vom Halo-Effekt sprechen. Freilich gibt es aber auch „limitierte Autoritäten", deren (zugeschriebene) Überlegenheit sich nur auf bestimmte Bereiche erstreckt und deren Machtfülle dadurch auf spezifische Möglichkeiten begrenzt ist (vg. S. 31). Doch auch sie haben dafür zu sorgen, dass sie „die zugeschriebene Überlegenheit als Person integrieren" (ebd.).

Mit dem siebenten Merkmal wird darauf hingewiesen, dass Autorität „von unten" zugeschrieben wird, und die Reaktion auf diese Autoritätszuschreibung „zunächst unerheblich" scheint (S. 31). Allerdings kann sich die Autoritätsperson früher oder später dem damit entstandenen „Handlungs- und Erwartungsdruck" nicht entziehen. Autoritätsbeziehungen sind nach Sofsky und Paris *reziproke Geschehen*: mit der Selbstunterordnung verbindet der „Autoritätsgläubige auch Forderungen und Anforderungen an die Autorität, die sie nicht dauerhaft enttäuschen darf" (S. 31). Zu den Grunderwartung gehört, dass die zugeschriebene Macht nicht missbraucht, sondern verantwortlich eingesetzt wird. „Konkrete Gestalt gewinnt dieses Grundmotiv der Verantwortlichkeit in Erwartungen von *Obhut* und *Förderung*" (S. 32), dazu gehöre etwa auch die „Erziehung und Formung der Persönlichkeit", was den

„pädagogischen bias" jeder Autorität illustriere, wiewohl freilich nicht jede Autorität pädagogisch zu verstehen sei (ebd.).

Bedeutsam ist weiter, so das achte Merkmal, dass Autoritätsverhältnisse Inszenierungen sind: „Von oben wie von unten muss die Autoritätsbeziehung auch als solche inszeniert werden, sie bedarf einer *Dramaturgie* der Zuschreibungen und Handlungen, ohne die eine stabile Beziehungsdefinition gar nicht aufgebaut werden kann" (S. 35 f.). Die Selbstinszenierung des Unterlegenen beginnt mit dem Eingeständnis seiner Unterlegenheit, die durch bestimmte Gesten und Haltungen ausgedrückt wird (vgl. S. 36). Die Selbstdarstellung der Autorität, auf der anderen Seite, beruht darauf, dass sie die ihr entgegengebrachte Wertschätzung anerkennen muss, ohne den Eindruck zu erwecken, dass sie von dieser Anerkennung abhängig ist. Damit wird auch gesagt, dass „trotz aller Anerkennung der sozialen Distanz" auch Ansprüche *„gegenseitiger* Achtung und Wertschätzung" (ebd.) erhoben und akzeptiert werden müssen.

Schließlich wird mit dem neunten Merkmal darauf hingewiesen, dass Autoritäten *Ordnungsfunktion* übernehmen, die sich als Erfolg der Inszenierung der Autorität bemesse (vgl. S. 38). Autoritäten schaffen eine Ordnung in einer sozialen Gruppe, besonders aber in unstrukturierten Gruppen, in denen der Bedarf nach Autorität offenbar groß ist. „Die Ordnung (...) erscheint von oben nach unten als eine Ordnung von Unterordnungen. Autorität schafft Ordnung durch Unterordnung" (S. 39). Wichtig ist Sofsky und Paris der Hinweis, dass nicht jeder Machthaber auch Autorität vorweist und der „Rang einer Autorität durchaus nicht mit ihrer Stellung in der Hierarchie zusammenfallen muss" (S. 41), wiewohl dies vielleicht dennoch der Regelfall ist.

Die Eigenschaften, aufgrund deren jemand Autorität besitzt bzw. zugeschrieben erhält, sind nach Damon „fast unübersehbar. Sie umfassen Herkunft, Religion, Geschlecht, Größe, Stärke, Alter, Intelligenz, Güte, Erfahrung, ‚Charisma' und vieles anderes mehr" (Damon 1984, S. 204). Dabei sei das Problem evident, dass oft strittig ist, auf welcher Basis soziale Macht am besten zu rechtfertigen sei. Was Sofsky und Paris betrifft, so unterscheiden die Autoren fünf Quellen der sozialen Macht bzw. damit einhergehende Autoritätstypen in Organisationen. Diese werden unterteilt in *formale* Autoritäten einerseits – beispielsweise in Verbindung mit offiziellen Befugnissen einer Position (Amtsautorität) der sachlich-technischen Notwendigkeiten der Produktion (Funktionsautorität) – und *personalen* Autoritäten andererseits. Die letzteren erstrecken sich auf den Einsatz von Fachwissen (Sachautorität), koordinative und organisatorische Fähigkeiten (Organisationsautorität), aber auch persönliches Charisma (Sofsky & Paris 1994, ab S. 42). Über

Amtsautorität verfügt eine Person nicht als Person, sondern als Inhaberin dieses Amtes und zwar nur solange sie dasselbe inne hat. Die entsprechende Anerkennungsleistung bezieht sich auf die institutionelle Ordnung, die von der Person im Amt durchgesetzt wird bzw. durchgesetzt werden kann. Es sind denn auch primär die Anforderungen des Amtes, an denen der Amtsträger oder die Amtsträgerin gemessen wird. Die *Sachautorität* einer Person bezieht sich im Gegensatz zur Amtsautorität auf spezifische Kompetenzen dieser Person und nicht auf deren (soziale) Position. Sachautorität mag in Fachwissen gründen, in der jahrelangen Erfahrung in einem Teilbereich des Arbeitslebens und/oder im einschlägigen Wissen über bestimmte Abläufe in einem Betrieb oder einer Organisation. Die *Organisationsautorität* hat ihre Machtquelle in der Fähigkeit einer Person, den reibungslosen Ablauf eines Betriebes zu koordinieren, wobei differenziertere Arbeitsabläufe größeren Organisationsbedarf erfordern und damit auch die Autorität derjenigen stärken, welche die notwendigen Prozesse souverän zu steuern und koordinieren vermögen. Damit verwandt oder verbunden ist oft die *Funktionsautorität*, welche eine entpersönlichte Autorität darstellt, die eher einer Funktion und den damit verbundenen sozialen Rollen in Organisationen zugeschrieben wird, in denen bereits Organisiertes sich weiterhin bewährt. Die Grundlage für diese Form von Autorität mag eine funktionierende Technik selbst sein, die der alltäglichen Reproduktion von Steuerungsmechanismen dienlich ist. Davon abzuheben ist schließlich das sogenannte *Charisma*, das in bestimmten Lebensbereichen ganz bedeutsam sein kann, in Organisationen aber untergeordnete Bedeutung besitzt, sofern die charismatische Persönlichkeit ihre Autorität nicht auch aus den anderen (genannten) Quellen speisen kann.

Autorität anerkennen, individuelle Freiheit schützen

Mit den von Sofsky und Paris (1994) herausgearbeiteten Merkmalen der Autorität (in Organisationen) wird im Grunde deutlich, dass Autorität und der Einsatz von Gewaltmitteln nicht einhergehen können. Dies wusste freilich auch schon Hannah Arendt: „Da Autorität immer mit dem Anspruch des Gehorsams auftritt, wird sie gemeinhin für eine Form von Macht, für einen Zwang besonderer Art gehalten. Autorität jedoch schließt gerade den Gebrauch jeglichen Zwanges aus, und wo Gewalt gebraucht wird, um Gehorsam zu erzwingen, hat Autorität immer schon versagt. Andererseits ist Autorität unvereinbar mit Überzeugen, welches Gleichheit voraussetzt und mit Argumenten arbeitet. Argumentieren setzt Autorität immer außer Kraft. Der egalitären Ordnung des Überzeugens steht die autoritäre Ordnung gegenüber, die ihrem Wesen nach hierarchisch ist. Will man also Autorität überhaupt definieren, so würde es sich vor allem darum handeln, sie klar sowohl gegen Zwang durch Gewalt wie gegen Überzeugen durch Argumentieren abzugrenzen" (S. 159 f.).

Auch dass Autorität nicht als Freiheitsverhinderung verstanden werden sollte, zeigt Arendt auf: „Ein autoritär geleitetes Gemeinwesen wie die Katholische Kirche ist nicht totalitär, und totale Herrschaft, wie wir sie von den Hitler- und Stalin-Regimen kennen, hat mit Autorität nicht das Geringste zu tun. Aufgabe der Autorität ist es immer gewesen, die Freiheit zu begrenzen und gerade dadurch zu sichern, so dass eine Staatsform ihre eigentliche Substanz verliert, wenn sie die Freiheit schlechterdings abschafft. Sie ist dann eben nicht mehr autoritär, sondern tyrannisch" (S. 162). Entscheidend ist, dass Autorität und Freiheit keine Gegensätze sind „und einem Autoritätsverlust (...) kein automatischer Freiheitsgewinn" folgt (ebd.).

Doch wie vertragen sich nun (personale) Autorität und (individuelle) Freiheit? Das ganze Leben ist von Autoritätsverhältnissen durchzogen. Die unvermeidliche Staatsautorität, die Autorität der Eltern, der Lehrer usw. „Das große Mittel zur Vereinigung der autonomen Freiheit mit der unvermeidlichen Autorität", so meinte Krüger, „besteht darin, dass sich der Mensch von den Autoritäten innerlich zurückzieht. Wer die Autoritäten naiv und unkritisch gelten lässt, ist von ihnen innerlich eingenommen: er lässt sich von ihrer maßgeblichen Überlegenheit imponieren; und das bedeutet – je nach ihrer Art und Höhe –, dass er vor ihnen Ehrfurcht und Furcht empfindet, dass er – wie etwa der Diener vor seinem Herrn, der Soldat bei seinem General, der Schüler bei seinem Meister – stolz ist, hier dienen und folgen zu ‚dürfen'; wer sich von Grund auf für ‚weniger' hält als die Autoritäten, übt eine ihn von Grund auf bestimmende Loyalität und Treue, die unter Umständen Hingabe, Begeisterung und Opferbereitschaft einschließt" (Krüger, 1953, S. 28). Der autonome Mensch sei aber skeptisch gegenüber der Autorität: Wenn Autoritäten zwar auch nicht umgangen werden könnten, so „verinnerliche" sie doch der autonome Mensch nicht, sondern macht sie vielmehr zu etwas „Äußerlichem" (ebd.).

Persönliche Autorität basiert nicht auf abstrakten Rechtsgrundsätzen, sondern die Legitimität persönlicher Autorität entsteht aus der Wahrnehmung von Stärkeunterschieden. „Von einer legitimen persönlichen Autorität nimmt man an, dass sie zweierlei zu tun vermag: urteilen und Sicherheit gewähren. (...) Die Stärke, die der Autorität ihre Urteilsfähigkeit verschafft, gibt ihr auch die Möglichkeit, Sicherheit zu gewähren. Sie ist stark, sie weiß Bescheid und kann deshalb andere beschützen" (Sennett 1985, S. 188). Ein Kern der Stärke dieser Autorität ist die eigentümliche Verbindung von

Furcht und Respekt, die sie einflößt. Will man die Macht der Autorität abbauen, muss man also die Furcht vor ihr verlieren. Doch verliert die Autorität dann auch an Einfluss? Ist es so, dass man, je weniger man die Autorität fürchtet, sie auch desto weniger respektiert? Das mag für Diktatoren oder für religiöse Führer gelten, doch beispielsweise ist die Angst der Kinder eine zu schmale Basis für den Respekt den Eltern gegenüber. „Allgemeiner formuliert: Man kann die Furcht vor der Autorität auf eine Weise abstreifen, die nicht den Respekt vor ihnen unterhöhlt, sondern unsere Vorstellungen von ihrer Stärke verwandelt, davon, wie sie uns schützen, sichern, beurteilen soll" (S. 190). Die schnelle und vorschnelle Art, die Autorität abzustreifen, ist ihre vollkommene Ablehnung. Eine andere Form ist, der Autorität den Krieg zu erklären. Das bedeutet nicht nur Ablehnung der, sondern Kampf gegen die Autorität. Eine wiederum andere Möglichkeit, die Furcht vor der Autorität zu verlieren ist, sich die Bilder der Autorität aus einer solchen Nähe und mit solcher Aufmerksamkeit anzuschauen, dass sie einem vertraut werden und alles Geheimnisvolle einbüßen.

Ein Grund, weswegen manche Menschen Autorität und Autoritäten fürchten, ist der, dass sie Angst davor haben, moralisch beschmutzt zu werden. Diese Angst vor moralischer Beschmutzung resultiert nach Sennett aus der Vorstellung, die Verführungskünste der Autorität können andere Menschen nachgiebig und gefügig machen, oder dass die Anziehungskraft der Autorität so stark sein kann, dass sie das rationale Urteilsvermögen und Verhalten anderer Menschen trübt. „Dieser düstere Zusammenhang zwischen Autorität und Beschmutzung bringt mit sich, dass die Menschen unter der Ägide eines Hitler ein Handeln für psychologisch legitim hielten, von dem sie in einem Winkel ihres Bewusstseins wussten, dass es sich politisch oder ethisch nicht rechtfertigen lässt" (S. 193).

Doch auch hier gilt: je genauer man die Autorität kennt, desto weniger Furcht und Ehrfurcht flößt sie ein, da sie das Geheimnisvolle und die Allmacht verliert. „Psychologisch gesehen, kann die Annäherung ein ebenso komplexer Vorgang sein, wie die komplexe Rollenverdoppelung; sie kann sich aber auch auf einfache Weise vollziehen, etwa wenn der junge Erwachsene in dem Augenblick, da er selbst eine Elternrolle übernimmt, erkennt, warum seine Eltern in seiner Kindheit auf bestimmten Regeln beharrten. Die Annäherung kann ebenfalls, etwa in einer Therapie, die Form einer schonungslosen Suche nach den Gründen für das Verhalten von Eltern oder geliebten Menschen annehmen, die sich nie erklärt hatten. Stets kommt es hier zu einer Entmystifizierung der Autorität; Unterschiede in der Stärke mögen bleiben, doch die Autorität wird ihrer Besonderheit entkleidet – jener Kraft, die so geheimnisvoll und unergründlich schien. Weil es kein Geheimnis mehr gibt, ist die Autorität nicht mehr durch eine unüberbrückbare Kluft von denen, die ihrem Einfluss ausgesetzt sind, getrennt" (S. 194). Doch in unseren Kulturkreisen wird Autorität nach Sennett allgemein als etwas Festes, als eine statische Kraft angesehen: Von einer „legitimen persönlichen Autorität" nehme man an, dass sie über Urteilsvermögen verfüge und Sicherheit gewähre. „Die Stärke, die der Autorität ihre Urteilsfähigkeit verschafft, gibt ihr auch die Möglichkeit, Sicherheit zu gewähren. Sie ist stark, sie weiß Bescheid und kann deshalb andere beschützen" (S. 188). Es erscheine dann notwendig, gegen sie zu kämpfen, wenn man sie verändern wolle. Um die Angst vor der Autorität zu mindern, müsse man sich ihr aber vielmehr in einer Reihe von Krisen, die mitunter großes Unbehagen auslösen könnten, nähern.

Auch bejahte Autoritäten weisen, wie gezeigt werden sollte, eine Ambivalenz auf. So ist es *psychologisch* betrachtet nicht sicher, ob einer Autorität „freiwillig" gehorcht wird oder nicht. Doch die Legitimität der Autorität (und des Gehorsams) ist keine psychologische Kategorie. In einem ethisch-politischen Sinne sollten die Dinge nicht verwechselt werden: wer nicht (letztlich physisch) *gezwungen* wurde, hat „freiwillig" Gehorsam geleistet. Arendt meinte in Bezug auf den verwischten Unterschied zwischen Gesetz und Verordnung: „(...) im Grunde aber läuft es darauf hinaus, den Gehorsam, den ich dem Gesetz leiste, mit dem Gehorchen zu identifizieren, das auch dadurch erfolgen kann, dass mir einer die Pistole auf die Brust setzt. Es ist als ob ich das Recht hätte, den Absatz meines Schuhs einen Hammer zu nennen, weil ich ihn, wie die meisten Frauen, zum Einschlagen von Nägeln in die Wand benutze" (S. 167). Der Schuh ist kein Hammer und aus „freien" Stücken zu gehorchen und auch wenn die Freiheit psychologisch betrachtet eine Illusion sein sollte, ist nicht das Gleiche, wie zum Gehorsam gezwungen zu werden. Wer aus Angst Gehorsam leistet, hat dies psychologisch „unfreiwillig" getan, aber ethisch und sicher politisch geschieht dies „freiwillig", oder die Freiheit des Menschen ist nicht sehr viel wert. Es ist verständlich, aus Angst, nicht von seiner Freiheit Gebrauch zu machen, aber ein „Recht zu gehorchen" gibt es auch aus Angst nicht (vgl. Kap. 3.3).

6.2 Merkmale pädagogischer Autorität

Pädagogische Autoritäten sind personale Autoritäten, die wiederum von der Autorität der Kultur getragen werden (vgl. Kap. 8). In einem fundamentalen oder elementaren Sinn verkörpern aber die Eltern bzw. die engen Betreuungspersonen zwar nicht gleich nach Geburt, aber doch bald einmal im Leben des Kindes – im besten Fall – jene sichere Basis, die für eine günstige Entwicklung bedeutsam ist. Es ist natürlich kein Zufall, dass Autorität in einem basalen Sinn kulturgeschichtlich immer wieder mit der göttlichen Ordnung bzw. der Ordnung der Welt in Zusammenhang gebracht worden ist.

Prototypen

Dass Gott in monotheistischen Kulturen die erste Autorität ist, vermag nicht wirklich zu überraschen. Gott ist allwissend, allmächtig und heilig, d.h. er weiß alles, kann alles und will nichts Böses. Und vor allem: er kann direkt angesprochen werden, *geduzt* werden. Im Unterschied zu Gott ist man z.B. mit dem kategorischen Imperativ nicht per Du. In den Aufzeichnungen seiner Vorlesungen über Moralphilosophie aus den Jahren 1962–1963 kommt Vladimir Jankélévitch (2007) auf den Unterschied zwischen religiöser Verpflichtung, der man unterworfen sei, und moralischer Verpflichtung, die Willensfreiheit zulasse, zu sprechen. Das „gegenwärtige Absolute kann angerufen, gerufen und angefleht werden; der Beziehungsmodus zu Gott ist das Gebet, das eine Beziehung, eine Kommunikation ist. Diese Beziehung hat eine manchmal tragische Geschichte; man kann Gott an einigen Tagen mehr lieben als an anderen Tagen. Das vertraute Duzen der zweiten Person spielt eine große Rolle in diesen Beziehungen. Mit dem moralischen Gesetz dagegen können wir keinerlei Beziehung aufnehmen" (S. 33), es sei denn bloß rhetorische, die „Beziehungen mit dem moralischen Gesetz sind unpersönlich, abstrakt, was der moralischen Existenz einen ernsthaften, wenig anziehenden Charakter verleiht" (S. 34). Durch Transzendenz wird Beziehung zum Absoluten anvisiert, die eigentümliche Nähe – das Du – und das gleichzeitig unerreichbare Andere sind die Merkmale, die sozusagen prototypisch für die Autoritätsbeziehung stehen. Ein Abglanz der Attribute Gottes scheint bei der Autoritätsanerkennung haften zu bleiben, wiewohl er graduell abzunehmen scheint: der Vater oder die Mutter ist für das Kind wohl nicht wirklich 1. allwissend, 2. allmächtig und 3. heilig, aber vielleicht 1. gut informiert, 2. kann einiges und 3. ist ein guter Typ oder – noch später – 1. hat eben seine/ihre Geschichte, 2. bemühte sich mehr oder weniger und 3. machte nicht ganz alles falsch …

Wenn Bollnow in seiner *Anthropologischen Pädagogik* (1983) von der „frühkindlichen Geborgenheit" spricht (S. 45 ff.), kommt darin idealerweise eine fundamentale, zunächst vor-sprachliche und vor-reflexive Aufgehobenheit und Sicherheit zum Ausdruck, die eine auffällige Ähnlichkeit mit den

Merkmalen des Paradiesischen und von Gott Beschützten aufweisen. Der französische, ursprünglich aus Russland emigrierte Philosoph Alexandre Kojève (1902–1968) unterscheidet in *La notion de l'autorité*[21], 1942 erschienen und längere Zeit vergessen, zwischen vier – idealtypisch vorgestellten – Autoritäten, namentlich der Autorität des Vaters (*le père*), der Autorität des Herrn (*le maître*), der Autorität des Führers (*le chef*) und der Autorität des Richters (*le juge*). Denen ordnet er vier philosophische Traditionen zu, und zwar die scholastische, die hegelianische, die aristotelische und die platonische.

Die Figur des Vaters ist die „erste" Autorität, sie bezieht ihre Kraft aus der Vergangenheit. Der Vater ist der Grund der Existenz, die Nachfolgenden seine Erben, er ist der Ursprung. Varianten dieses Typus sind: die Autorität der Vergangenheit oder Herkunft, die Autorität der Eltern, die Autorität, die der Altersdifferenz entspringt, also der Alten gegenüber den Jungen, die Autorität der Tradition und der Traditionalisten, die Autorität der Toten, des Testaments, das nicht mehr verändert werden kann, natürlich aber die Autorität Gottes. Kennzeichnend ist, dass das Frühere für das Spätere – zumindest eine Zeitlang – eine Autorität darstellt.

Die zweite Autorität, jene des Herrn (le *maître*) gegenüber dem Knecht, gegenüber dem Sklaven, bezieht ihre Kraft aus der Macht, die sie in der Gegenwart gegenüber den anderen besitzt. Es könnte sich auch um die Macht des Mannes gegenüber der Frau, des Militärs gegenüber den Zivilisten und der Sieger gegenüber den Besiegten handeln. Merkmal ist, dass diese Autorität entscheidet und handelt und sich im Kampf um Anerkennung durchzusetzen versucht; sie ist bereit zum Risiko (denn sie hat viel zu verlieren) und sie ist fähig, Risikos zu bewältigen. Ihre Autorität wird vorübergehend sein, aber jetzt ist sie noch vorhanden.

Wie der Vater, so ist auch der Herr nicht freiwillig gewählt, man muss ihn zunächst einfach akzeptieren, es handelt sich, um es mit Michael Walzer zu sagen, um ein Beispiel einer „unfreiwilligen Assoziation" – und diese Assoziationen sind die Regel, auch in modernen Gesellschaften. Wie besagt das russische Sprichwort wahrscheinlich allzu bescheiden: „In der Liebe und im Krieg ist nur der erste Schritt freiwillig" – aus frei gewählten Bindungen entstehen Verbindlichkeiten, aber natürlich auch aus nicht frei gewählten Bindungen.

Der dritte Idealtypus, der Führer (*le chef*), bezieht seine Autorität vom Versprechen, d. h. von der Zukunft – eine Zukunft, die – oder den Weg zu ihr – er offenbar besser einschätzen kann als andere. Er verkörpert ein Projekt,

21 Erschienen bei Gallimard, Paris 2004.

er verfügt über Klarsicht, Durchsicht, Voraussicht, Weitsicht, zumindest erhofft man sich dies von ihm, er wird die Zukunft maßgeblich mitgestalten. Varianten des Führers sind der Chef der Bande, die Vorgesetzten gegenüber den Untergebenen (heute Mitarbeiter genannt), der Direktor gegenüber den Angestellten, der Offizier gegenüber den Soldaten, der Lehrer oder die Lehrerin gegenüber den Schülerinnen und Schülern, die Wissenden gegenüber den Unwissenden, die Menschen gegenüber (vielen) Tieren, die sogenannten Zivilisierten gegenüber denen, die sie als unzivilisiert bezeichnen, die Autorität des Technikers, des Propheten oder des Orakels.

Der vierte Idealtypus ist der Richter (*le juge*). Er ist in gewisser Hinsicht die *„letzte" Autorität.* Z. B. ist er Schiedsrichter, der Kontrolleur, die Zensur oder die Verkörperung von Integrität, Gerechtigkeit, Ehrlichkeit.

Pädagogische Autorität mag z. B. in der Verkörperung durch die Lehrperson weniger mit Amtsautorität zu tun haben, als man gemeinhin glaubt (vgl. Paris 2009), und mehr mit Charisma und/oder funktionsorientierter Sachautorität. Doch es erscheint, dass je nach Schulstufe und Lebensphase ein Abglanz auch der von Kojève genannten prototypischen Autoritätsqualitäten den pädagogischen Bereich prägt. Für den Bereich der Familie erscheint dies m. E. noch viel deutlicher der Fall zu sein. Wie Matthäi und Latzko (2008) zeigen konnten, unterscheiden Schülerinnen und Schülern klar, wen sie als Autorität im Bereich des Wissens und wen in erzieherischen Fragen als Autorität anerkennen. Der Hauptbefund ist, dass praktisch nur die Eltern in Fragen der Erziehung von ihren (pubertären und adoleszenten) Kindern als Autorität anerkannt werden (auch die Grosseltern nicht), diese Anerkennung wird den Lehrpersonen *nicht* zuteil (im Unterschied zur Anerkennung im Bereich des Wissens). Etwas überspitzt könnte man formulieren: man glaubt – eher – den Lehrpersonen, aber man gehorcht – eher – den Eltern. Dennoch bleibt insbesondere für Kinder, aber immer auch noch Jugendliche (wie auch Erwachsene) ein Motiv bestehen: Die Anerkennungsbedürftigkeit aller Personen, die andere als Autoritäten anerkennen (vgl. Paris 2009, S. 39): Man möchte von jenen, die man anerkennt, anerkannt werden.

Dimensionen

Werner Helsper (2009) hat, u. a. in Diskussion der von Sofsky und Paris (1994) vorgeschlagenen Merkmale (vgl. 6.1.1), überzeugend aufgezeigt, dass die Autorität der Lehrperson, wiewohl Lehrpersonen ein offizielles Amt bekleiden würden, im Kern als „personalisierte Sachautorität" (S. 73) zu fassen sei. Damit gehört die Lehrerautorität „eher zu den limitierten Formen der

Autorität mit begrenzter Zuständigkeit und sachlich-rationaler Ausrichtung" (ebd.). Helsper schlägt zwei Dimensionen vor, um die Autoritätsqualität genauer differenzieren zu können. Die eine Dimension bezieht sich auf die Frage, wie stark die Autoritätsanerkennung in Bezug auf den Sachaspekt limitiert ist (in Bezug auf welche Inhalte und Bereiche – Wissen, Benehmen, Einstellungen etc. – wird die Lehrperson als Autorität anerkannt). Die andere Dimension bezieht sich auf die Frage, inwieweit die Anerkennungsleistung (durch Schülerinnen und Schüler) gewährt bzw. aber gefordert wird (Helsper ebd., S. 74). Mit diesen Dimension lässt sich eine Matrix erstellen, in welcher bestimmte Formen der Autorität von Lehrpersonen situiert werden können (vgl. Abb. 5).

	Anerkennung gewährt	Anerkennung gefordert
Sachbezug weit	II **Wenig limitierte, „umfassende" Autorität, die „freiwillig" anerkannt wird.** *Beispiele:* Spiritueller Meister Charismatische Führungspersonen und Lehrpersonen	III **Wenig limitierte, „umfassende" Autorität, welche Anerkennung einfordert.** *Beispiele:* Lehrpersonen in Internatsschulen Reformpädagogen mit umfassenden Bildungs- und Erziehungsansprüchen
Sachbezug eng	I **(Stark) Limitierte Autorität, die „freiwillig" anerkannt wird.** *Beispiele:* Klavierlehrerin Reitlehrer Trainer im Sportclub Kursleiter	IV **(Stark) Limitierte Autorität, welche Anerkennung einfordert.** *Beispiele:* Fachlehrpersonen im Gymnasium oder an Berufsschulen

Abb. 5: Dimensionales Konzept der Autorität von Lehrpersonen (übernommen von Helsper (2009, S. 74) und adaptiert

Diese idealtypisch skizzierten Autoritätstypen haben nichts Statisches, denn „Autorität ist immer fragil" (Paris 2009, S. 49; vgl. auch Helsper et al., 2007, S. 64). Freilich kann man vermuten, dass eine Krise der Autorität am stärksten jene Lehrpersonen und Pädagoginnen und Pädagogen sowie auch Eltern betrifft, die umfassende Bildungs- und Erziehungsansprüche haben (Feld III). Erfolgt bei diesen Personen die erwartete Anerkennung ihrer Autorität nicht oder lehnt sich das Kind oder der Jugendliche direkt gegen seine Eltern und/ oder Lehrpersonen auf, so ist die Chance groß, dass sie sich als Person angegriffen und in Frage gestellt fühlen, „gerade unlimitierte und eingeforderte Konstrukte der Lehrerautorität (...) tendieren [dazu], bei ihrer Infragestellung und Zurückweisung in deprofessionalisierte, emotional-missachtende und persönlich aufgeladenen Haltungen gegenüber Schülern umzuschlagen" (Helsper ebd., S. 79).

Natürlich klagen mitunter auch Klavierlehrer z. B. über den geringen Einsatz und Leistungsbereitschaft ihrer Schülerinnen und Schüler (Feld I). Aber es wird ihnen ein Leichtes sein, den Eltern beizubringen, dass auf diesen Musikunterricht verzichtet werden sollte, wenn das Kind nicht ordentlich übt. Ebenso sind die Autoritätsprobleme bei vielen Fachlehrpersonen auf Sekundarstufe II kaum so gravierend, da beispielsweise ein fortgeschrittener Gymnasialschüler, der seine Leistung nicht zeigt und auch im Benehmen Probleme bietet, nach einer gewissen Zeit des Ermahnens und Beratens ohne Weiteres die Schule verlassen muss. Auch reicht es einem Mathematiklehrer in der Regel hoffentlich, allein bzw. vor allem in seinem Fach als Autorität anerkannt zu werden (Feld IV). Auf dieser Stufe und diesem Schultyp diszipliniert normalerweise lediglich die Angst oder Befürchtung, das Abitur nicht zu schaffen. Das sind sozusagen ideale Voraussetzungen für Lehrpersonen, die glauben, Autorität sei keine wesentliche pädagogische Kategorie. Schwieriger haben es freilich in der Regel, wenn auch nicht notwendigerweise, Lehrpersonen auf der Sekundarstufe I: Disziplin- und Autoritätsprobleme treten gehäuft auf bzw. sind wahrscheinlicher, denn die Schülerinnen und Schüler sehen ihren schulischen Einsatz noch nicht unbedingt als im Dienste ihrer Zukunft und Ausbildung stehend. Sie sind aber auch keine kleinen Kinder mehr, sondern haben erfahrungsgetränkt, wie sie nach all den Jahren nun schon sind, den Grossteil ihres Vorschussvertrauens in die Schule und vor allem in die Lehrperson aufgebraucht. Überhaupt haben sie als mehr oder weniger pubertierende Wesen oft ganz andere Sachen im Kopf als die schulischen Lerninhalte. Auch werden in dieser Phase die lästigen und mitunter hassenswerten Seiten der normalen Schule besonders sensibel erlebt, so dass so gegensätzliche Gefühle wie Sinnlosigkeit, Langeweile, Aggressivität und jugendliche Verzweiflung nicht selten sind. Von jeglicher Krise befreit sind die Autoritäten des Feldes II, sofern sie denn eine Gefolgschaft haben – doch im Gegenteil scheinen die charismatischen Figuren vor allem in ungünstigen Zeiten und krisenhaften Perioden Zulauf zu haben. Dies gilt ebenso im „Kleinen" und „Normalen": Eine Lehrperson mit etwas Charisma kann in scheinbar ungünstigen Verhältnissen zwar nicht Wunder, aber doch viel Erfreuliches bewirken. Denn über den Erfolg oder das Scheitern der Führung „entscheiden letztlich die Folgenden. Folgen heißt, sich jemandem anvertrauen, dem man vertraut und dem man gleichzeitig zutraut, in unwirtlichem Gelände den richtigen Weg zu finden" (Paris ebd., S. 60). Doch natürlich können charismatische Lehrpersonen nicht Standard sein, wie auch die Schule nicht von heldenhaften Pädagogen abhängig sein, sondern vielmehr eine normale Institution mit normalen Personen sein sollte. Hingegen ist Paris ja doch zuzustimmen, wenn er schreibt: „Um führen zu können, muss der Lehrer zumindest kurzeitig immer auch wieder herrschen" (ebd.), allerdings sei er immer weniger in der Lage zu führen, je mehr er gezwungen werde zu herrschen.

Das ist auch der Grund, warum die Anerkennung der Autorität der Lehrperson und der Grad der gesellschaftlich verankerten Achtung der Schule als Institution in einem engen Zusammenhang stehen. Im weitesten Sinn ist die Anerkennung der Leistungen des Bildungssystems bzw. der daran beteiligten Personen als ein Ausdruck der Anerkennung der kulturellen Bestände (Wissen, Können, Einstellungen) zu werten, die durch Schule tradiert werden. In diesem Sinne ist der bekannte und – für einmal wenig problematische – Slogan „Zukunft braucht Herkunft" zu verstehen. Es scheint, dass die Schwächung der Aura bzw. der pädagogisch-kulturellen Autorität der Schule eine Verunsicherung, Beliebigkeit, aber auch Psychologisierung (Individualisierung) des Lehrerbildes mit sich bringt. Die gesellschaftlichen Veränderungen, widersprüchlichen Erwartungen und die in letzter Zeit beschleunigten Reformschübe destabilisieren die Institution der Schule und verunsichern das Rollenverständnis der Lehrpersonen bzw. behindern die Identifikation mit den (neuen, mitunter überflüssig erscheinenden) beruflichen Anforderungen. Stabilität und Normalität sind aber Voraussetzungen für die pädagogische Qualität der Schule und das pädagogische Selbstverständnis der Lehrperson.

Trotz vieler Bedenken und Problemen zeigt sich, dass es auf die Lehrpersonen – zumindest was den schulischen Lernforschritt der Schülerinnen und Schüler angeht – massgeblich ankommt. Hattie (2008) zeigt in seiner Meta-Metaanalyse zum Lernerfolg, in welcher mehr als 800 Metaanalysen – 52 637 Einzelstudien mit insgesamt mehr als 200 Millionen befragten Schülerinnen und Schüler (!) – eingeflossen sind und 138 Einzelfaktoren ausgemacht werden konnten, dass unter den sechs Faktorengruppen die effektstärkste die Lehrperson ist (die anderen Faktorengruppen sind Schüler/innen, Familie, Schule, Lehrpläne, Unterricht). Eine Lehrperson ist umso wichtiger, je schwieriger das soziale Umfeld ist, in welchem die Kinder aufwachsen. Aus dieser Einsicht wäre wohl die pädagogische „Vision" zu bedenken, wonach die Gesellschaft besonders daran interessiert sein sollte, exzellente Lehrpersonen speziell zu würdigen – auch ökonomisch – und sie in die schwierigen Klassen, Schulen und Quartiere zu schicken. Allerdings sind nach Hattie in Bezug auf den schulischen Lernfortschritt ihrer Schülerinnen und Schüler jene Lehrpersonen besonders wirksam, deren Unterricht von hoher Aktivität, hoher Lenkung und Direktivität, häufigen Lernkontrollen und häufigen Ergebnisrückmeldungen geprägt ist. Dies mag Vielen nicht passen, entspricht wohl gar nicht den didaktisch-pädagogischen Vorlieben der meisten Lehrpersonen und anderen Pädagoginnen und Pädagogen, aber die empirische Evidenz ist erschlagend. Kurz: es geht vor allem um pädagogische Führung (vgl. Kap. 7).

7

Führen und sich führen lassen

„Der Ausdruck Führung legt die Auffassung nahe,
dass die aktiven Tendenzen des Geleiteten
in eine gewisse beständige Richtung gelenkt werden,
anstatt ziellos auseinanderzustreben."

„Der Einzelne ist gewiss zu Zeiten daran interessiert,
seinen eigenen Weg zu gehen, und dieser
Weg mag mit den Anderen unvereinbar sein.
Aber er hat auch ein Interesse
– und im Grunde genommen das größere Interesse –
daran, sich in die Betätigungen der anderen
hineinzugesellen und an vereintem Tun,
am Zusammenwirken teilzuhaben."

John Dewey (2000/1916, S. 43)

Wenn Autorität das Thema ist, so kann kaum nicht auch über Führung gesprochen werden, nicht nur im pädagogischen Bereich drückt sich die

Anerkennung von Autorität in der Bereitschaft aus, sich – zumindest im Hinblick auf bestimmte Aufgaben und Zielvorgaben – führen zu lassen. Im ersten Teil seien allgemeine Merkmale der Führung und des Diskurses um Führung erläutert (7.1), im zweiten Teil sei die pädagogische Führung als Austauschprozess verstanden und analysiert (7.2). Wie in anderen legitimen asymmetrischen Verhältnissen ist die Abhängigkeit nie nur einseitig, sondern wechselseitig, genau gleich wie die Anerkennungsleistungen in der Regel wechselseitig sind.

7.1 Wie „höchstpersönlich" ist die Kunst der Führung?

Das Reden über Führung

Nicht alles, was lernbar ist, ist gleichsam – auf wirksame Weise oder überhaupt – lehrbar. Das pädagogische Interesse bezieht sich natürlich in erster Linie auf die Lehrbarkeit, dazu sollte man jedoch insbesondere auch über günstige und ungünstige Bedingungen des Lernens Bescheid wissen. Dass die Fähigkeit zum Führen gelernt werden könne, ist allerdings keine so triviale Behauptung, als sie zunächst erscheinen mag, bedenkt man allein, wie häufig Ausdrücke wie „Führungspersönlichkeit", „Alpha-Tier" und „Beta-Tiere" und dergleichen mehr zu hören sind, ganz so als ob die Führungskompetenz eine genetische und/oder dispositionell-vegetative Veranlagung zur Basis hätte. Doch fraglos gibt es bisher die besseren Argumente für die Triftigkeit der Lern-Hypothese als für die Veranlagungshypothese; jedenfalls ist das Führungs-Gen noch nicht isoliert worden. Dass sich dies einmal ändern könnte, soll damit nicht prinzipiell verneint werden, doch bis zu diesem Zeitpunkt werden Lernprozesse ein bedeutsamer Faktor des Erwerbs von Führungsfähigkeit bleiben[22]. Damit ist jeder mehr oder weniger bodenständigen Pädagogik schon klar, *wie* sie gelernt wird: nämlich durch das Führen selbst, d. h. die Praxis. So wie das Skifahren nicht in Seminaren über Skifahren gelernt wird, sondern im Schnee, wird das Führen nicht in Führungsseminaren gelernt, sondern durch praktizierte Führungsaufgaben z. B. im Betrieb selbst. Jede Praxis kann nur in der und durch die Praxis – allenfalls die simulierte Praxis – gelernt werden.

22 Vgl. Grunwald & Lilge 1980; Hentze & Brose 1986; Withauer 1986; Bennis & Nanus 1985.

Doch dies heißt wiederum nicht notwendigerweise, dass die *erfahrenen* Führungspraktiker auch unbedingt immer sehr Wichtiges oder Richtiges zu Fragen der Führung zu sagen hätten, genau gleich, wie den Vögeln, obwohl sie gut fliegen können, das einschlägige ornithologische Wissen fehlt, um es mit einer bekannten Floskel zu sagen. Die vielen Alltagstheorien über Führung bezeugen die Vielfältigkeit der Vokabulare, mit welchen über das Führen von Personen gesprochen werden kann. Es sind diese unterschiedlichen Vokabulare, mit denen Führungspersonen versuchen, ein individuelles und kohärentes Narrativ ihrer Erfahrungen zu liefern (denn auch Führungspersonen wollen letztlich Sinn in ihrem Tun sehen und darstellen können).

Führung als zugeschriebene Rolle

Worin besteht der prinzipielle Unterschied zwischen dem Lernen zu führen und dem Lernen von Fähigkeiten wie beispielsweise Fahrradfahren, Skifahren, Lesen, Schreiben oder Sprechen? Der vielleicht bedeutsamste Unterschied liegt in der *Inter-Subjektivität* jeder Führung: Führen ist eine „Kompetenz", die allein dadurch erworben, verfeinert und aufrechterhalten werden kann, als sie von anderen Personen, namentlich den *Geführten*, anhand von Kompetenz *zugeschrieben* wird. Im Unterschied dazu kann man, einmal gelernt, auch ohne andere lesen, auch ohne andere Personen schreiben, Fahrrad- oder Skifahren – diese Kompetenzen hängen nicht davon ab, ob sie von den Anderen zugemutet und attribuiert werden. Dieser Sachverhalt trifft für das Führen von *Personen*[23] wie für andere inter-subjektiv konstituierte Praxen zu, in denen *komplementäre* Rollen typisch sind. „Führung" gibt es nur durch „Geführte", so wie es Experten durch Laien und Eltern nur durch Kinder geben kann.

Dieser Sachverhalt mag banal erscheinen, doch die theoretischen und letztlich auch praktischen Konsequenzen dieser „Banalität" sind bedeutsam, wenn auch vielleicht wenig beachtet: Führen sollte demzufolge nämlich weniger *kompetenz*theoretisch begriffen, beschrieben und kritisiert werden als in *rollen*theoretischen Begriffen. Anders formuliert: Es ist fruchtbarer, Führung nicht als Kompetenz, nicht als Eigenschaft oder als Technik zu verstehen, sondern vielmehr als *zugeschriebene Rolle*! Die Sichtung der Literatur macht denn auch deutlich, dass in der Rede von Führungs*kompetenzen* kaum

---

23 Denn immer nur *Personen* werden letztlich geführt, nicht „Betriebe", nicht „Mitarbeiter" oder „Untergebene" (wie die Mitarbeiter früher hießen ...), sondern Personen, die sich auch führen lassen.

je Kompetenzen genannt werden, die (allein) *typisch* für die Führungspraxis sind, sondern vielmehr generell bedeutsame oder erwünschte Kompetenzen für unterschiedliche Situationen, in denen Menschen interagieren. „Führungskompetenz" meint im Grunde also eher die Kompetenz, mit der eigenen Führungs*rolle* mehr oder weniger souverän umgehen zu können (als mit den Geführten!).

Das Technologiedefizit der Führung

Die Rede von autoritärer, autoritativer, situativer, partizipativer, demokratischer, sozio-emotionaler, aufgaben-, beziehungs-, integrations- oder verfahrensorientierter Führung etc., vermag nicht darüber hinwegzutäuschen, dass der gesamte Führungsbereich einem *Technologiedefizit* unterliegt. Damit ist gemeint, dass das Führen von Menschen nur sehr bedingt von technologischem Wissen (praxistaugliches und wirksames Führungswissen) befruchtet werden kann. Der tiefere Grund für diese in der Führungsliteratur selten ausgebreitete Sachlage liegt darin, dass die Geführten keine Objekte, sondern *Subjekte* sind und in der Regel als *Personen* adressiert werden wollen. Führung als inter-subjektive Interaktion und Kommunikation heißt immer auch, dass hier *Freiheitsfähige* am Werk sind. Eine gänzlich wirksame Führungstechnologie wäre der Beweis dafür, dass die Geführten keine Subjekte sind bzw. nicht als solche angesprochen werden müssen. Das Technologiedefizit kann demnach in einem gewissen Sinne als Voraussetzung der Freiheitspraxis thematisiert werden.

Dass im Zusammenhang mit Führung der Begriff des „social engineering" einmal aufkommen konnte, zeigt (oder zeigte), wie stark die Macherillusion der Führung als Subjekt-Objekt-Geschehen überhaupt ist bzw. gewesen ist. Doch das benützte Vokabular verrät sich – sozusagen – selbst (dies trifft allerdings auch für die „intuitive" Führung, die Führung „aus dem Bauch" und andere gut gemeinte, am Unmittelbarkeits- und Authentizitätsideal orientierten Erörterungen des [eigenen] Führungsstils zu). Der Einwand, wonach es doch nicht auf Wörter ankomme, sondern darauf, was „wirklich" damit gemeint ist, oder dass es sich hier doch bloß um Metaphern handle, überzeugt letztlich nicht. Zunächst sind Metaphern für Denken konstitutiv (vgl. z. B. Blumenberg 1999; Egan 1998) und dann hängt Identität wesentlich von artikulierbaren Selbstinterpretationen ab (vgl. z. B. Taylor 1996). Wer Führung in Begriffen des „Engineerings" zu fassen versucht, wird die Geführten kaum als Personen betrachten. Wer die Intuition und den Bauch als angemessene Führungsorgane betrachtet, scheint wahrscheinlich nicht auf argumentative

Rechtfertigungen, sprachlich mitteilbare und begründete Entscheidungen zu pochen. Die metaphorisch-individualistische Beliebigkeit in der Rede über Führung ist beeindruckend. Natürlich repräsentiert sie nicht die Führungspraxis selbst, sondern die sozial erwünschten Anteile des subjektiven Narrativs, mit welchem Führungspersonen sich selbst Exklusivität und Höchstpersönliches zuzuschreiben versuchen. Doch diese Narrative werden weder frei erfunden noch gibt es beliebig viele Führungsstile. Im Bereich der menschlichen Interaktion ist die Originalität der Einzelperson eher beschränkt. Das Technologiedefizit des Führens eröffnet keineswegs Spielräume zu willkürlichen Interpretationen, vielmehr verweist es auf grundlegende Wirkungsgrenzen jedes Anleitens, Befehlens, Forderns und Zumutens. Diese Grenzen fallen zusammen mit den Grenzen der Bereitschaft der zu führenden Personen, sich führen zu lassen. Diese Bereitschaft, die man früher „Gehorsam" nannte, ist die *notwendige Voraussetzung* allen Führens und mag selber sehr unterschiedlich motiviert sein; keineswegs sind es allein oder notwendigerweise die Eigenschaften, Verhaltensweisen oder die Persönlichkeit und die Fachkenntnisse der Führungsperson. Die Bereitschaft, sich führen zu lassen, kann auch instrumentell bzw. funktional motiviert sein (z. B. um beruflich vorwärts zu kommen, mehr zu verdienen, keine Konflikte austragen zu müssen etc.), so dass sie mit der spezifischen Führungsperson im Grunde nichts zu tun haben muss (wiewohl die letztere das Gegenteil glauben mag; so wie man gemeinhin annimmt, dass die geliebte Katze einen mag, man von ihr aber vielleicht wirklich bloß als lebendiger Büchsenöffner angesehen wird).

Führen als Kunst

Wie über das Thema der Führung nachgedacht und geschrieben wird, hängt teilweise einfach davon ab, ob der Autor oder die Autorin primär professionell in der Führungspraxis eingebunden oder aber Wissenschaftler/in ist. Nicht nur besteht im Führungsbereich, wie in so vielen anderen Bereichen, eine große Kluft zwischen Theorie bzw. normativen Empfehlungen und Praxis. Auch die Beantwortung der Frage, ob Führung eher eine Kunst oder eher ein durch Wissenschaft gestützter Korpus von technischem Handlungswissen sei (eine Unterscheidung, die möglicherweise einen etwas engen Rationalitätsbegriff voraussetzt), ist umstritten.

Die Frage „Kunst oder Wissenschaft?" ist mit der Kluft zwischen Theorie und Praxis verknüpft. Manche Modelle oder Theorieansätze mögen den Führungspraktikern zu rigoros, zu deterministisch und daher praktisch nicht brauchbar erscheinen. Auf der anderen Seite wird bei geringer Theoriefreundlichkeit eine Annäherung des Führungsbegriffes an denjenigen der Kunst verständlich. In der Praxis erscheint denn auch vieles komplizierter, unsicherer, undurchsichtiger und daher auch in Modellen kaum abzubilden, so dass gerne auf weiche Variablen wie „Intuition", „Gespür", „persönliche Erfahrung" und dergleichen zurückgegriffen wird. Betrachtet man das Führen von Menschen als eine Kunst, so wird damit auch die Praxis impliziert, in einmaligen und insofern kaum vergleichbaren Situationen kreative Lösungen zu finden bzw. zu ermöglichen. Aus diesem Grund ist das Erfahrungswissen von Führungspersonen meist *kasuistisch*, oft *anekdotisch* strukturiert und wird nur in Ausnahmefällen in ein elaboriertes Verhältnis zu bestehenden Modellen oder Konzepten gesetzt.

Doch die wenigen empirischen Untersuchungen zur „Einmaligkeit des Einmaligen" zeigen ein nüchternes Bild. Beispielsweise meint Kolb (1983) etwa für die Vermittlungstätigkeit von Führungspersonen, dass die selbstberichteten subtilen Intuitionen und kreativen Ideen von professionellen Führungspersonen nur in geringem Maße die tatsächliche Praxis widerspiegeln, die vielmehr aus *Routine* und *eingeschliffenen Verhaltensmustern* bestehe. Kurz: das „Einmalige", „Höchstpersönliche" und „Ganz speziell Erfahrene" erscheint dann als die bloß subjektivistische Interpretation von mehr oder weniger *standardmäßigen* und *sozial überformten Verhaltens- und Interpretationsweisen*, über welche Einzelpersonen kaum souverän verfügen können. Wird die Kunstmetapher strapaziert, so können keine „allgemeinen Wahrheiten" oder gar technologisch geprägte Empfehlungen des Führens von Personen abgegeben werden (und sei es bloss: dem eigenen „Gefühl", der „inneren Stimme" zu folgen).

Eine Wissenschaft des Führens bezöge sich auf die systematische Analyse zentraler Führungsfunktionen. In Anknüpfung an eine Unterscheidung von Cartwright und Zander haben Müller und Hill (1980) dem Führen zwei grundlegende Funktionsklassen zugeschrieben:

- die *Lokomotionsfunktion*, die der Erreichung des jeweiligen Gruppenzieles diene, und
- die *Kohäsionsfunktion*, die im Dienste des Gruppenerhalts (bzw. der Gruppenstärkung) und der Aufrechterhaltung der Aktionsstärke (und -weiterentwicklung) stehe (S. 131)[24].

24 Schon Bales und Slater (1955, zit. nach Müller & Hill, ebd.) kommen aufgrund von Experimenten zu einer vergleichbaren Zweiteilung, wobei sie schließen, dass die beiden Funktionen in der Regel von verschiedenen Personen wahrgenommen würden, so gebe es den „Aufgabenspezialisten" und den „sozio-emotionalen Spezialisten" (S. 131). „Dieser ‚sozio-emotionale Führer' erfüllt die Kohäsionsfunktion (...), indem er die individuellen Probleme der Mitglieder vertritt, ein Klima des Vertrauens und des gegen-

Die Autoren unterteilen die beiden Funktionen in jeweils zwei Subfunktionen. Hinsichtlich der Lokomotionsfunktion habe die Führungsperson „dafür zu sorgen, 1. dass in Bezug auf die zu erfüllenden Aufgaben und zu lösenden Probleme *richtige Entscheide* getroffen werden, 2. dass Mitarbeitende im Sinne dieser Entscheide zielgerichtet tätig werden, d. h. dass die Entscheide auch *richtig implementiert* werden. (...) Im Rahmen der „Kohäsionsfunktion" habe sie dafür zu sorgen, 3. dass die Mitarbeitenden in der Gruppe ihre persönlichen Ziele erreichen können, eine *Befriedigung* erfahren und damit in der Gruppe verbleiben, 4. dass die Mitarbeitenden sich im Rahmen der gegebenen Aufgaben zu Mitdenkenden und Problemlöser/innen *entwickeln* und in der Arbeit engagieren können, so dass die Aktionsfähigkeit der Gruppe erhalten und erweitert wird" (S. 133). Innerhalb dieses Rasters können auch die Argumentationen für und gegen vermehrte Partizipation, also Symmetrisierung der Kommunikationsverhältnisse, beschrieben werden[25].

Diese allgemeine Beschreibung der Führungsfunktionen macht deutlich, dass die „Kunst" der Führung sozusagen mit der *Unmöglichkeit* verknüpft ist, beiden Funktionsklassen, also den Lokomotionsfunktionen und den Kohäsionsfunktionen, *gleichzeitig in einem maximalen Sinne* gerecht zu werden. Die Kunstmetapher bezieht sich in dieser Sicht also auf die situativ richtige Gewichtung und Ausgestaltung dieser Funktionstypen und der damit ver-

---

seitigen Respekts schafft und damit die durch die Zwänge der Aufgabenbewältigung entstandene Verhaltensunsicherheit im sozio-emotionalen Bereich wieder auffängt" (S. 132). Die Erfüllung der Lokomotionsfunktion durch den Führer rufe Kräfte hervor, welche die Kohäsion der Gruppe *gefährde* (ebd.).

25 Anhänger eher autoritärer Führungsstile mögen ins Feld führen, dass 1. Vorgesetzte über größere Kompetenzen verfügen und die Verantwortung für eine Entscheidung letztlich allein zu tragen haben (Funktion I), 2. der Einbezug vieler in den Prozess der Entscheidungsfindung und/oder den Entscheid den Prozess insgesamt verzögere, verwässere und verpolitisiere (Funktionen I + II), und 3. viele Untergebene eine straffe Führung wünschten (Funktionen II + III).

Vertreter der partizipativen Führung würden dagegen argumentieren, dass Partizipation 1. sowohl die Entscheidung verbessere als auch die Identifikation mit der Entscheidung erleichtere (Funktionen I + II), 2. eine angemessene Interessen- und Bedürfnisabstimmung aller Beteiligten ermögliche und so viele unnötige Konflikte ausgeschaltet werden können, die sich vor allem bei Anpassungsleistungen an betriebliche Änderungen ergeben (Funktion III), 3. das Verpflichtungsgefühl und die Einsicht in die Zusammenhänge erhöhe und damit die Selbständigkeit (auch werde damit der Entfremdung in der Arbeit entgegengewirkt; Funktionen II + III), und 4. die Weiterentwicklung durch und in der Arbeit fördere, indem gelernt werde, über den eigenen Stellenbereich hinauszudenken, die weiteren Zusammenhänge zu sehen und schließlich vermehrte Verantwortung auch bezüglich der Weiterbildung zu übernehmen (S. 137f.).

bundenen Kommunikationsformen. Keineswegs wäre also der Schluss zu ziehen, wonach das geschickte oder professionelle Führen als über-situatives Optimum des Verhältnisses dieser Funktionsklassen betrachtet werden sollte. Dem Bereich des Sozialen fehlt für solche, vielleicht gut gemeinten Kontrollideen die notwendige Statik.

Doch auch eine Kunst des Führens setzt ein Repertoire an führungsrelevanten Verhaltens-, Handlungs-, Interpretations- und Verständnisweisen voraus. Deren Realisation, d. h. das praktische Wirklichwerden dieser Ideen, Entwürfe, Vorstellungen, Wünsche, Hoffnungen, ist aber nicht selbst Ausdruck von Führungskompetenz, sondern bloß die praktische Anwendung eines Aspektes aus dem „Führungsrepertoire". Kompetent kann allein die situationsspezifische Passung von Handlungen und Handlungsunterlassungen unter dem Vorzeichen spezifischer Ziele, Erfordernisse und Einschränkungen sein. Zum Beschrieb dieser Passung leistet die Kunstmetapher sicher einen wichtigen Beitrag, nicht zuletzt jenen, dass mit ihr das Technologiedefizit des Führens anerkannt wird.

Zur Rhetorik und Dramaturgie des Wandels

Es ist seit einigen Jahren viel vom Wandel die Rede. Wohl ist wahr, dass sich vieles wandelt, längerfristig alles, so dass es fast unmöglich erscheint, wirklich noch bewahrend, „konservativ" zu sein. Niklas Luhmann meinte in einem Interview: „Wenn man wirklich konservativ ist, dann müsste man heute enorm viel ändern, um angesichts der vielfältigen Veränderungen etwas zu bewahren" (2000, S. 36). Doch auch wenn der Transformationsjargon heute sehr verbreitet und zu einem Rechtfertigungsmittel geworden ist, um die spätkapitalistischen Tugenden der Flexibilität, Disponibilität und lebenslänglichen Lernbereitschaft weiter zu sakralisieren, so weiß im Grunde jede und jeder, die oder der eine gewisse Zeit in einer Organisation verbracht hat, dass es ohne *Stabilität, Beharrlichkeit* und *Bedächtigkeit* in sehr vielen Bereichen – wohl auch dem Verwaltungsbereich – auch nicht geht. Die Rhetorik des Wandels, an die wir uns schon so sehr gewöhnt haben, dass man sich mit dem Prediger ernsthaft fragen muss, ob es denn wirklich noch Neues unter der Sonne gäbe, hat natürlich auch einen ästhetischen Wert: sie wertet das Leben auf. Wer nichts über Transformationen, Umwälzungen, Projektierungen, Reformen in seinem beruflichen und privaten Leben zu berichten hat, scheint ein Langweiler zu sein oder den Zug verpasst zu haben, jedenfalls in lauer Stagnation zu verharren. Doch man wird vielleicht auch die Tugend der Lauheit wiederentdecken (vgl. Garnier 2001).

Manche dramaturgische Elemente im Führungsdiskurs veralten schnell. Zu denken ist etwa an den „Schmetterlingseffekt" – damals sollten wir glauben, dass ein Flügelschlag eines Schmetterlings auf einem Kontinent einen Wirbelsturm auf einem anderen auszulösen vermöge (kleinste Ursache – gewaltige Wirkung). Heute ahnen wir dunkel, dass selbst wenn sämtliche Elefanten sowohl Afrikas als auch Indiens während Stunden und Tagen wie außer sich wild herumstampfen würden, es hier oder anderswo nicht einmal zu einem Mikrobeben kommen würde. Manchmal weiß man wieder, dass eben nicht alles mit allem zusammenhängt. Auch ist es gut, dass die chaostheoretische Welle, diese deviante Übertragung der Computersimulation und der physikalischen Experimentalistik auf die menschlichen Belange, verebbt ist. Alle Wellen verebben einmal. Manchmal heißen sie bloß „Quality Management", dann schlagen sie höher und heißen „Total Quality Management" und dann erwartet man mehr oder weniger gespannt auf eine noch gesteigerte Sichtweise auf die Führungsproblematik. Es ändern die Schlagwörter, die Dramaturgie, die uns fesselt, die uns glauben macht, wir würden an etwas Besonderem teilnehmen, an einem Wechsel mit Konsequenzen für die Welt des Führens und Geführt-Werdens.

Nicht, dass es solche Wechsel nicht geben würde. Nicht, dass Kunert nicht recht hätte, wenn er in einem seiner Gedichte schreibt: „Wer am alten hängt, der wird nicht alt", nicht, dass Stabilität und Beharrlichkeit immer lobenswert wären, aber Betriebe, Organisation und Menschenverbände, die im Innen- und im Außenverkehr nicht zuverlässig sind, mögen wenig dauerhaft sein. Das Attribut der *Zuverlässigkeit* wird u. a. durch *Vorhersagbarkeit*, diese durch *Wiederholung* und diese wiederum auch durch *Stabilität* und *Routine* erreicht. Nur wenige Personen in einer Organisation dürfen wirklich flexibel, wirklich disponibel und wirklich „life-long learning and transforming" sein: denn diese Personen stören die Stabilität, damit diese nicht zur Stagnation verkalkt, und sie stören die Routine, damit diese mehr ist als bloße Gleichgültigkeit und Gedankenlosigkeit. Aber gleichzeitig kann jede Innovations- und Transformationsfreudigkeit und -notwendigkeit nur auf dem Boden der Stabilität und Verlässlichkeit gedeihen, die von Menschen garantiert wird, deren notwendige Leistung im Jargon der permanenten Unterwerfung unter das Dogma des Wandels allzu oft untergeht. Wie charakterlos wollen wir werden, wie viel Flexibilität erträgt der Charakter? Das war die Sennettsche Frage (vgl. Sennett 1998), die auch jede Führungsperson interessieren müsste.

7.2 Pädagogische Führung als Austauschprozesse

Pädagogische Führung kann als *sozialer Austausch* verstanden werden, in dem es wesentlich um *Macht* und um *Vertrauen* geht. Es sei die These vertreten, wonach im Hinblick auf schulische Lern- und Bildungsprozesse sowie die Bildungskarriere „privilegiert" zu sein bedeutet, als Schülerin oder Schüler über bessere Möglichkeiten als andere zu verfügen, *hochwertige pädagogische Austauschbeziehungen* einzugehen. Die Beziehung zwischen Lehrpersonen und Schüler/innen ist nicht nur von Tausch im Sinne sozialer Austauschtheorien geprägt, sondern auch von interpersonalen und intrapersonalen Täuschungsstrategien, aber freilich auch Interaktionen, die weder als Austausch noch als Täuschung interpretiert werden müssen. Die Täuschungsbereitschaft – dies sei als eine Spezifizierung der These verstanden – ist dabei in Funktion der Tauscherwartung der sozialen Austauschpartner zu verstehen. Für den Kontext Unterricht heißt dies u. a., dass der situationsangepasste Einsatz von Täuschungsstrategien sowohl im Interesse der Schüler/innen als auch im Interesse der Lehrpersonen liegt. Weniger privilegierte Schülerinnen und Schüler täuschen zu wenig oder zu wenig subtil, ihr authentischer Habitus gereicht ihnen zum Nachteil. Insofern dürfen die folgenden Bemerkungen auch als Kritik am Ideal der authentischen Kommunikation verstanden werden. Authentizität ist ein bedeutsames Kriterium für intime Langzeitbeziehungen, aber in öffentlichen Erziehungs- und Bildungsanstalten hat es nichts zu suchen.

Führung austauschtheoretisch zu fassen, ist kein neues oder originelles Unternehmen. Peter Blau schrieb vor mehr als vier Jahrzehnten treffend: „Stable leadership rests on power over others and their legitimating approval of that power. The dilemma of leadership is that the attainment of power and the attainment of social approval make somewhat incompatible demands on a person. To achieve power over others requires not only furnishing services that make them dependent but also remaining independent of any services they might offer in return. To legitimate a position of power and leadership, however, requires that a leader be concerned with earning the social approval of his followers, which means that he does not maintain complete independent of them" (Blau 1964, S. 203).

Dominanzmanöver – mehr oder weniger kaschiert

Während der Anspruch, sämtliche Erziehungs- und Bildungsprozesse austauschtheoretisch analysieren zu wollen, kaum überzeugen könnte, sind bedeutsame Interaktionen im schulischen Unterricht durchaus aus dieser Perspektive zu erhellen. Unterrichten ist eine Kommunikationspraxis, die zu einem Großteil darin besteht, dass Lehrpersonen der Schulklasse oder einzelnen Schülern in mehr oder weniger kurzer Folge und auf mehr oder weniger direkte Art *Handlungsanweisungen* geben, die entweder prompt befolgt werden sollen oder deren Ausführung zu einem späteren Zeitpunkt erwartet wird. Wie in jeder rollenkomplementären und asymmetrischen Beziehung geht es hierbei um *kommunikative Dominanzmanöver*, mit denen eine bestimmte Ordnung als Voraussetzung institutionellen Lehrens und Lernens hergestellt werden kann. Die Aufgabe pädagogischer Führung und Autorität ist die Etablierung eines beweglichen sozialen Gleichgewichts, d. h. eines spezifischen Anerkennungsverhältnisses, in welchem *dominante* und *inferiore Positionen* – sei ihre Differenz mitunter auch gering – unterscheidbar sind. Dieses Verhältnis kann hinsichtlich seiner Komplementarität und Reziprozität kritisch hinterfragt und normativ-idealistisch interpretiert werden, gleich bleibt sich, dass es im *pädagogischen* Feld wenig Möglichkeiten der *prinzipiell* herrschaftsfreien Kommunikation gibt. Die Differenz „superior versus inferior" muss dabei keineswegs immer mit der Differenz „mächtig versus ohnmächtig" zusammenfallen. Hingegen führt konsequent „symmetrische Kommunikation" zumindest Watzlawick et al. (1969) zufolge auch in – insgesamt „symmetrischen" – Langzeitbeziehungen immer zur *Eskalation*. Symmetrische Kommunikation ist in dieser Lesart die standhafte Weigerung der Beteiligten, die inferiore Position einzunehmen („nachzugeben"). Rollenkomplementär funktionierende Kommunikationsverhältnisse benötigen daher immer wieder das Zugeständnis und die Bereitschaft einzelner, zeitweilig die inferiore Position einzunehmen (vgl. Volmer 1990)[26].

Unter der Bedingung der allgemeinen Akzeptanz der wechselseitigen Moral auch im pädagogischen Bereich kommt es daher fast notgedrungen zu so genannten *verdeckten Dominanzmanövern*. Die asymmetrischen Verhältnisse werden kommunikativ verschleiert, um politisch bzw. pädagogisch korrekte Umgangsweisen zu ermöglichen. So wird das Problem des Gebens und Befolgens von Handlungsanweisungen auf beiden Seiten der strukturellen

26 In diesem Zusammenhang erscheint die Tatsache wenig beachtet zu werden, dass auch vorgetäuschte Einsichtigkeit und Pseudogehorsam wichtige Elemente der Eskalationsprävention und Deeskalation darstellen können.

Differenz entschärft. Es macht einen erheblichen Unterschied, ob ein Akteur einem anderen etwas befiehlt, oder ob er ihn freundlich auffordert, etwas zu tun, oder eine begründete Erwartung an ihn formuliert, oder ob er bloß einer Hoffnung Ausdruck gibt, ein Bedürfnis artikuliert, oder eine so genannte „Ich-Botschaft" abgibt und z. B. ein Gefühl äußert. Sofern der Sprechhandelnde mit diesen Sprachakten allerdings ein bestimmtes Verhalten beim Anderen *bewirken* will, sind alle genannten Einflussversuche als – mehr oder weniger verdeckte – Dominanzmanöver zu verstehen. Das so genannte „aktive Zuhören" stellt vielleicht die subtilste Form der Dominanzkaschierung dar.

Dominanzmanöver sind soziale Einflussversuche, die in *Machtbeziehungen* bzw. *Autoritätsbeziehungen* anfänglich die Motivation der *Anpassung* (= *Konformitätstendenz*) bei den Adressaten stärken (oder stärken sollen), dann aber, wenn die Einflussnahme als zu stark erfahren wird, zunehmend ein zweites Motiv aktivieren, nämlich die Tendenz, die „verlorene Freiheit" oder die als bedroht wahrgenommene Freiheit wieder herzustellen, also die *Reaktanzmotivation* oder den *Widerstand* (vgl. Dickensberger, Gniech & Grabitz 1993, S. 251; Buschmeier 1994, S. 63 ff.). Die Reaktanz ist zunächst nur latent, und das Anpassungsmotiv noch wirksam, sie kann aber später manifest werden und ein Schüler mag z. B. seinem Unwillen Ausdruck geben und sich sogar weigern, einer Handlungsanweisung der Lehrperson Folge zu leisten (vgl. Abb. 6).

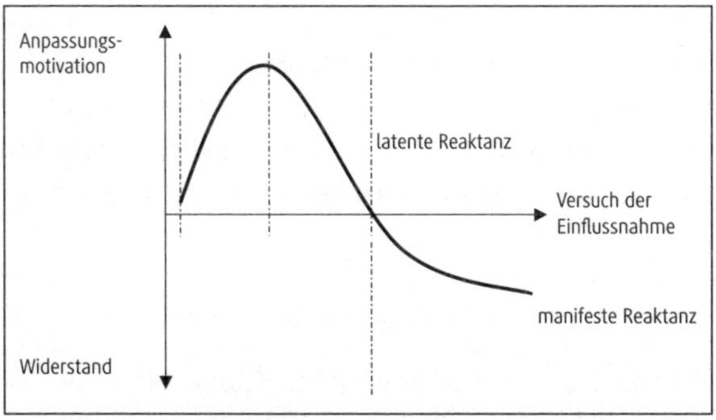

Abb. 6: Anpassung und Widerstand in Funktion der Stärke des Versuchs der sozialen Einflussnahme (vgl. Buschmeier ebd., S. 63 ff.)

Es deutet sich an dieser Stelle an, dass Schüler/innen insgesamt nicht sehr geschickt sind, wenn sie ihrem inneren Widerstand häufig freien Lauf geben, d. h. Ausdruck verschaffen, und ihre Reaktanz deutlich manifestieren. Umgekehrt könnte es für Lehrpersonen bedeutsam sein, die direkten oder plumpen Einflussnahmen nicht zu übertreiben und, wo es hilfreich ist, zu kaschieren (aus diesem Grund fragen Lehrpersonen etwa: „Wer *möchte* einen Anfang machen?". Oder sie *„laden* die Kinder *ein"*, sich mehr zu beteiligen oder überhaupt tätig zu werden, oder sie verstehen sich bloß als *„Begleiter* von *Lernarrangements"* und sind in Schulen tätig, in denen von *„Lernangeboten"* die Rede ist, ja sogar von *„Pflicht*angeboten").

Damit aber der Widerstand maßvoll bleibt bzw. gar nicht auftritt, muss es sich für die Gehorchenden insgesamt lohnen, sich anzupassen. Gehorchen kann als sozialer Tauschakt verstanden werden. Die Macht bzw. Ohnmacht der einzelnen Akteure muss aber, wie erwähnt, nicht mit ihrer strukturellen Position zusammenfallen. Es ist durchaus möglich, dass die strukturell ungünstigere oder inferiore Position – zumindest zeitweilig – mit mehr Macht verbunden ist, und umgekehrt, dass etwa eine Lehrperson von ihren Schülern nur sehr begrenzt oder überhaupt nicht als Autorität anerkannt wird. Doch auch in solchen Fällen mag der subjektive Nutzen des Gehorchens für die Schüler/innen groß sein; so mögen die betreffenden Tauschbeziehungen bloß Inszenierungen der vorgetäuschten Autoritätsanerkennung und des vorgetäuschten Gehorsams darstellen, wenn es etwa schlecht um die eigenen Noten steht, diese aber als wichtig erachtet werden. Auch die vorgetäuschte Autoritätsanerkennung ist eine solide Basis für gelingende Schulkarrieren, wobei sich die Täuschungen sowohl auf die Anerkennung der Autoritätsperson als Funktionsträger, als Person wie auch als Vertreter eines Werte- und Interessenbereiches beziehen können.

Im Unterschied zu ökonomischen Transaktionen, bei denen meistens recht klar ist, welchem Geben welches Nehmen entspricht, z.B. welche Mengen zu welchem Preis ausgetauscht werden, ist, wie Blau (1964) betont hat, beim sozialen Tausch typischerweise unklar, ob, und wenn ja, wie viel und wann jemand erhält, der vorher gegeben hat[27]. Soziale Tauschakte verursachen ungenaue Verpflichtungen: A mag B einen Gefallen tun und dafür

---

27 In seinem bekannten Aufsatz – *Social Behavior as Exchange* – aus dem Jahre 1957 definiert Homans: „Social behavior is an exchange of goods, material goods but also non-material ones, such as the symbols of approval or prestige. Persons that give much to others try to get much from them, and persons that get much from others are under pressure to give much to them. This process of influence tends to work out at equilibrium to a balance in the exchanges" (Homans 1957, S. 606). Nach Homans lässt sich nahezu alles als Gewinn, Kosten oder Belohnung begreifen und die Gleichung „Gewinn gleich Belohnung minus Kosten" (Homans 1957) sozusagen universalisieren. Kommen die Mitglieder in einem pädagogischen Setting in ihren Interaktionen zu ausreichendem „Gewinn", so scheint es sich für sie zu lohnen, die gewohnten Austauschhandlungen vorzunehmen und dieses soziale System befindet sich in einem „beweglichen Gleichgewicht" (Homans 1960, S. 392).

in der Zukunft eine Gegenleistung erwarten, doch welche es ist und ob es überhaupt zu einer Gegenleistung kommt, ist zuvor nicht ausgemacht und kann auch nicht verhandelt werden – die allfällige Gegenleistung liegt ganz im Ermessen von B. So ist der soziale Tausch zumindest zu Beginn einer Beziehung mit gewissen Risiken verbunden. Soziale Austauschbeziehungen entstehen daher oft relativ langsam und beginnen mit kleineren Transaktionen, die wenig Vertrauen erfordern. Die Vertrauenswürdigkeit der Austauschpartner wird durch die Erfüllung von Verpflichtungen für geleistete Dienste gestärkt und demonstriert (vgl. Kruse 2003, S. 1).

Während Homans (1957, 1960) vor allem wegen seinem Sozialbehaviorismus und psychologischen Reduktionismus kritisiert worden ist, kann man gegen soziale Austauschtheorien generell ins Feld bringen, dass sowieso nicht angemessen sei, menschliches Verhalten und Sozialleben primär als Austausch zu begreifen, und dass die Reduzierung sozialer Interaktionen bzw. sozialen Austausches auf ökonomische Transaktionen oder rein psychologische Prozesse abzulehnen sei. Diese Kritikpunkte wenden sich heute eher gegen die Nachfolgetheorien, insbesondere gegen den Rational Choice-Ansatz. Auf der anderen Seite gibt es Verfechter der sozialen Austauschtheorien, die eher die Bedeutung des sozialen Kapitals betonen, den „methodischen Individualismus“ hingegen ablehnen oder zumindest kritisch betrachten. So sieht Kappelhoff (1995) soziale Interaktionen zwar als Tausch, unterscheidet aber analytisch zwischen Tauschhandlungen, Tauschbeziehungen, Tauschsystemen und Tauschmoralitäten. Tauschbeziehungen werden dabei als in Sozialstrukturen eingebettet betrachtet, die von ökonomischen, sozialen, aber eben auch moralischen Aspekten abhängen (vgl. S. 6). „Tauschsysteme können (…) durch ihr erfolgreiches Funktionieren die sie steuernde Tauschmoralität reproduzieren und damit ihre eigene Überlebensfähigkeit sichern“. Daraus folge, dass „Tauschsysteme Gelegenheiten zum moralischen Handeln anbieten müssen, wenn sie eine entsprechende Tauchmoralität erhalten wollen“ (S. 11).

Was den Bereich der nicht-pädagogischen Führung betrifft, so konnte insbesondere mit den Untersuchungen im Anschluss an die so genannte Leader-Member-Exchange-Theorie (vgl. Graen & Uhl-Bien 1995) – auch „LMX“ genannt – gezeigt werden, welche unterschiedliche Qualität Austauschbeziehungen zwischen Vorgesetzten und Mitarbeitern aufweisen können, vor allem hinsichtlich der Frage, ob neben den formellen Einflussmöglichkeiten auch informeller Einfluss möglich sei. Das Stichwort hieß zunächst „Empowerment“, Keller und Dansereau (1995) definieren diese als *wahrgenommene Kontrolle aus Sicht des Untergebenen*. Dazu ein Beispiel von Judith Kruse:

> *„Ein Mitarbeiter signalisiert, dass er die Entwicklung einer sozialen Austauschbeziehung anregen will, indem er gewissenhaft arbeitet und sich für Zusatzaufgaben anbietet. Wenn er dann keine entsprechende Gegenleistung erhält, führt das zu der Wahrnehmung, dass er den Austausch nicht kontrolliert. Er fühlt sich machtlos im Bemühen um Gestaltungsspielraum und Steigerung seines Selbstwerts, seine Versuche, diese Tauschelemente zu erhalten, sind fruchtlos"* (Kruse ebd., S. 7).

Diese Konstellation, d.h. die Bemühung um Intensivierung der Austauschbeziehung, ist auch für Schule und Unterricht typisch. Folgendes (paraphrasierte) Narrativ einer Schülerin, das im Rahmen eines Seminars zu Tausch- und Täuschungsstrategien im Schulunterricht gesammelt worden ist, mag dies verdeutlichen:

> *„Einem Lehrer, der mir immer nur schlechte Noten gibt, wiewohl ich zwar nicht gut bin, aber der einfach nicht sieht, wie sehr ich mich doch anstrenge, mag ich mein Interesse für das Fach, das er unterrichtet, nicht mehr geben. Und wenn ich merke, dass nicht einmal mein vorgetäuschtes Interesse, welches ich u. a. durch ständiges Händehochhalten zu zeigen versuche, etwas an der Lage verbessert, dann sowieso nicht mehr ..."*

Im Sinne der LMX-Theorie (Graen & Uhl-Bien 1995; Gerstner & Day 1997; Neubauer & Rosemann 2006) kann man sagen, dass beide Beispiele für vergebliche Versuche stehen, die Qualität des Austausches – „von unten" – zu verbessern. Diese Qualität kann mit den Kategorien „hoch", „mittel" und „tief" untergliedert bzw. beurteilt werden. Ein „low-quality LMX" meint den rein verhaltensökonomisch motivierten Austausch (Vorgesetzte/Lehrpersonen geben Anweisungen, Untergebene/Schülerinnen und Schüler erfüllen sie: „Dienst nach Vorschrift"). Bei einem „moderate LMX" ist der Austausch mehr als nur „vertraglich" bzw. „formell", d.h. es werden – in begrenztem Maße – auch persönliche Ressourcen ausgetauscht. Ein „high-quality LMX" bezeichnet demgegenüber eine soziale Austauschbeziehung mit gegenseitigem Verpflichtungsgefühl und ausgeprägtem Vertrauen.

Der Leader-Member-Exchange-Ansatz stellt aus mindestens drei Gründen eine Erweiterung von klassischen Führungstheorien dar: erstens werden auch individuell ausgehandelte, dyadische Beziehungen zwischen Vorgesetzten und Mitarbeiter/innen fokussiert, zweitens gibt es vielfache und plausible Bezüge zu Führungsstil- und Rollen-Konzepten sowie zum Konzept der situativen

Führung und drittens wird auch die Entwicklung der Beziehung zwischen den Beteiligten beachtet. Während Lehrpersonen bzw. Vorgesetzte sowohl auf formeller als auch informeller Ebene Einfluss ausüben können, ist diese Möglichkeit für Geführte in der Regel auf den informellen Bereich beschränkt. Das Hauptproblem besteht deshalb vor allem darin, dass die Austauschpartner entweder zu wenig oder aber zu viel Macht besitzen. Während bei mangelnder Macht mit Reaktanz und Widerstand gerechnet werden muss, wird von den LMX-Vertretern gerne behauptet, „high-quality LMX" – also hohe wahrgenommene Kontrolle – führe zu Leistungssteigerung, zu Arbeitszufriedenheit, zu einem größeren Verpflichtungsgefühl, zu größerer Innovationsfreudigkeit, zu mehr so genanntem Organizational Citizenship Behavior (OCB) und zu einer geringeren Kündigungstendenz (Graen & Uhl-Bien 1995; Kruse 2003).

Privilegiert sein: sich auf geschickte Weise führen lassen

In der letzten Zeit wurde im Anschluss an Erkenntnisse aus der PISA-Studie und anderen Studien versucht, Modelle zu entwerfen und zu prüfen, mit welchen die Logik der Bildungsübergänge und der Bildungsentscheidungen besser verstanden werden können. Zum einen werden soziologische Modelle rationaler Wahlentscheidungen vorgeschlagen, mit denen der Zusammenhang zwischen den Aspekten 1. Ressourcen sozialer Herkunft (ökonomisches, kulturelles und soziales Kapital), 2. primäre Herkunftseffekte (schulische Performanz), 3. sekundäre Herkunftseffekte (Kosten- und Nutzenkalkulation) und der 4. Bildungsentscheidung erfasst werden soll (vgl. Becker & Lauterbach 2004, S. 12). Zum anderen gibt es psychologische Wert-Erwartungs-Modelle, die den Theorien des sozialen Austausches nahe kommen und welche die 1. Ressourcen der sozialen Herkunft und 2. die schulischen Leistungen des Kindes an die 3. individuelle Erfolgserwartung (Beurteilung der Realisierungschancen), 4. die Kosten und Erträge der Bildungsalternativen (monetäre und nichtmonetäre Kosten, Statuserhaltsmotiv, genereller Wert von Bildung, Ausbildungs- und Berufschancen) und 5. die Bildungsentscheidung geknüpft werden (vgl. Maaz, Hausen, McElvany & Baumert 2006, S. 310). Mit solchen Modellen, eher gedacht für große Datensätze, können die kommunikativen und strategischen Interaktionen und Austauschbeziehungen der maßgeblichen Akteure in der Schule, nämlich der Lehrer/innen und Schüler/innen, nur begrenzt erfassen werden, wiewohl dies nicht unmöglich ist.

Zu den zentralen Fähigkeiten, die den gezielten Tausch von Ressourcen erfolgversprechend machen – heute auch „Selbst-" und „Sozialkompetenzen" genannt – gehören:

- Die Gegenseite beobachten und erkennen können, wie es um deren Ressourcen für Handlungen oder Handlungsunterlassungen steht, die für *ego* von Bedeutung sind;
- die Fähigkeit, die Darstellung der eigenen Person zu kontrollieren und den sozialen Erwartungen anzupassen;
- die Fähigkeit, die eigenen Wünsche der Situation anzupassen.

Die strategischen Passungsleistungen könnte man durchaus auch als oder im Sinne von „Assimilations- und Akkommodationsprozessen" bzw. „-leistungen" sensu Piaget (1970/2003) oder als „identitätsfördernden Fähigkeiten" sensu Krappmann (1969/2000) begreifen (namentlich Rollendistanz, „Role taking" und Empathie, Ambiguitätstoleranz und Identitätsdarstellung) und generell den *strategischen* Nutzen von „sozialen Kompetenzen" und „sozialen Kognitionen" beleuchten. Jedenfalls kann man spezifische Fähigkeiten des Selbst- und Beziehungsmanagements kennzeichnen und es steht außer Frage, dass diese Fähigkeiten auch in Schule und vor allem Unterricht eingesetzt, aber auch gelernt und vertieft bzw. subtilisiert werden. Wer weiß, was dem Lehrer gefällt, der schafft sich günstigere Tauschbedingungen als wer dies nicht und vielleicht nicht einmal weiß, was er eigentlich selber will.

„Schöner Schein"[28]

Gehorchen als Tauschakt

Wer in einem *günstigen Bildungsumfeld* lernen und leben darf, wird es darüber hinaus leichter haben, auch den *persönlichen Nutzen aus Unterricht und Schule zu optimieren,* wenn nicht gar zu maximieren (wenn nicht von allein: die Eltern werden helfen). Das austauschtheoretisch rekonstruierbare schulische und unterrichtliche Funktionieren hängt, wie eine weithin ignorierte Binsenwahrheit zu berichten weiß, von zwei Sorten von Autorität ab: *Sach- und Führungsautorität* der Lehrperson (vgl. Helmke 2003, S. 78–84). Autorität kann als Tauschverhältnis begriffen werden. Jedes Anerkennungsverhältnis stellt eine Form von Austausch immaterieller Güter dar und Aner-

---

28 Eine Begrifflichkeit, die Kant gebraucht hat. „Die Natur hat den Hang, sich gerne täuschen zu lassen" – schreibt er in seiner *Anthropologie in pragmatischer Hinsicht* in § 12, dem Abschnitt mit dem Titel „Von dem erlaubten moralischen Schein" – „selbst um die Tugend zu retten, oder doch zu ihr hinzuleiten" (1798/1977, S. 443 f.). Und: „Der gute ehrbare Anstand ist äußerer Schein, der anderen Achtung einflößt (...) – Überhaupt ist alles, was man Wohlanständigkeit (decorum) nennt, von derselben Art, nämlich nichts als schöner Schein" (S. 444).

kennungsverhältnisse zerbrechen, wenn die Erwartungen, die aus einem offerierten (immateriellen) Gut, z. B. Vertrauen, allzu stark enttäuscht werden.

Zwar gilt für asymmetrische Konstellationen jeweils, wie schon erwähnt, dass wer gehorchen *muss*, nicht zustimmen *kann*, und wer befehlen *kann*, nicht argumentieren oder auf Argumente hören *muss* (vgl. Kopperschmidt 1980). Dennoch kann *Gehorchen* als *sozialer Tauschakt* begriffen werden, dessen Vollzug voraussetzungsreich ist. Nicht zuletzt geht es in vielen pädagogischen Situationen um die Fähigkeit, Belohnungsaufschub ertragen zu können. Diese Fähigkeit, dies sei hier wiederholt, besteht darin, sich künftig höheren Gewinn oder geringere Kosten gegenüber momentanem geringen Gewinn oder höheren Kosten *vorstellen* und entsprechend *gewichten* zu können. Ein kleines Kind, impulsiv und in seiner Egozentrik steckend, ist zu beidem nicht fähig. Deshalb ist seine Unterrichtung nur begrenzt möglich. Aber auch ältere Kinder oder Jugendliche können mit dieser Gewichtung, berechtigt oder nicht, große Mühe haben und der kurzfristige Nutzen, der aus der Verweigerung einer pädagogischen Handlungsanweisung resultieren kann, mag erheblich größer erscheinen als der unsichere, zukünftige Gewinn oder Nutzen, der durch Gehorsam in der Gegenwart, durch Befolgen der mehr oder weniger subtilen Handlungsanweisung, suggeriert oder vermutet wird.

In einer Seminarsitzung meinte ein Student (hier paraphrasiert): „Diese Lehrerin stellte für mich eine Autorität dar, *weil sie an mich glaubte.*“ Seine Mathematiknoten hätten sich damals mit der neuen Lehrerin innerhalb eines Jahres wesentlich verbessert. „Ich machte, was sie von mir wollte, weil sie mir das Gefühl gab, an mich zu glauben und das habe ich vorher in Mathematik nicht erlebt.“ Verstehen wir diese Aussage als eine Beschreibung eines sozialen Austausches, so könnte man reformulieren:

> „Du gibst mir das Gefühl, an mich zu glauben (du hilfst mir mein mathematisches Selbstwirksamkeitsgefühl zu erhöhen) – ich gebe dir dafür meinen Gehorsam.“

Ein solcher Tausch könnte auch als einseitige oder mutuelle Täuschung funktionieren:

> „Du gibst vor, an mich zu glauben, dafür tu ich so, als ob ich mich für Mathematik interessieren würde.“

Oder:

> „Du täuschst vor, an meinen Fähigkeiten in Mathematik zu glauben, das ist nett von dir, dafür tu ich so, als ob ich mich für Mathematik interessieren und deine Handlungsanweisungen befolgen würde.“

Als Beispiel für Mutualität aus der Perspektive der Lehrperson:

> „Da ihr so tut, als ob ihr euch für Mathematik interessieren würdet – und das rechne ich euch hoch an, denn ich weiß, dass ihr keinen Nutzen in der Mathematik erkennen könnt –, gebe ich euch nicht nur das Gefühl, dass ihr eine tolle Klasse seid, sondern ihr kriegt auch tendenziell bessere Noten."

Gute Noten für gezeigtes Interesse – kein schlechter Tausch. Man kann viele Aspekte des Unterrichts als eine Form des Tausches interpretieren und man kann die typischen Inszenierungen als Täuschungen kritisieren. Man kann Unterricht mitunter auch als einen Tausch von Täuschungen, als ein sich gegenseitiges Täuschen bzw. auch als Vortäuschung von Tauschverhalten oder Tauschakten verstehen. *Jeder* dieser Fälle kann *bildungsrelevant* sein und zwar durchaus nicht nur in einem negativen Sinne. Nicht nur der Nutzen, sondern auch die bildungsrelevanten *Wirkungen* vorgetäuschten Interesses, vorgetäuschten Wissens, vorgetäuschten Gehorchens bzw. Autoritätsanerkennung mögen vielfältig sein. Dies hat weniger mit dem „heimlichen Lehrplan" zu tun und noch weniger mit „Heimlichkeit", viel eher mit *stillschweigenden Einverständnissen* (wie sie typisch sind für Langzeitbeziehungen).

Inszenierungen: Didaktik des Scheins

Es kann also nicht „bloß" um eine *„Als-ob-Didaktik"* (vgl. Hendrick 2004) gehen, die eher eine bedeutsame *Haltung* im Umgang mit Unsicherheit bezüglich Wichtigkeit und Relevanz des Lerninhaltes und dem Desinteresse der Schüler beschreibt. Nicht allein die Haltung interessiert, sondern vielmehr der Tausch von Haltungen bzw. Inszenierungen (d. h. vorgetäuschten Haltungen). Der Schüler, der im Unterricht auf die Handlungsanweisungen der Lehrperson in einem positiven und produktiven Sinne eingeht, *„als ob* er sich für die Sache interessierte" (vgl. S. 204; Oelkers 2003, S. 67 f.), lässt sich sozusagen auf einen Tauschhandel ein, ob er das weiß oder nicht. Seine Haltung (Offenheit, Neugierde, Lernbereitschaft) ist ein gutes Angebot und er sollte dafür auch eine angemessene Gegenleistung erwarten dürfen (ein interessantes Thema, neue Einblicke, Erwerb neuer Fähigkeiten). Macht er kein gutes Angebot bzw. lässt er sich auf keinen Handel ein, wird er früher oder später auch darauf behaftet werden. Der Tausch wird als unfair erlebt und die Austauschbeziehung leidet darunter oder bricht gar zusammen.

Die unterrichtlichen Täuschungen mögen wesentlich auch *Selbsttäuschungen* darstellen. Die Fähigkeit zur Selbsttäuschung gehört zu den unterschätzten, ironischen *sozialen* Kompetenzen. Dass sich auch Lehrpersonen über sich selbst täuschen (meist in Richtung zu positives Selbstbild bzw. zu positives vermutetes Fremdbild), hat nicht nur die Seite der anti-depressiven Wirkung, vielmehr mag aus dem wechselseitigen und dem Sich-selber-Täuschen ein *positives Lernklima* entstehen. Denn: Wie lernt man, sich für Mathematik zu interessieren, wenn man sich nicht für Mathematik interessiert? *Indem man so tut, als würde man sich für Mathematik interessieren.* So lernt man nicht nur, sich für Mathematik zu *interessieren,* sondern man lernt auch *Mathematik*! Sich involvieren durch imitieren; *Interesse durch Imitation und Imagination* – auch eine Form der „Erziehung der Gefühle" (vgl. Reichenbach & Maxwell 2007).

Zur Als-ob-Mentalität der schulischen Lernsituation gehört die Inszenierung, etwa die Notwendigkeit, dass die schulischen Lehrinhalte *immer* als *wichtig* zu betrachten sind. Es ist nötig, dass die Lehrperson so tut, als sei das Wissen, das Gebiet, welches sie lehrt, von (großer) Bedeutung. Nicht dass die Schüler dies unbedingt glauben sollen – *sie sollen vielmehr unbedingt glauben, dass die Lehrperson dieses Wissen für (sehr) wichtig hält.* Entsteht bei den Schülern das Gefühl, der Lehrperson sei gleichgültig, was sie lehrt und ob gelernt wird oder nicht, so verliert sie ihre *fachliche* Autorität, die ihr vielleicht zuvor unterstellt worden ist, in Kürze. Die Ernsthaftigkeit und Autorität der Lehrperson zeigt sich wesentlich am Fach- und Sachbezug. Die logotrope Dimension des Unterrichtens hat die Funktion, die Sache als wichtig erscheinen zu lassen. Zur Dramaturgie des Erscheinens gesellt sich eine dramatische Architektonik des Wissens: wer A nicht begreift, wird B niemals verstehen können. Zur Invarianz der Lehr- und Lernschritte – sei sie behauptet, sei sie triftig – gesellt sich als weiterer Aspekt zur Stärkung der Autorität des Wissens manchmal die behauptete oder mit guten Gründen erhoffte *Transferwirkung* (Transfer = Nutzen). Ohne diese Inszenierungen und mehr oder weniger wechselseitigen Täuschungen, auf die ja meist auf allen beteiligten Seiten bereitwillig eingegangen wird, wäre Unterricht kaum denkbar.

Wir können pädagogische Autorität also als mehr oder weniger gelungene Tausch- und Täuschungsmanöver begreifen. Dabei ist davon auszugehen, dass es meist auch einen unmittelbaren Nutzen des Befolgens von Handlungsanweisungen geben kann. Während die *Kosten* des Gehorchens in der Regel in der *Freiheitsbeschränkung* in Form der Einschränkung unmittelbarer Bedürfnisbefriedigung liegen, mag der Nutzen des Gehorchens u. U. in der Sicherheit liegen, in einer Form von „Geborgenheit", in der Erwartbarkeit und Kontrolle, in der Entlastung von Verantwortungszumutungen u. a. m., also in der Befriedigung zentraler Motive, die keineswegs nur Kindern vorbehalten sind.

Tausch von Täuschungen

Die Fähigkeit, die anderen zu täuschen, sich selbst zu täuschen, u. a. gerade dadurch, dass man andere zu täuschen meinen muss, mag also durchaus produktive Konsequenzen nach sich ziehen (vgl. Sommer 1992; Sullivan 2004, Taylor 1993). Schulische Inszenierungen als inauthentisch zu kritisieren ist leicht, aber der Ertrag solcher Kritik ist gering. Besser wäre es, schulischen Unterricht als ein relativ *artifizielles,* aber da sehr verbreitet: *normales* Interaktionsgeschehen zu verstehen, das nur sehr bedingt freiwillig zustande kommt. Der Zwangscharakter der Schule und des Unterrichts, der ja mitunter nur durch die Beziehungen, den sozialen und emotionalen Support, der aus der Gemeinsamkeit resultieren mag, erträglich wird, schlägt sich nieder in Strategien, mit welchen die mit Schule immer verbundenen notwendigen und nicht notwendigen Übel ausgehalten werden können. Auch wenn es hervorragenden Unterricht gibt und vielleicht sogar fast dauerinteressierte Schüler, so ist der schulische Unterricht doch oft langweilig. Vieles von dem, was getan werden muss, wird als sinnlos erlebt oder beurteilt. Zum Glück bleibt wenigstens dieser Sinn oder Zweck: die Prüfung und die Noten. Ohne dieselben wäre die Sinnlosigkeit des Tuns mitunter kaum zu ertragen. Es ist leicht zu akzeptieren, „nur" für die Prüfung zu lernen, wenn ich nur glauben kann, dass ich für dieses leidige Tun auch etwas bekomme, was mir in der einen oder anderen Form „etwas bringt". Denn auch wenn ich jetzt nicht erkennen kann, was das alles soll, so ertrage ich den fehlenden Sinn ja nur, wenn er sich als ein künftiger Sinn oder zumindest Nutzen am Horizont verspricht. Dass es nicht gelingt, den Sinn in der Tätigkeit selbst zu erkennen, mag ein häufiges Phänomen schulischen Lernens, aber auch Lehrens sein, wenn aber zusätzlich überhaupt keine Erwartungen mehr an diese Tätigkeit gebunden werden können, und seien sie scheinbar bloß *„instrumenteller"* Natur, dann wird das schulische Geschäft für alle Beteiligten eine mühselige Angelegenheit. Wem es aber gelingt, sein Lernen zumindest zu instrumentalisieren, d. h. in einen Tauschhandel zu verwickeln, für den besteht die Chance, dass ihn die Materie, die den Anlass des Tausches darstellt, früher oder später interessieren wird. Für diesen Tausch bedarf es der Täuschung[29].

29 Man mag sich am Begriff der Täuschung stoßen und vorschlagen, lieber *mimesis* (griechisch „Nachahmung", eigentlich „Vorahmung") oder *imitatio* (lateinisch) zu gebrauchen, aber mit diesen beiden Begrifflichkeiten, die in bekannten Täuschungstheorien auch nicht benützt werden, kommt die moralisch-ethische Ambivalenz nicht oder deutlich weniger zum Ausdruck, die mit „Täuschung" einhergeht und für den vorliegenden Kontext bedeutsam ist.

Dass die Täuschung ein wichtiges Mittel nicht nur des Überlebens, sondern auch des Lebens und Wohllebens darstellt, scheint für Täuschungstheoretiker insgesamt klar zu sein. „Deception is an essential component of our ability to organize and shape the world, to resolve problems of coordination among individuals who differ, to cope with uncertainty and pain, to be civil and to achieve privacy as needed, to survive as a species, and to flourish as persons", schreibt beispielweise Nyberg (1996, S. 187). Zu den Täuschungsstrategien gehören Buller und Burgoon (1996) zufolge:

- Verfälschen und Irreführen (*falsification*)
- Verschweigen und Verbergen (*concealment*)
- Zweideutiges, ausflüchtiges Reden bzw. Wortverdrehen (*equivocation*)

Die Autoren zeigen, dass – im Gegensatz zur landläufigen Meinung – kommunikatives Täuschungsverhalten nur schlecht erkannt wird und dass insbesondere das non-verbale Verhalten kaum reliable Aufschlüsse gibt. Nyberg (S. 198 f.) unterscheidet acht Arten des Täuschens, vier Arten des *aktiven* Täuschens (1a–1d) und vier Varianten des *passiven* Täuschens, also des Täuschungen-geschehen-Lassens (2a–2d).

1a Dazu *beitragen*, dass jemand *etwas Unwahres glaubt.*
1b Dazu *beitragen*, dass jemand *seinen Glauben an etwas Unwahres aufrecht erhält.*
1c Dazu *beitragen*, dass jemand *den Glauben an etwas Wahres aufgibt.*
1d Dazu *beitragen*, dass jemand *etwas Wahres nicht glauben kann.*
2a *Zulassen*, dass jemand *etwas Unwahres zu glauben beginnt.*
2b *Zulassen*, dass jemand *seinen Glauben an etwas Unwahres aufrecht erhält.*
2c *Zulassen*, dass jemand *seinen Glauben an etwas Wahres aufgibt.*
2d *Zulassen*, dass jemand *weiterhin ohne Glauben an etwas Wahres verbleibt.*

Alle diese Täuschungsstrategien kommen freilich auch im Alltag von Schule und Unterricht vor. Für jede dieser acht Möglichkeiten lassen sich moralisch bedenkliche Bespiele finden, aber auch Situationen, in denen die Strategie durchaus aus moralischen Gründen normativen Charakter aufweisen kann. Es sind dies Situationen, in welchen die *Insuffizienz diskursethischen Begründens und Empfehlens* evident wird, typischerweise auch professionsethisch bedeutsame Situationen.

Die Gründe für moralisch legitime bzw. nicht notwendigerweise illegitime Täuschungsmanöver sind vielfältig: Während der *Glaube an Un-*

wahres nicht immer schadet, sondern sogar positive Wirkungen haben mag[30], kann die *Kenntnis der Wahrheit destruktive Wirkungen haben,* deren Vermeidung möglich und ethisch vertretbar sind[31]. Es ist m. E. eine reizvolle, aber noch ausstehende Arbeit, die Thematik des Täuschens in pädagogischer Hinsicht zu systematisieren und zu versuchen, Kriterien für legitime und illegitime Formen des Täuschens (und vielleicht auch des Tausches) im schulischen Kontext zu formulieren und diskutieren.

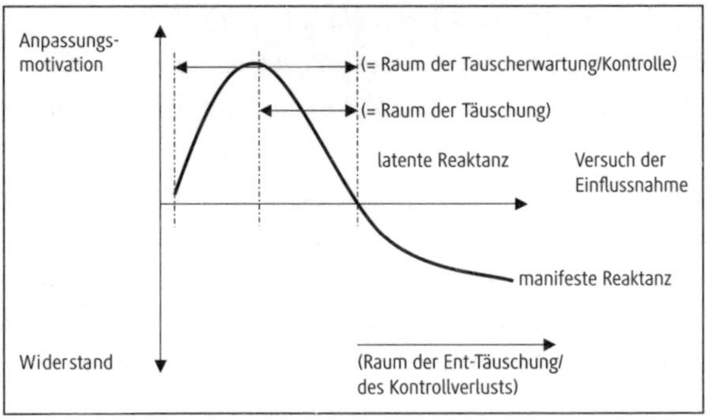

Abb. 7: Abnahme der Anpassungsmotivation als latente Reaktanz und Ort der Täuschung

Im Sinne einer Weiterführung der Abbildung 6 kann nun auch der Zusammenhang zwischen Anpassung und Widerstand einerseits und Tausch und Täuschung andererseits erläutert werden (vgl. Abb. 7). Während die positive, noch durch kein oder kaum reaktives Verhalten geprägte Anpassungsmotivation die „offene" Zone des Tausches darstellt, transformiert sich diese Zone mit der latenten Reaktanz bei zunehmender Einflussnahme in die weniger transparente Zone des „Tausches und der Täuschung" (= wahrscheinlich die schulische Normalzone). Wo aber weder Tausch noch Täuschung mehr möglich sind, kommt es zum offenen Problem, vielleicht sogar zum

30 Glaube als Kontrollillusion, Selbstwirksamkeitsgefühl oder der so genannte Pygmalion-Effekt sind psychologische Phänomene und Begrifflichkeiten, die auch im Rahmen einer Theorie des *Tausches-von-Täuschungen* rekonstruiert werden können. Die *Ressource* „Glaube an Unwahres" mag sogar die wichtigste sein, die einem Menschen in einer prekären Situation noch bleibt.

31 Nicht nur am „Krankenbett" ändert sich alles, sondern auch in anderen asymmetrischen Situationen, in denen Fürsorge- und Wahrhaftigkeitsaspekte einander gegenüberstehen, die diskursiv nicht immer eingeholt werden können. Die fürsorgliche Täuschung kann nur *prinzipiell* ablehnen, wer – irrationalerweise – an die letztlich positiven Wirkungen der Wahrheit *glaubt.*

Konflikt. Wo weder Tausch noch Täuschung ist, ist auch kein („normaler") Unterricht mehr möglich (vgl. Abb. 7).

Allerdings ist im Sinne der Leader-Member-Exchange-Theorie davon auszugehen, dass die Qualität der schulischen Dyaden zwischen Lehrperson und Schüler/innen diesbezüglich ganz unterschiedlich ausfallen. Während eine Person A eine relative hohe Anpassungsmotivation zeigen mag, die bei geringer zusätzlicher sozialer Einflussnahme schnell absinkt, mag Person B nur schwer zu motivieren sein (benötigt also wesentlich mehr Einfluss, um das erwünschte Verhalten zu zeigen) und zeigt ihre höchste Anpassung u. U. unter Bedingungen, unter welchen die latente Reaktanz von A schon in manifeste Reaktanz umschlägt. Solche Differenzen machen den Unterricht für Lehrpersonen mitunter zu einem schwierigen Unterfangen.

Die Qualität von Austauschprozessen zwischen Lehrpersonen und Schüler/innen, so sollte hier argumentiert werden, ist auch – aber sicher nicht ausschließlich – ein Produkt strategischer Kompetenz bzw. der Geschicklichkeit der Schüler/innen (und der Lehrpersonen). *Geschicklichkeit* im Umgang mit Lehr-Lern-Zumutungen könnte ein weiteres wichtiges Element bzw. empirisch gesprochen: eine zu untersuchende Variable sein, um das Verständnis der Etablierung, Verfestigung und Ausweitung von Bildungsungleichheiten in *prozessualer* Hinsicht weiter zu vertiefen.

8

Die unpersönliche Kultur der Autorität

„L'ère de la critique de l'autorité est close,
dans la mesure où il n'y a plus rien à critiquer,
à quelque titre que ce soit."

Blais, Gauchet & Ottavi (2008, S. 146)

Es ist wohl ein Fehler, pädagogische Autorität auf den personalen oder persönlichen Aspekt zu reduzieren, d. h. die bloße soziale Interaktionsform, wiewohl der personale Bezug für Pädagogik zentral ist. Doch ebenso zentral ist das Wissen, sind die Inhalte, ist die Sache, die pädagogisch vermittelt werden sollen, kurz: die Kultur (im weitesten Sinne), in die es einzuführen bzw. die es weiterzugeben gilt. Ohne zu vermittelnde Kultur ist das pädagogische ein wahrlich sinnloses Geschäft; immer steht das Dritte zwischen den Menschen – zwischen Alt und Jung, erfahrenen und unerfahrenen Personen, Wissenden und Un- oder Wenigerwissenden –, d. h. die Sache, das, was man tut oder zu tun ist, was zu bereden ist, worauf gezeigt wird. Kultur, das ist die Welt, wie sie sich die Menschen errichtet und wie sie sich in ihr eingerichtet oder mit ihr arrangiert haben, in ihrer erwünschten Weise, aber auch mit ihren unerwünschten Wirkungen (die pädagogisch immer ebenso interessieren).

Zwei Formen von unpersönlichen kulturellen Autoritäten sind zu unterscheiden, eine unpersönliche Kultur der Bildung im weitesten Sinne (8.1 & 8.3) und eine *anonyme*, sozialisatorisch prägende (8.2).

8.1 Die Autorität der Kultur

Manchmal hilft es dem Nachdenken, wenn der Blickwinkel umgedreht wird. Bei der Frage „Wozu ist die Schule da?" gibt es sicher eine deutliche Antwort, die lautet, dass sie für das Lernen da sei. Die griechischen und lateinischen Wurzeln des Wortes Schule meinen „Muße", was „nicht etwa leere Zeit" bedeute, so Lutz Koch, „sondern Lehr- und Lernzeit", Schule sei „Freiraum und Freizeit zum Lernen" (Koch 2002, S. 10). Doch wozu ist das Lernen da? Der Reflex meint zur Antwort zu nötigen, dass das Lernen für das Leben da sei. Kochs weniger reflexartige, aber reflektierte, wenn auch nicht originelle Antwort lautet, die Schule sei zwar zum Lernen da, aber das Lernen sei für die Schule da: „wir lernen für die Schule" (S. 11). Das sehe zwar nach „Kreisverkehr" aus, aber es sei dennoch eine angemessene Beschreibung zu sagen, dass wir nicht für das Leben, sondern die Schule lernen. Es gehört zur Ironie der Geschichte des bekannten Seneca-Zitates (2001), dass dasselbe „normalerweise" in 180-Grad umgedrehter Form, also falsch wiedergegeben werde (ebd.). Seneca richtig zitiert lautet: „Nicht für das Leben, sondern für die Schule lernen wir." Seneca falsch zitiert: „Nicht für die Schule, sondern für das Leben lernen wir." Nachdem also geklärt ist, wozu das Lernen da ist, nämlich für die Schule, kann – immer noch mit Koch – die Frage beantwortet werden, wozu denn die Schülerinnen und Schüler da sind. Schüler, so Kochs „freche" Antwort, seien für die Schule da – nicht die Schule für die Schüler und Schülerinnen, sondern umgekehrt (S. 16)!

Nach so vielen kontra-intuitiven Aussagen steigt der Klärungsbedarf. Koch fasst seinen eigenwilligen Beitrag selbst zusammen: „Ich habe also behauptet: Schule sei zum Lernen da, denn dadurch und durch nichts anderes ist sie definiert. Zweitens habe ich behauptet, dass wir nicht für das Leben, sondern für die Schule lernen. Nicht das Leben unterstellt die Schule seinen Anforderungen, sondern Schule prägt das Leben. Daher steht die Schule auch nicht im Dienst der Gesellschaft, ist sie kein Dienstleistungsbetrieb, funktioniert nicht abnehmer- oder kundenorientiert. Sie ist nicht für die Gesellschaft da, sondern die Gesellschaft muss sich um die Schule kümmern, so wie jemand sich um seine eigene Gesundheit kümmert. Die Gesellschaft leistet sich selber einen Dienst, wenn sie für Schule sorgt. Damit hängt es zusammen, dass die Schüler für die Schule da sind, dass die Schule den Bestand des Wissens garantiert und jeder Einzelne nicht nur Benutzer des Wissens, sondern auch dessen ‚Gefäß' ist" (Koch 2002, S. 20 f.).

Das Wissen wird nicht nur und nicht primär in den Bibliotheken aufbewahrt, in den Büchern, den Datenbanken und dem Internet, auch nicht in der Schule, sondern vor allem in den Köpfen, etwa von Lehrpersonen (jeglicher) Art, die es weiter an ihre Schülerinnen und Schüler geben, die es später wiederum – teilweise – weitergeben werden, in der einen oder anderen Form. Die Köpfe sind die Gefäße des Wissens, das Wissen wird in ihnen aufbewahrt, ausgeliehen für eine bestimmte oder auch unbestimmte Zeit. Die Schülerinnen und Schüler ihrerseits werden aufbewahrt in der Schule, zu bestimmten, meist genau definierten Zeiten. Obwohl sie die Pflicht haben, dort zu sein, haben sie auch ein Recht, sich dort zu befinden. In dem sie dort sind, ermöglichen sie Schule. Ohne Schüler keine Schule, ohne Kinder keine Eltern. Die Schule sei nicht für die Gesellschaft da, sondern vielmehr habe sich die Gesellschaft um die Schule zu kümmern: „Schule ist nicht für die Gesellschaft da, sondern konstitutiv für Gesellschaft" (S. 13). Koch hat hier eine Reihe von m. E. erfrischenden, wie man umgangssprachlich sagt, „gegen den Strich gebürsteten" Gedanken formuliert, welche die Einsicht in den Sinn des pädagogischen Tuns und der Schule vertiefen mögen. Dass dies nötig ist, scheint mir ganz evident zu sein.

Dass die Hauptaufgabe von Erziehung und Unterricht zunächst immer mit der *Tradierung* von Kultur (im weitesten Sinne) zu tun hat, gerät manchmal in Vergessenheit. Lieber will man die Kinder fit machen für eine Zukunft, von der man gleichzeitig behauptet, man kenne sie nicht. Dass dies eine eigenartige Pädagogik sein muss, fällt schon gar nicht mehr auf (!) – der Kompetenzdiskurs hilft, so gut er kann, die Löcher des Sinns und Zwecks von Schule zu kaschieren, die durch fehlendes Nachdenken entstanden sind. Es ist deshalb gewiss von Bedeutung, wenn Prange (1999, 2005) und andere den Zeigecharakter des Pädagogischen hervorgehoben haben. Dass gerade die elementarste Form des Vermittelns von Kultur – das Zeigen – so hat in Vergessenheit geraten können bzw. „unpopulär" wurde, ist freilich bedenklich wie ironisch zugleich. Prange: „Es darf begleitet und ausgehandelt, beraten und moderiert werden, um in kommunikativer Bemühung der Lernfähigkeit zu entsprechen, aber ‚Zeigefinger', das hört sich nach Bevormundung und

Forderung, eben nach ‚Erziehung' an" (S. 71). Wenn Schule als Repräsentation der Kultur und Kulturvermittlung verstanden wird, ist auch Prange zuzustimmen, wenn er meint, dem Lehrberuf würde „die Grundlage entzogen, wenn das Zeigen und der Zeigestock zusammen mit all den neueren Hilfsmitteln für gutes, klares und verständliches Zeigen als unstatthafte Bevormundung denunziert und dafür ein Lernmodus als Äquivalent anempfohlen wird, der selbst das erst produzieren will, was er rezipieren soll" (ebd.).

Die Schule repräsentiert die Autorität der Kultur. Ähnlich kontraintuitiv wie Lutz Koch hat der französische Philosoph Marcel Gauchet von der Autorität der Kultur gesprochen. Seine Behauptungen lauten – mit Philippe Foray (2007) zusammengefasst: 1. Autorität ist immer da. 2. Es gibt Erziehung, weil es Autorität gibt. D.h. die ohnehin wirkende Autorität führt zur Frage nach der Erziehung. 3. Kultur ist das, was einen umhüllt, was sich einem aufdrängt, was man nicht frei gewählt hat und dem man auch nicht entkommen kann – die Autorität der Kultur ist für Gauchet vor allem die Autorität der Sprache (vgl. S. 623–625). Nach Gauchet muss der Mensch erzogen werden, weil er in einer Kultur, insbesondere Sprachkultur lebt[32]. 1985 schrieb Gauchet zum Thema Lesenlernen: „Lesen zu lernen, heißt nicht allein, sich mit nützlichen schriftlichen Zeichen vertraut zu machen, sondern auch von einer Welt erfasst zu werden, die in voller Rüstung schon vor uns da war und noch im hintersten Winkel für den Gesamtzusammenhang einsteht; es heißt, auf eine bindende Ordnung zu treffen, die letzte Orientierung bietet bei der Begegnung mit anderen und der eigenen Standortbestimmung, indem vom niedrigsten Niveau an über die Arbeit am Ausdruck der menschlichen Erfahrung nach und nach eine Form gegeben wird. Hier ist es wirklich einmal voll und ganz angebracht, von *Kultur* zu sprechen" (S. 624)[33]. Das Symbolische – die symbolische Welt, welche die Schule zu vertreten hat – übt eine Macht auf uns aus, der wir uns nicht entziehen können. Das Symbolische repräsentiert für den Menschen die „gemeinsame Welt", wie man mit Hannah Arendt (1996) sagen könnte (vgl. Foray ebd.).

32 „… l'homme doit être éduqué, d'abord parce qu'il vit dans une culture, précisons une culture langagière" (Gauchet 2002, S. 25).

33 … „apprendre à lire, ce n'est pas seulement entrer en familiarité avec l'univers utile des signes écrits, c'est se trouver happé par un monde qui existe tout armé avant vous et dont chaque recoin engage la cohérence globale, c'est se confronter à un ordre contraignant au travers duquel il y a des repères ultimes de la rencontre avec les autres et de l'insertion, dès le plus humble niveau, dans le registre de cette mise en forme successive de l'expérience humaine par le travail sur l'expression qu'il faut bien nommer *culture*, au sens pour une fois plein et justifié du terme" (Gauchet 1985, S. 148).

Die Schwächung der Aura der Schule (Helsper 2009) mündet letztlich auch in einer Schwächung der Anerkennung (der Leistung) der Lehrperson (als Autorität und in jeder anderen Funktion und Aufgabe). „Die Erosion der Amtsautorität", so Paris (2009), „ist (...) nichts anderes als die Folge eines tiefgreifenden Achtungs- und Ansehensverlustes der Schule, wie er in den letzten zwei/drei Jahrzehnten in weiten Kreisen unserer Gesellschaft gang und gäbe geworden ist" (S. 51). Dieser Effekt wird in Zeiten beschleunigter Reformvorhaben noch verstärkt. „Nachdem die Schule seit den siebziger Jahren unter ständig wechselnden Vorgaben in eine Dauerstelle der Bildungsreform verwandelt wurde, kann sie nie mehr sein, was sie einmal war: eine ehrwürdig Einrichtung, der man seine Kinder anvertraut, weil sie ihnen wesentliches Rüstzeug für das spätere Leben vermittelt" (S. 53). D.h. freilich nicht, dass Reformen überflüssig sind, aber „Reformen haben stets ein Doppelgesicht: Sie suspendieren eine überkommene Normalität, um eine neue zu etablieren. Gleichzeitig bedrohen sie die Gewohnheiten, die in die früheren Zustände eingehakt waren" (ebd.).

Es ist problematisch, wenn Schule nur noch als Instrument für die Einzelperson und für Spezialinteressen der Gesellschaft betrachtet wird. Die Instrumentalisierung und Ent-Auratisierung der Schule fördert die Sinnkrise des schulischen Lernens. Dass die Schule, wie schon mehrmals erwähnt, ihre *Aura* verloren habe, versuchten Ziehe und Stubenrauch in ihrem immer noch lesenswerten „Plädoyer für ungewöhnliches Lernen" (1982) zu zeigen. Die Schule hat die Aura des Rätselhaften, der Einzigartigkeit als Ort des Wissens und der Bildung, der Kultur, die sie verkörpert, d.h. der Autorität, im Zuge bestimmter Modernisierungsvarianten stark eingebüsst. Die Lehrperson ist zunehmend auf sich selbst gestellt, weil ein paar wesentliche „Gratiskräfte", von der sie bislang profitiert hat, schwach geworden sind – gleichgültig wie professionell oder dilettantisch, wie viel oder wenig wissend und wie pädagogisch reflektiert oder nicht sie gewesen ist. Die erste dieser „Gratiskräfte" ist jene des Bildungskanons gewesen (vgl. S. 130): der Kanon verkörperte die nicht zu hinterfragende Autorität der kulturellen Wissensbestände, welche die Schule praktisch im Monopol zu vertreten hatte. Die zweite „Gratiskraft" ist jene des traditionellen Generationenverhältnisses gewesen: gerade als konfliktuelles Verhältnis war dieses konstitutiv für eine Auseinandersetzung und Aushandlung der Wertmassstäbe. Die dritte „Gratiskraft" war die Selbstverständlichkeit und Identitätsnähe der Selbstdisziplin (vgl. S. 131): Dass Lernen Spass machen soll oder wie von alleine, ganz reibungslos ablaufen soll, ist eine junge und für institutionelle Zusammenhänge abwegige Idee. Schule war vielmehr immer mit einem Ethos der Anstrengung, des Bemühens und des Übens verbunden. „Diese schulische symbolische Ordnung", schreiben

Helsper et al. (2007), „war eingebettet in einen übergreifenden gesellschaftlichen Deutungshorizont, von dem sie kulturell zehren und ihre Selbstverständlichkeit und Verbindlichkeit entlehnen konnte. Diese Aura der Schule als einer einzigartigen Bildungsstätte erodiert" (S. 41). Damit deutet sich an, dass die Sinnkrise des schulischen Lernens und Lehrens (vgl. Blais, Gauchet & Ottavi 2008), wenn man denn unbedingt einen so starken Begriff gebrauchen will, mit dem Autoritätsverlust der *Institution* Schule zusammenhängt.

8.2 Unpersönliche Prägung: „Veränderte Kindheit"

Während sich die zeitgenössische populäre Medienkultur stark für kindliches bzw. elterliches Problemverhalten und seine konkreten Korrekturmöglichkeiten interessiert, stehen im Fokus des (erziehungs-)wissenschaftlichen Diskurses über Erziehung allerdings auch kaum Fragen über Ziele wie Autonomie und die Möglichkeiten, wie die Entwicklung zu derselben pädagogisch zu stimulieren sei bzw. worin sie – etwa kompetenztheoretisch – eigentlich bestehe. Vielmehr ist der Diskurs seit gut zwei Jahrzehnten, wie oben mit Verweis auf die pädagogische Sozialisationsforschung deutlich gemacht, von Konzepten der „veränderten Kindheit", des „Wandels der Jugend" bzw. des Aufwachsens geprägt, während die damit zusammenhängenden Fragen der Erziehung nur noch mittelbar zu interessieren scheinen. Die verallgemeinernden Vorstellungen über Kindheit und Jugendzeit sind freilich zeitabhängig, medieninduziert und eng verbunden mit den jeweiligen gesellschaftlichen Selbstbildern (Scholz 2001, S. 20f.). Einerseits ist es sicher berechtigt, nicht nur von „Erziehung", sondern auch von „Kindheit" und „Jugend" als von „Konstrukten" zu sprechen. Andererseits ist Pranges Bemerkung – unter personaler und pädagogische Perspektive – ernst zu nehmen: „Konstrukte weinen nicht und machen auch nicht in die Windeln" (Prange 1999, S. 236). Das konkrete Kind oder die konkrete Jugendliche einerseits und die Konstrukte Kindheit und Jugend andererseits gehören zwei unterschiedlichen Reichen an: Der allgemeine Sozialisations*diskurs* und die konkrete Lebens- und Erziehungs*praxis* mögen miteinander mitunter nur wenig zu tun haben. So mögen im gleichen Kulturkreis gleichzeitig das „happy child" als höchstes Erziehungsziel postuliert, über die Wiedereinführung der Prügelstrafe an öffentlichen Schulen diskutiert und höchst vielfältige und heterogene Erziehungspraktiken beobachtet werden, die sich nicht einem oder ein paar wenigen Labels zuordnen lassen. „Kindheit" als „soziales Konstrukt der Gesellschaft“ oder als „mentales Konstrukt Erwachsener“ (Neumann-Braun 2001, S. 92) zu begreifen, hat den Preis, sich vor allem dem – leichter wahrnehmbaren pädagogischen *Diskurs* – zu widmen und die – größtenteils nicht wahrgenommene oder wahrnehmbare – Erziehungswirklichkeit ignorieren zu müssen. So werden unter dem Stichwort „Veränderte Kindheit“ oder auch „Jugend im Wandel“ vor allem Bilder produziert, welches die Kinder und Jugendlichen vor allem als Opfer veränderter gesellschaftlicher Verhältnisse sehen (Scholz 2001, S. 20). Beachtliche sozialwissenschaftliche Untersuchungen und Erörterungen fokussieren „soziale Lagen von Kindern und historische Transformationen von Kindheit“, auch im Hinblick darauf, günstige von ungünstigen Entwicklungsbedingungen im Übergang zwischen Kindheit und Jugend zu unterscheiden; Sozialisationsforschung versteht sich so „als Untersuchung der kulturellen Kommunikation zwischen den Generationen“ (Zinnecker & Silbereisen 1996, S. 12). Diese berechtigten und wichtigen Forschungsanliegen führen zu Beschreibungen der Veränderungen des Umfeldes von Entwicklung und Erziehung – etwa veränderte Erziehungsvorstellungen, Veränderungen in der räumlichen und zeitlichen Strukturierung der Lebensbereiche –, die primär problematisiert werden und mitunter zu bestimmten Diskursdramaturgien führen, über die sich naturgemäß streiten ließe.

Um einige Beispiele zu nennen: man mag 1. den zunehmend gefüllten Terminkalender bzw. die verplante Zeit (vieler Kinder) monieren, 2. die in diesem Zusammenhang immer weniger selbst gestaltete Freizeit, 3. die wegen Mobilitätszwängen zunehmend vorwiegend von den Erwachsenen gebildete und kontrollierte Gleichaltrigengruppe (bei den kleinen Kindern), 4. die Häufung des Medienkonsums, 5. die Wohn- und Nachbarschaftsverhältnisse, die nicht mehr zur Verfügung stehende Strasse als Territorium für Spiel und unstrukturierten Zeitvertrieb, 6. das Leben in der sogenannten „Wegwerf-Gesellschaft“, den schnellen Wandel der Spielzeuge, den Konsumdruck, der damit verbunden ist, 7. überhaupt die Statusgesellschaft, 8. den vermeintlich erhöhten Leistungsdruck und das zunehmende Konkurrenz-Verhalten, 9. den Bewegungsmangel u.v.a.m. Und freilich lassen sich zu praktisch allen Bereichen mehr oder weniger überzeugende empirische Belege heranziehen und die regelmäßig festgestellten „kindlichen Verhaltensauffälligkeiten“ können dann als Reaktionen auf eine „krankmachende“ Umwelt begriffen werden. Erziehung wird demnach primär als Versuch verstanden, diese Einflüsse, welche die Entwicklung der Kinder und Jugendlichen prägen und möglicherweise gefährden, möglichst klein zu halten bzw. zu kontrollieren (als ob dies in diesem Sinne möglich wäre).

8.3 Die Kulturelle Dimension von Bildung

Während Sozialisationsprozesse in vielerlei Hinsicht darin bestehen, implizites Wissen – auf *implizite* Weise – weiterzugeben (vgl. Nonaka & Takeuchi 1997), interessiert bildungstheoretisch vor allem der *Wandel* von implizitem zu explizitem Wissen. Der Prozess der *Externalisierung* des Wissens beruht in der einen oder anderen Form meist auf der Bildung von Analogien, Metaphern bzw. mentalen Modellen, die einen verständigungsorientierten Sinn, zumindest ein verständigungsorientiertes Potential aufweisen, ohne welche die Externalisierung des Wissens im Grunde ihren sozialen Sinn verlöre. Mit anderen Worten, Wissen und die Weitergabe des Wissens sind intrinsisch verbunden. „Es gibt", so Steiner, „keine Gemeinschaft, Religion, keine Disziplin und auch kein Handwerk ohne Meister und Jünger, ohne Lehrer und Lehrlinge, *Wissen ist Weitergabe*. Im Fortschritt, in der Innovation, wie einschneidend sie auch sein mögen, ist die Vergangenheit gegenwärtig" (2009, S. 167; kursiv R. R.). Doch die Kreation und Weitergabe des Wissens ist auch in den Wissenschaften nicht nur vom Generationswechsel, sondern mitunter auch von Generationenkonflikten geprägt (vgl. Hoffmann 2002). „Meister haben ihre Jünger sowohl psychisch als auch, jedoch seltener, physisch zerstört. Sie haben ihren Geist gebrochen, ihre Hoffnungen vernichtet, ihre Abhängigkeit und Individualität ausgebeutet. (…). Umgekehrt haben Jünger, Schüler, Lehrlinge ihre Meister gestürzt, verraten und zugrunde gerichtet. Auch dieses Drama hat sowohl psychische als auch physische Aspekte" (Steiner 2009, S. 10). Väter, die ihre Söhne und Töchter wenigstens *im übertragenen Sinn* ermorden, sind natürlich so leidenschaftlich, selbstsüchtig und faszinierend wie die Söhne und Töchter, die sich nur durch Mord und Totschlag von ihrem Vater oder ihrer Mutter, ihrem Doktorvater oder ihrer Doktormutter emanzipieren können. Selbstverständlich wäre aber der rege Austausch zwischen den Generationen, die dadurch auch noch voneinander lernen und sich weiterentwickeln würden, das politisch korrektere Modell. Und prompt schreibt Steiner deshalb: „Die dritte Kategorie ist der Austausch, ein Eros von wechselseitigem Vertrauen und sogar Liebe (…). Auf dem Wege einer Interaktion, einer Osmose lernt der Meister von seinem Jünger, während er ihn unterrichtet" (ebd.). Doch solche Harmonie ist kitschverdächtig. Dieses Gegenseitig-voneinander-Lernen-Ideal und Lernen-durch-Lehren-Ideal bzw. Lehren-durch-Lernen-Ideal wirkt denn auch nicht ganz aufrichtig. Gewiss heißt beispielsweise das französische „apprendre" sowohl lehren (apprendre quelqu'un à faire quelque chose) als auch lernen (apprendre quelque chose), doch beim Lehren lehrt der Lehrende zumindest mehr als er lernt und beim Lernen lernt der Lernende mehr als er lehrt!

„Diskurse sind lang, das Leben kurz", sei hier in Abwandlung an Odo Marquards „Das Prinzipielle ist lang, das Leben kurz" (Marquard 1981, S. 18) formuliert: aus diesem Grund hat Bildung letztlich sehr viel mit der Übernahme von *Fremd*erfahrung zu tun. Dieses Übernehmen kann man zwar immer noch konstruktivistisch interpretieren bzw. verklären, wenn es denn unbedingt sein muss, denn Pädagoginnen und Pädagogen, aber längst nicht nur sie, reden gerne und lieber vom ‚eigenständigen' Lernen, ‚selbsttätigen' Lernen, ‚offenen' und ‚eigenaktiven' Lernen. Dass diese Begrifflichkeiten wenig bedeuten, vielmehr wirkungsvolle Überredungsvokabeln sind (vgl. Kap. 4.4), sei hier nicht wieder beleuchtet, vielmehr erneut auf den Tatbestand hingewiesen, wonach Lernen nur zu einem geringen Teil darin besteht, dass Menschen sogenannte „eigene" Erfahrungen machen.

Die für Bildungsprozesse immer wieder nötig erscheinende Anerkennung einer Autorität im intellektuellen Bereich bzw. im Bereich des Wissens heißt – wie bereits erwähnt (vgl. Kap. 2) – Glauben, Anerkennung einer Autorität im voluntativen Bereich, heißt Gehorsam (vgl. von Tessen-Wesierski 1907). Schule und Hochschule haben lange Zeit davon profitiert, dass der professionellen Autonomie, d. h. der Verantwortung, Kompetenz und damit Autorität von Lehrerinnen und Lehrern, Professorinnen und Professoren vertraut worden ist (vgl. Münch 2009, S. 75)[34]. Die Expertenautonomie von Hochschullehrern war unhinterfragt. Heute stehen an ihrer Stelle nicht nur Steuerungsphantasien, sondern konkrete Steuerungsmodelle, welche, wie Richard Münch richtig sagt, das Vertrauen ersetzen durch ein „grundsätzliches Misstrauen, bürokratische Regelungen seien ineffektiv und die Expertenautonomie würde missbraucht" (S. 75). Damit verlieren „Professoren an Universitäten und Lehrer an Schulen (...) ihre alte professionelle Identität und Autorität und werden in einfachster Weise nach dem Modell der operanten Konditionierung auf die Erfüllung von vorgegebenen Parametern getrimmt" (S. 77).

Vielleicht sind dazu folgende zusätzliche Bemerkungen erlaubt. Im Zeichen der Reform der Hochschule, Wissenschaft und Forschung findet momentan wohl ein Generationswechsel statt, der ganz unterschiedlich beurteilt oder auch verurteilt werden kann. Während die „Ablösung der Generationen einen wichtigen potentiellen Katalysator für Veränderungen innerhalb der Wissenschaft" darstellen kann (Bönker 2002, S. 61), u. a. weil junge Wissen-

34 Auch heute täte sie aus empirischer Sicht gut daran, dies weiterhin zu tun (vgl. Hattie 2008).

schaftler/innen „möglicherweise alters- und anreizbedingt produktiver als ihre älteren Kollegen sind" (ebd.), kann auch das Umgekehrte zutreffen. So können die Auswirkungen des Generationswechsels auf die Wissenschaftsentwicklung im Grunde nur von Fall zu Fall, „von Disziplin zu Disziplin, Generation zu Generation, Land zu Land" (ebd.) diskutiert und analysiert werden. Entscheidend für die momentane Transformation von Hochschule und Wissenschaft scheint weniger der Generationswechsel zu sein, auch kein Generationenkonflikt, als das, was allen Wissenschaftlern und Hochschullehrer/innen momentan geschieht – gleichgültig welcher Generation sie angehören: „Die Bildung wird den nationalen Eliten (also den Lehrerverbänden, den Bildungspolitikern der Parteien und den Ministerialbeamten) von einer transnationalen Koalition aus Forschern, Managern und Unternehmensberatern aus der Hand gerissen" (Münch 2009, S. 30). Zu dieser Koalition gehören auch Wissenschaftlerinnen und Wissenschaftler, die – wie alle andere Menschen – einer Gesetzmäßigkeit unterliegen, die zu besagen scheint: Wer Macht besitzt, wird sie missbrauchen, die Frage ist bloß wann und in welchem Ausmaß.

In Zeiten, in denen die „alte *archimedische Maschine* der klassischen Behavioristen" durch eine *„neuronale Maschine"* ersetzt worden ist, „die sich durch Input-Output-Mechanismen in Gang hält, wobei in den meisten Fällen der Input aus den Systemen selbst kommt" (Meyer-Drawe 2008, S. 31; kursiv wie im Original), wird die kulturelle Dimension von Wissen und Bildung schon fast systematisch vernachlässigt. Die Autorität und Aufdringlichkeit der kulturellen Güter und des tradierten Wissens lassen sich ableugnen und tendenziell aberkennen, doch der gegenwartszentristische und instrumentalistische Zugang zu Wissen und Bildung, den wir momentan erfahren, entpuppt sich längerfristig als Irrtum. Wer genau zu wissen meint, was Bildung und was Wissen sei, und welches Wissen welchen Zweck habe und wie Bildungsprozesse genau zu fördern seien, versteht wahrscheinlich nicht viel von Wissen und Bildung. Dass die Wissensaneignung bzw. das Wissend-Werden, also Lernen, in pädagogischer Perspektive eine *Erfahrung* ist (vgl. S. 15), Erfahrungen aber nur begrenzt Ausdruck menschlicher Souveränität und Aktivität sein können, weil sie immer auch einen passiven Anteil und manchmal sogar die Dimension des Erleidens aufweisen, scheint dem Mainstream des Bildungsdiskurses zeitgenössisch völlig zu entgehen. Es muss – diese normativen Betrachtungen seien zum Schluss erlaubt – einer Kultur bzw. Gegenkultur der Bildung heute wieder vermehrt darum gehen, Bildung als „Horizont" zu verstehen und nicht als „Arsenal", um nochmals diese Metaphern Blumenbergs zu bemühen. Ein Horizont ist einem aber nicht verfügbar, steckt auch nicht – im Sinne eines Kompetenzmodells – in der Person, sondern situiert und orientiert dieselbe so wie er die Welt für die Person in eine Perspektive rückt und erweitert. Bildung ermöglicht Personen, auf bewusste und wenn immer möglich auch selbstbestimmte Weise an der Kultur zu partizipieren – doch die kulturellen Güter selbst hat sie sich *ungefragt* anzueignen. Die subjektive Aneignung des Objektivierten transformiert Kultur hingegen nicht im Geringsten zu etwas Subjektivem: Denn Kultur ist nicht nur das Anzueignende, sondern auch das Hinzunehmende.

Schlussbemerkungen

Man kann es wenden, wie man will. Die Aufgaben und Probleme konkreter Erziehungspraxis lassen sich nicht technologisch lösen. Der Nutzen von Erziehungsratgebern ist deshalb in vielen Situationen nicht nur gering, sondern gar nicht vorhanden. Die Basis der Erziehung – und letztlich der Bildung – zeigt sich in Anerkennungsverhältnissen zwischen Erwachsenen und Heranwachsenden. Eines dieser Anerkennungsverhältnisse ist die Autorität. Sie ist, pädagogisch betrachtet, Eigenschaft einer Beziehung und nicht Merkmal einer Person. Kennzeichnend für diese Beziehung ist, dass sie vom Grad wechselseitigen Vertrauens und wechselseitiger Macht, Machtzuschreibung und Bemächtigung geprägt ist. Wem in der einen oder anderen Weise, sei dies auch implizit, stillschweigend, vorsprachlich und vorreflexiv, Autorität im Sinne von Vertrauen zuerkannt wird, dem entsteht dadurch – manchmal durchaus unklare – Verantwortung. Vertrauen ist eine Gabe, die nicht ohne Erwartungen bleibt, sei es von den Gebenden, sei es von anderen. Kind sein bedeutet daher in einer gewissen Weise vor allem: Vertrauen geben zu können. Vertrauen *hat* man nicht primär, in sozialen Beziehungen *gibt* oder *schenkt* man es vielmehr. Es handelt sich dabei aber nicht um eine reine Verhaltensökonomie oder einen bloßen Tauschhandel. Soziale Austauschprozesse gehen weit über die bloße Interessenkoordination hinaus – insbesondere die asymmetrischen Beziehungen sind von starken moralischen Normen geprägt und abhängig. Aus Verbindungen entstehen nämlich Verbindlichkeiten. Wem so viel Vertrauen geschenkt wird, wie den Eltern durch ihr Kind oder – normalerweise in *wesentlich* geringerem Ausmaß – Lehrpersonen durch Schülerinnen und Schüler, dem wird dadurch eben auch Verantwortung aufgetragen. Die derart Beschenkten – ob sie dies wollen oder nicht – verfügen nun sowohl über Macht als auch über große Verantwortung. Diese Verantwortung, die Eltern und Erziehende zu übernehmen haben, ist von zweifacher Art, wie Hannah Arendt holzschnittartig formulierte: Verantwortung sei einerseits für das Leben und Werden des Kindes, andererseits ebenso für den Fortbestand der Welt unabdingbar. Diese beiden Verantwortungen würden keineswegs immer zusammenfallen, „sie können sogar in einen gewissen Widerspruch miteinander geraten“ (Arendt 1958/1994, S. 266 f.). So übernehmen Eltern bzw. die an der Erziehung von Kindern und Jugendlichen beteiligten Personen ein doppeltes und manchmal auch widersprüchliches Mandat: Vom Kind aus betrachtet sind sie Anwältinnen und Anwälte der Welt, von „der Welt aus“ betrachtet Anwältinnen bzw. Anwälte des Kindes.

Literatur

Adorno, T. W. (1973): *Studien zum autoritären Charakter*. Frankfurt a. M.: Suhrkamp.

Adorno, T. W., Frenkel-Brunswik, E., Levinson, D. J. & Sanford, R. N. (1950): *The authoritarian personality*. New York: Norton Library.

Aitmatov, T. (1990): *Der erste Lehrer*. München: Antje Kunstmann.

Altemeyer, B. (1996): *The authoritarian specter*. Cambridge, MA: Harvard University Press.

Anderson, H. H. (1943): Domination and socially integrative behaviour. *Child behaviour and development*, 459–483.

Apel, H. J. (2002): *Herausforderung Schulklasse. Klassen führen – Schüler aktivieren*. Bad Heilbrunn: Klinkhardt.

Arendt, H. (1954): Die Krise der Erziehung. In: Dies. *Zwischen Vergangenheit und Zukunft. Übungen im politischen Denken I* (S. 255–276). München & Zürich: Piper (Original 1958).

Arendt, H. (1986): *Eichmann in Jerusalem – Ein Bericht über die Banalität des Bösen*. München: Piper (Original 1963).

Arendt, H. (1991): Persönliche Verantwortung in der Diktatur. In: V. E. Geisel & K. Bittermann (Hrsg.), *Israel, Palästina und der Antisemitismus* (Aufsätze) (S. 7–38). Berlin: Wagenbach.

Arendt, H. (1994): Was ist Autorität? In: Dies. *Zwischen Vergangenheit und Zukunft. Übungen im politischen Denken I* (S. 159–200). München & Zürich: Piper (Original „Between past and future", 1968).

Arendt, H. (1995): *Macht und Gewalt*. München & Zürich: Piper (Original „On violence", 1969).

Arendt, H. (1996): *Vita actica. oder Vom tätigen Leben*. München & Zürich: Piper (Original „The human condition", 1958).

Arendt, H. (1998): *Ich will verstehen. Selbstauskünfte zu Leben und Werk* (hrsg. von U. Ludz) (3. Auflage). München & Zürich: Piper.

Aristoteles (1981^{4}): *Politik* (übersetzt von E. Rolfes) (4. Auflage). Hamburg: Meiner.

Baier, A. (1994): Ethics in many different voices. In: Dies. *Moral prejudices. Essays on ethics*. Cambridge: Harvard University Press, 294–312.

Bausch, H., Hahn, W., Lobkowicz, N. (Hrsg.) (1978): *Mut zur Erziehung: Beiträge zu einem Forum am 9./10. Januar 1978 im Wissenschaftszentrum Bonn-Bad Godesberg*. Stuttgart: Klett-Cotta.

Beck, G. (1973): *Autorität im Vorschulalter. Eine soziologische Untersuchung zur politischen Sozialisation in der Familie*. Weinheim & Basel: Beltz.

Becker, R. & Lauterbach, W. (2004): Dauerhafte Bildungsungleichheiten – Ursachen. Mechanismen, Prozesse und Wirkungen. In: Dies. (Hrsg.), *Bildung als Privileg? Erklärungen und Befunde zu den Ursachen der Bildungsungleichheit* (S. 9–40). Wiesbaden: VS Verlag.

Beer, U. (1995): *Jugend braucht Autorität. Ein Aufruf zur pädagogischen Vernunft.* Neukirchen-Vluyn: Friedrich Bahn Verlag im Aussaat Verlag.

Benner, D., Brüggen, F, Butterhof, H.-W., Kemper, H. & von Hentig, H. (1978): *Entgegnungen zum Bonner Forum „Mut zur Erziehung".* München: Urban & Schwarzenberg.

Benner, D. (1979): Lässt sich das Technologieproblem durch eine Technologieersatztechnologie lösen? Eine Auseinandersetzung mit den Thesen von Niklas Luhmann und Karl-Eberhardt Schorr. *Zeitschrift für Pädagogik,* 25 (3), 367–377.

Benner, D. (1994): *Studien zur Theorie der Erziehungswissenschaft.* Weinheim & München: Juventa.

Bennett, N. (1976): *Teaching Styles and Pupil Progress.* London: Open Books.

Bessoth, R. (2003a): K. L. I. M. A.: Fünf Führungsstrategien, die alle ins Boot bringen. *Pädagogische Führung. Zeitschrift für Schulleitung und Schulberatung,* 14 (3), 122–128.

Bessoth, R. (2003b): Ist Führungsqualität messbar? *Pädagogische Führung. Zeitschrift für Schulleitung und Schulberatung,* 14 (3), 143–148.

Bittner, G. (2000): Gehorsam und Ungehorsam. In: A. Flitner & H. Scheuerl (Hrsg.), *Einführung in pädagogisches Sehen und Denken* (S. 100–113). Weinheim: Beltz (Erstveröffentlichung 1979).

Blais, M.-C., Gauchet, M., & Ottavi, D. (2008): *Conditions de l'éducation. Paris*: Stock.

Blankertz, S. (1980): Tolstojs Beitrag zur Theorie und Praxis anarchistischer Pädagogik. Einführung in L. N. Tolstojs *Die Schule von Jasnaja Poljana* (S. 5–18). Wetzlar: Büchse der Pandora.

Blau, P. M. (1964): *Exchange and Power in Social Life.* New York a. o.: Wiley.

Blumenberg, H. (1997): *Ein mögliches Selbstverständnis. Aus dem Nachlass.* Stuttgart: Reclam.

Blumenberg, H. (1999): *Die Lesbarkeit der Welt.* Frankfurt a. M.: Suhrkamp (Original 1981).

Bohnsack, F. (1995): Zur Struktur der Autorität des Lehrers. *Pädagogische Führung. Zeitschrift für Schulleitung und Schulberatung* 6 (3), 116–119.

Bollnow, O. F. (1983): *Anthropologische Pädagogik* (3. Auflage). Bern: Haupt (Original 1971).

Bollnow, O. F. (1984): *Existenzphilosophie und Pädagogik. Versuch über unstetige Formen der Erziehung* (6. Auflage). Stuttgart: Kohlhammer.

Bönker, F. (2002): Generationswechsel und wissenschaftlicher Wandel in Politikwissenschaft und Volkswirtschaftslehre Ende der 60er Jahre und heute. In: A. Kinder (Hrsg.), *Generationswechsel in der Wissenschaft* (S. 61–71). Bern u. a.: Lang.

Bönner, K. H. (o. J.): *Nichtautoritäre Erziehung. Ein Handbuch für Eltern und Pädagogen.* München: Goldmann.

Brontë, Ch. (1988): *Jane Eyre.* Zürich: Diogenes (Original 1847).

Brontë, E. (2001): *Sturmhöhe.* München: dtv (Original „Wuthering Heights", 1847).

Brückner, P. (2000): Zur Pathologie des Gehorsams. In: A. Flitner & H. Scheuerl (Hrsg.), *Einführung in pädagogisches Sehen und Denken* (S. 87–100). Weinheim: Beltz (Erstveröffentlichung 1966).

Brühlmeier, A. (1993): *Macht, Autorität und Konfliktlösung.* Schriftenreihe SFK/EOE/SPB 20. Kriens: Brunner.

Brumlik, M. (2004): *Advokatorische Ethik. Zur Legitimation pädagogischer Eingriffe.* Berlin & Wien: Philo (Original 1992).

Brumlik, M. (Hrsg.) (2007): *Vom Missbrauch der Disziplin. Antworten der Wissenschaft auf Bernhard Bueb.* Weinheim: Beltz.

Bruner, J. (1995): *The culture of education.* Cambridge, Mass.: Harvard University Press.

Brunkhorst, H. (2008): *Einführung in die Geschichte der politischen Ideen.* München: Fink/UTB.

Bueb, B. (2006): *Lob der Disziplin. Eine Streitschrift.* Berlin: List/Ullstein.

Buller, D.B. & Burgoon, J.K. (1996): Interpersonal deception theory. *Communication Theory,* 6, 203–242.

Buschmeier, U. (1994): *Macht und Einfluss in Organisationen.* Göttingen: Cuvillier.

Camus, A. (1995): *Der erste Mensch.* Reinbek b. Hamburg: Rowohlt (Original 1994).

Canetti, E. (1985): *Masse und Macht.* Frankfurt a. M.: Fischer (Original 1960).

Cerda, A.M. & Assaél, J. (1998): School discipline and the building of values in the daily life of secondary schools. *Prospects,* 28 (4), 571–585.

Chua, A. (2011): *Die Mutter des Erfolgs. Wie ich meinen Kindern das Siegen beibrachte.* Zürich: Nagel & Kimche.

Damon, W. (1984): *Die soziale Welt des Kindes.* Frankfurt a. M.: Suhrkamp.

deMaude, L. (Hrsg.) (1992): *Hört ihr die Kinder weinen. Eine psychogenetische Geschichte der Kindheit.* Frankfurt a. M.: Suhrkamp (Original 1974).

Derrida, J. (1991): *Gesetzeskraft. Der „mystische Grund der Autorität".* Frankfurt a. M.: Suhrkamp (französisches Original 1990).

Dollase, R. (1984): *Grenzen der Erziehung. Anregung zum wirklich Machbaren in der Erziehung.* Berlin: Cornelsen.

Dussap-Köhler, A. (OFAJ/DFJW) (2002): *Das Wertesystem der Grundschule in Deutschland und Frankreich: Gekreuzte Blicke von Lehrern.* http://www.tele-tandem.org/doclies/annedussapblicke/annedussapblicke3.html [21. 01. 2009].

Eberwein, P. (2005): Ein anderer Umgang mit Unterrichtsstörungen. Beobachtungen in einer südkoreanischen Grundschule. *Die Deutsche Schule,* 97 (2), 197–210.

Egan, K. (1998): *The educated mind. How cognitive tools shape our understanding.* Chicago, IL: University of Chicago Press.

Fink, E. (1987): Existenz und Coexistenz. Grundprobleme der menschlichen Gemeinschaft. Würzburg: Königshausen & Neumann (Original, als Vorlesungstext, 1952/53 & 1968/69).

Fink, E. (1970): *Erziehungswissenschaft und Lebenslehre.* Freiburg i. Br.: Rombach.

Finkielkraut, A. (1999): *L'ingratitude. Conversation sur notre temps.* Avec A. Robitaille. Montréal: Édition Québec Amérique.

Flitner, W. (1997): *Allgemeine Pädagogik.* Stuttgart: Klett-Cotta (Original 1933 bzw. 1950).

Foray, Ph. (2007): Autorität in der Schule – Überlegungen zu ihrer Systematik im Lichte der französischen Erziehungsphilosophie. *Zeitschrift für Pädagogik,* 53 (5), 615–625.

Foucault, M. (1994): *Überwachen und Strafen.* Frankfurt a. M.: Suhrkamp (französisches Original 1975).

Frankfurt, H. (1971): Freedom of the will and the concept of a person. In: *Journal of Philosophy,* 67 (1), 5–20.

Frankfurt, H. (2005): *Gründe der Liebe.* Frankfurt a. M.: Suhrkamp.

Frei, B. (2003): *Pädagogische Autorität. Eine empirische Untersuchung bei Schülerinnen, Schülern und Lehrpersonen der 5., 6. und 8. Schulklasse.* Münster: Waxmann.

Freud, S. (2001): *Das Unbehagen in der Kultur.* Frankfurt a. M.: Fischer (Original 1930).

Fromm, E. (1982): *Über den Ungehorsam und andere Essays.* Stuttgart: Deutsche Verlags-Anstalt (amerikanisches Original 1981).

Furlán, A. (1998a): Introduction of the open file. *Prospects,* 28(4), 535–554.

Furlán, A. (1998b): Discipline Problems in the Mexican School System: The Silence of Educational Science. *Prospects,* 28 (4), 555–569.

Garnier, Ph. (2001): *Über die Lauheit.* Essay. München: liebeskind (Original 2000: „La tièdeur").

Gauchet, M. (1985): L'école à l'école d'elle-même. In: Ders. *La démocratie contre elle-même* (pp. 109–169). Paris: Gallimard, Collection Tel, 2002.

Gauchet, M. (2002): Démocratie, éducation, philosophie. In: M. C. Blais, M. C. Gauchet & D. Ottavi (eds.), *Pour une philosophie politique de l'éducation* (pp. 11–42). Paris: Bayard.

Geißler, E. E. & Solzbacher, C. (1992): Wie gehen Pädagogen mit Führung um? *BAG-Mitteilungen,* 15, 76–84.

Geißler, E. E. & Wollersheim, H.-W. (1991): Autorität und Disziplin. In: L. Roth (Hrsg.), *Pädagogik. Handbuch für Studium und Praxis* (S. 906–917). München: Ehrenwirth.

Geißler, E. E. (2000): Autorität. In: A. Flitner & H. Scheuerl (Hrsg.), *Einführung in pädagogisches Sehen und Denken* (S. 76–87). Weinheim: Beltz (Erstveröffentlichung 1967).

Gerstner, C. R. & Day, D. V. (1997): Meta-Analytic Review of Leader – Member Exchange Theory: Correlates and Construct Issues. *Journal of Applied Psychology,* 82 (6), 827–844.

Giesecke, H. (1985): *Das Ende der Erziehung. Neue Chancen für Familie und Schule.* Stuttgart: Klett-Cotta.

Goldhagen, D. J. (1996): *Hitlers willige Vollstrecker. Ganz gewöhnliche Deutsche und der Holocaust.* Berlin: Siedler.

Graen, G. B. & Uhl-Bien, M. (1995): Relationship-based Approach to Leadership: Development of Leader-Member-Exchange (LMX) Theory of Leadership over 25 Years: Applying a Multi-level Multi-Domain Perspective. *The Leadership Quarterly*, 6, 219–247.

Gray, M. R. & Steinberg, L. (1999): Unpacking authoritative perenting: Reassessing a multidimensional construct. *Journal of Marriage and the Family*, 61, 341–362.

Gruen, A. (2002): Der Gehorsam. *Erwägen – Wissen – Ethik. Streitforum für Erwägungskultur*, 13 (4), 441–508.

Gruen, A. (2010[7]): *Der Fremde in uns.* Stuttgart: Klett-Cotta/dtv (Original 2000).

Grunder, H.-U. (2007): *Anarchistische Erziehung als libertäre Reformpädagogik. Geschichte – Modelle – Beispiele.* Baltmannsweiler: Schneider Verlag Hohengehren (Original 1988).

Guevara, C. E. (2003): *Ausgewählte Werke in Einzelausgaben 6. Der neue Mensch. Entwürfe für das Leben in der Zukunft* (4. Auflage). Bonn: Pahl-Rugenstgein.

Hartfiel, G. (1970) (Hrsg.): *Die autoritäre Gesellschaft.* Opladen: Westdeutscher Verlag.

Hattie, J. (2008): *Visible Learning. A Synthesis of over 800 Meta-Analyses relating to Achievement.* London: Routlegde.

Heid, H. (2002): Problematik der Empfehlung, pädagogisches Denken und Handeln an den Bildungsbedürfnissen Lernender zu orientieren. In: R. Reichenbach & F. Oser (Hrsg.), *Psychologisierung der Pädagogik.* Weinheim: Juventa, S. 90–108.

Heiland, H. (1971): *Emanzipation und Autorität. Theorien und Modelle pädagogischer Autorität.* Bad Heilbrunn: Klinkhardt.

Hellekamps, S. (2006): Hannah Arendt über die Krise in der Erziehung – Wiedergelesen. *Zeitschrift für Erziehungswissenschaft*, 9 (3), 413–423.

Helmer, K. & M. Kemper (2004): Autorität. In: D. Benner & J. Oelkers (Hrsg.), *Historisches Wörterbuch der Pädagogik* (S. 126–145). Weinheim: Beltz.

Helmke, A. (2003): *Unterrichtsqualität erfassen, bewerten, verbessern.* Seelze: Kallmeyersche Verlagsbuchhandlung.

Helsper, W. (2009): Autorität und Schule – zur Ambivalenz der Lehrerautorität. In: A. Schäfer & C. Thompson (Hrsg.), *Autorität* (S. 65–83). Paderborn: Schöningh.

Helsper, W., Ulrich, H., Stelmaszky, B., Höblich, D., Grasshoff, G. & Jung, D. (2007): *Autorität und Schule. Die empirische Rekonstruktion der Klassenlehrer-Schüler-Beziehung an Waldorfschulen.* Wiesbaden: Verlag für Sozialwissenschaften.

Hendrick, U. (2004): Grundbildung, Allgemeinbildung und Fachunterricht. *Zeitschrift für Erziehungswissenschaft*, 7 (2), 192–206.

Hentze, J. & Brose, P. (1986): *Personalführungslehre.* Bern u. a. Haupt, UTB.

Herbart, J. F. (1986): Die erste Vorlesung über Pädagogik (1802). In: *Systematische Pädagogik* (S. 214–248). Eingeleitet und interpretiert von D. Benner. Stuttgart: Klett-Cotta.

Herzog, W. (2002): *Zeitgemäße Erziehung. Die Konstruktion pädagogischer Wirklichkeit.* Weilerswist: Velbrück Wissenschaft.

Hesse, H. (2004): *Unterm Rad. Roman.* München: Süddeutsche Zeitung/Bibliothek (Original 1906).

Hinrichs, W. (1996): Lehren, Erziehen und Schülersubjektivität in der Diskussion. Pädagogisch-didaktische Sozialstrukturen und ihre Autonomie – Rückblick auf Theorieansätze in der DDR. In: *Pädagogik und Schulalltag*, 51 (3), 389–400.

Hinsch, R., Jürgens, B. & Steinhorst, H. (Hrsg.) (1980): *Der Lehrer in Erziehung und Unterricht.* Hannover u. a.: Schroedel.

Hoffmann, N. (2002): Zum Zusammenhang von Generationswechsel und Innovation in der Wissenschaft – Ein fiktives Interview mit Ludwik Fleck. In: A. Kinder (Hrsg.), *Generationswechsel in der Wissenschaft.* Bern u. a.: Lang, S. 15–29.

Homans, G. C. (1957): Social Behavior as Exchange. *American Journal of Sociology*, 63, 597–606.

Homans, G. C. (1960): *Theorie der sozialen Gruppe.* Köln & Opladen: Westdeutscher Verlag.

Hopf, C., Rieker, P., Sanden-Marcus, M. & Schmidt, C. (1995): *Familie und Rechtsextremismus. Familiale Sozialisation und rechtsextreme Orientierung junger Männer.* Weinheim/München: Juventa

Horn, K.-P. (1999): Vom Schutzmann in der Erziehung. In: Staatsbibliothek – Preußischer Kulturbesitz (Hrsg.), *Respektpersonen. Wandlungen autoritären Verhaltens in Elternhaus und Schule* (S. 48–58). Wiesbaden: Reichert.

Hügli, A. (1999): *Philosophie und Pädagogik.* Darmstadt: Wissenschaftliche Buchgesellschaft.

Hunyadi, M. (2005): Statement dans le débat à la suite de la conférence de George Steiner. Vgl. Steiner, G. (2005). L'autorité? In: G. Steiner, H. Mottu, A. Garapon, Ph. Meirieu, A. Ehrenberg, S. Ebadi, K. Pomian & M. Revault d'Allonnes (Contributeur(e)s): *Le Futur de l'Autorité* (XLes Rencontres Internationales de Genève 2005) (pp. 21 ff.). Lausanne: L'Age d'Homme.

Hurrelmann, K. (2002): *Einführung in die Sozialisationstheorie.* Weinheim: Beltz.

Illouz, E. (2009): *Die Errettung der modernen Seele.* Frankfurt a. M.: Suhrkamp (amerikanisches Original 2008).

Jankélévitch, V. (2007): *Vorlesung über Moralphilosophie. Mitschriften aus den Jahren 1962–1963 an der Freien Universität zu Brüssel* (herausgegeben von F. Schwab). Wien: Turia & Kant (französisches Original 2006).

Kafka, F. (1981): *Brief an den Vater.* Frankfurt a. M.: Fischer (Original 1919).

Kansteiner-Schänzlin, K. (2003): Führen Frauen anders als Männer? *Pädagogische Führung. Zeitschrift für Schulleitung und Schulberatung*, 14 (3), 129–133.

Kant, I. (1974): Beantwortung der Frage: was ist Aufklärung? E. Bahr (Hrsg.), *Was ist Aufklärung* (S. 9–17). Stuttgart: Reclam (Original 1783).

Kant, I. (1977): *Anthropologie in pragmatischer Hinsicht.* Werkausgabe, Bd. XII (S. 399–685). Frankfurt a. M.: Suhrkamp (Original 1798).

Kant, I. (1977): *Über Pädagogik.* Werkausgabe, Bd. XII (S. 391–761). Frankfurt a. M.: Suhrkamp (Original 1803).

Kappelhoff, P. (1995): Soziale Interaktion als Tausch. Tauschhandlung, Tauschbeziehung, Tauschsystem, Tauschmoralität. *Ethik und Sozialwissenschaften,* 6 (1), 3–13.

Keller, T. & Dansereau, F. (1995): Leadership and Empowerment: A Social Exchange Perspective. *Human Relations,* 48, 127–144.

Kerschensteiner, G. (1924): *Autorität und Freiheit als Bildungsgrundsätze* Leipzig: Ernst Oldenbourg Verlag.

Klemm, U. (1984): *Die libertäre Reformpädagogik Tolstois und ihre Rezeption in der deutschen Pädagogik.* Siegen: Trotzdem-Verlag.

Klemm, U. (1988): Volksbildung und christlicher Anarchismus. Zur Pädagogik Leo. M. Tolstojs. In: J. Harms (Hrsg.), *Christentum und Anarchismus* (S. 205–226). Frankfurt a. M.: Athenäum.

Klewes, U. J. (1983): *Retroaktive Sozialisation. Einflüsse Jugendlicher auf ihre Eltern.* Weinheim: Beltz.

Koch, L. (2002): Schule ist zum Lernen da. In: M. Heitger (Hrsg.), *Wozu Schule?* (S. 9–21). Innsbruck: Tyrolia.

Kojève, A. (2004): *La notion de l'autorité.* Ed. et présenté par F. Terré. Paris: Gallimard (Original 1942).

Kolb, D. (1983): *The mediators.* Cambridge, MA: MIT Press.

Kopperschmidt, J. (1980): *Argumentation. Sprache und Vernunft, Teil II.* Stuttgart u. a.: Kohlhammer-Urban.

Kounin, J. S. (1970): *Discipline and group management in classrooms.* New York: Holt, Rinehart & Winston.

Krämer, H. (1993): *Autorität und Erziehung als Problem der neueren Philosophie seit Sören Kierkegaard.* Hamburg: Kovac.

Krappmann, L. (2000): *Soziologische Dimensionen der Identität.* Stuttgart: Klett-Cotta (Original 1969).

Kraushaar, W. (2008): *Achtundsechzig. Eine Bilanz.* Berlin: Propyläen, Ullstein.

Kruse, J. (2003): *Führung und Tausch.* Unveröffentlichtes Manuskript. Universität Lüneburg: Institut für Mittelstandsforschung & Institut für BWL.

Krüger, G. (1953): Das Problem der Autorität. In: K. Piper (Hrsg.), *Offener Horizont.* Festschrift für Karl Jaspers. München: Piper, S. 44–62.

Ledda, G. (2003): *Padre padrone. Roman.* München: Deutscher Taschenbuch Verlag (italienisches Original 1975).

Levinson, B. A. (1998): Discipline Seen From Below: Student Rationales for Non-Compliance in U. S. Secondary Schools. *Prospects* (UNESCO), 28 (4), 601–615.

Lewin, K., Lippitt, R., & White, R. K. (1939). Patterns of aggressive behavior in experimentally created „social climates". *Journal of Social Psychology*, 10, 271–299.

Liebel, M. & Wellendorf, F. (1969): *Schülerselbstbefreiung. Voraussetzungen und Chancen der Schülerrebellion.* Frankfurt a. M.: Suhrkamp.

Liedtke, M. (1989): Der Generationenkonflikt als pädagogische Konstante und die Funktion von Klage und Protest. In: H. Hierdeis & H. S. Rosenbusch (Hrsg.), *Artikulation der Wirklichkeit* (S. 117–130). Frankfurt a. M. u. a.: Lang.

Loraux, N. (1994): Das Band der Teilung. In: J. Vogl (Hrsg.), *Gemeinschaften. Positionen zu einer Philosophie des Politischen* (S. 31–64). Frankfurt a. M.: Suhrkamp.

Lüdemann, S. (2009): Des Kaisers alte Kleider. Zur Ambivalenz von Autorität in der Moderne. In: A. Schäfer & C. Thompson (Hrsg.), *Autorität* (S. 121–142). Paderborn: Schöningh.

Luhmann, N. (2000): *Short cuts.* Frankfurt a. M.: Zweitausendeins. (Die entsprechende Textpassage ist 1987 als Interview im Merve Verlag, Berlin, erschienen).

Luhmann, N. (2002): *Das Erziehungssystem der Gesellschaft.* Frankfurt a. M.: Suhrkamp.

Maaz, K., Hausen, C. McElvany, N. & Baumert, J. (2006): Stichwort: Übergänge im Bildungssystem. *Zeitschrift für Erziehungswissenschaft*, 9 (3), 299–327.

Maccoby, E. E. & Martin, J. A. (1983): Socialization in the context of the family: Parent-child interaction. In: E. M. Hetherington (Ed.), *Handbook of child psychology: Vol 4. Socialization, personality, and social development.* (pp. 1–101). New York: Wiley.

Mann, K. (1988): *Die Schwestern Brontë.* Als Nachwort beigefügt in C. Brontë (1988), Jane Eyre (S. 659–668). Zürich: Diogenes (Im Original 1934).

Manthey, J. (2005): *Königsberg. Geschichte einer Weltbürgerrepublik.* München & Wien: Hanser.

Margalit, A. (2000): *Ethik der Erinnerung.* Frankfurt a. M.: Fischer.

Marquard, O. (1981): *Abschied vom Prinzipiellen. Philosophische Studien.* Stuttgart: Reclam.

Matthäi, J. & Latzko, B. (2008): Wissensvermittlung oder Erziehung? Lehrer als pädagogische Autoritäten. *Empirische Pädagogik*, 22 (1), 1–16.

Mayr, J. (2006): Klassenführung auf der Sekunderstaufe II: Strategien und Muster erfolgreichen Lehrerhandelns. *Schweizerische Zeitschrift für Bildungswissenschaften*, 28 (2), 227–242.

Meirieu, Ph. (2005): Quelle autorité pour quelle éducation? In: G. Steiner, H. Mottu, A. Garapon, Ph. Meirieu, A. Ehrenberg, S. Ebadi, K. Pomian & M. Revault d'Allonnes (Contributeur(e)s): *Le Futur de l'Autorité* (XLes Rencontres Internationales de Genève 2005) (pp. 87–98). Lausanne: L'Age d'Homme.

M. E. N. (Ministère de l'Education Nationale) (2002): *L'état de l'école.* N° 12.

Meyer-Drawe, K. (2008): *Diskurse des Lernens.* München: Fink.

Meyer-Drawe, K. (1991): *Illusionen von Autonomie. Diesseits von Ohnmacht und Allmacht des Ich.* München: Kirchheim.

Milgram, S. (1982): *Das Milgram-Experiment. Zur Gehorsamsbereitschaft gegenüber Autorität.* Reinbek b. Hamburg: Rowohlt (amerikanisches Original 1969).

Miller, A. (1981): *Du sollst nicht merken. Variationen über das Paradies-Thema.* Frankfurt a. M.: Suhrkamp.

Miller, A. (1983): *Am Anfang war Erziehung.* Frankfurt a. M.: Suhrkamp.

Mintrop, H. (1996): Teachers and changing authority patterns in Eastern German schools. *Comparative Education Review,* 40 (4), 358–376.

Morosow, W. (1919): *Erinnerungen eines Jassnopoljaner Schülers an Leo Tolstoj.* Basel: Frobenius (russisches Original um 1912/13).

Müller, W. R. & Hill, W. (1980): Die situative Führung. In: W. Grunwald & H.-G. Lilge (Hrsg.), *Partizipative Führung: betriebswirtschaftliche und sozialpsychologische Aspekte* (S. 129–172). Bern: Huber.

Münch, R. (2009): *Globale Eliten, lokale Autoritäten. Bildung und Wissenschaft unter dem Regime von PISA, McKinsey & Co.* Frankfurt a. M.: Suhrkamp.

Neill, A. S. (1996): *Theorie und Praxis der anti-autoritären Erziehung. Das Beispiel Summerhill.* Reinbek bei Hamburg: Rowohlt (Original 1969).

Neuenschwander, M. P. (2006): Überprüfung einer Typologie der Klassenführung. *Schweizerische Zeitschrift für Bildungswissenschaften,* 28 (2), 243–258.

Neubauer, W. & Rosemann, B. (2006): *Führung, Macht und Vertrauen in Organisationen.* Stuttgart: Kohlhammer.

Neumann-Braun, K. (2001): Sozialer Wandel und die Kommerzialisierung der Kindheit. In: G. Scholz & A. Ruhl (Hrsg.), *Perspektiven auf Kindheit und Kinder* (S. 91–113). Opladen: Leske & Budrich.

Noack, P. (1996): *Eine Geschichte der Zukunft.* Bonn: Bouvier.

Nohl, H. (2002): *Die pädagogische Bewegung in Deutschland und ihre Theorie.* Frankfurt a. M.: Klostermann (Original 1935).

Nonaka, I. & Takeuchi, H. (1997): *Die Organisation des Wissens.* Frankfurt a. M.: Campus (Original „The knowledge-creating company" 1995).

Nyberg, D. (1996): Deception and Moral Decency. In: P. A. French, Th. E. Uehling, Jr. & H. K. Wettstein (eds.), *Midwest Studies in Philosophy,* Vol XX, Moral Concepts (pp. 186–203). Notre Dame: University of Notre-Dame Press.

Oelkers, J. & Lehmann, T. (1990): *Antipädagogik. Herausforderung und Kritik.* Weinheim & Basel: Beltz.

Oelkers, J. (2003): *Wie man Schule entwickelt. Eine bildungspolitische Analyse nach PISA.* Weinheim: Beltz.

Oesterreich, D. (1996): *Flucht in die Sicherheit. Zur Theorie der autoritären Reaktion.* Opladen: Leske & Budrich.

Oser, F. & Reichenbach, R. (2000): Moralische Resilienz: Das Phänomen des „Unglücklichen Moralisten". In: W. Edelstein & G. Nunner-Winkler (Hrsg.), *Moral im sozialen Kontext* (S. 203–233). Frankfurt a. M.: Suhrkamp.

Paris, R. (2009): Die Autoritätsbalance des Lehrers. In: A. Schäfer & C. Thompson (Hrsg.), *Autorität* (S. 37–63). Paderborn: Schöningh.

Piaget, J. (2003): *Meine Theorie der geistigen Entwicklung* (herausgegeben von R. Fatke). Weinheim: Beltz (Original 1970).

Pohlmann, C. (1999): Die Darstellung von Eltern-Kind-Beziehungen an ausgewählten Beispielen der historischen Kinder- und Jugendliteratur. In: Staatsbibliothek – Preußischer Kulturbesitz (Hrsg.), *Respektpersonen. Wandlungen autoritären Verhaltens in Elternhaus und Schule* (S. 35–47). Wiesbaden: Reichert.

Pongratz, L. (1995): Freiheit und Zwang. Pädagogische Strafformen im Wandel. *Die Deutsche Schule*, 87 (2), 183–195.

Popitz, H. (1986): *Phänomene der Macht. Autorität – Herrschaft – Gewalt – Technik.* Tübingen: J. C. B. Mohr (Paul Siebeck).

Prange, K. (1999): *Plädoyer für Erziehung.* Hohengehren: Schneider.

Prange, K. (2005): *Die Zeigestruktur der Erziehung.* Paderborn: Schöningh.

Raatzsch, R. (2007): *Autorität und Autonomie.* Paderborn: Mentis Verlag.

Raithel, J., Dollinger, B. & Hörmann, G. (2007): *Einführung Pädagogik* (2. Auflage). Wiesbaden: VS Verlag.

Reichenbach, R. (2003): Pädagogischer Kitsch. *Zeitschrift für Pädagogik*, 49 (6), 775–789.

Reichenbach, R. (2004): „Aktiv, offen und ganzheitlich": Überredungsbegriffe – treue Partner des pädagogischen Besserwissens. *Parapluie: Kulturen – Künste – Literaturen*, Nr. 19. http://parapluie.de/archiv/worte/paedagogik/.

Reichenbach, R. & Maxwell, B. (2007): Moralerziehung als Erziehung der Gefühle. *Vierteljahresschrift für wissenschaftliche Pädagogik*, 83 (1), 11–25.

Reichwein, R. (2001): Autorität. In: D. Lenzen (Hrsg.), *Pädagogische Grundbegriffe, Bd. 1* (6. Auflage). Reinbek b. Hamburg: Rowohlt, S. 140–149.

Reinhardt, S. (1987): Das pädagogische Problem der Disziplin in soziologischer Sicht. *Die Deutsche Schule*, (1), 44–54.

Renault, A. (2004): *La fin de l'autorité.* Paris: Flammarion.

Revault d'Allonnes, M. (2005): L'autorité du futur. In: G. Steiner, H. Mottu, A. Garapon, Ph. Meirieu, A. Ehrenberg, S. Ebadi, K. Pomian & M. Revault d'Allonnes (Contributeur(e)s): *Le Futur de l'Autorité* (XLes Rencontres Internationales de Genève 2005) (S. 173–185). Lausanne: L'Age d'Homme.

Revault d'Allonnes, M. (2006): *Le pouvoir des commencements. Essai sur l'autorité.* Paris: Seuil.

Ritzi, Ch. (1999): Respektperson: Lehrer – Respektperson: Schüler. In: Staatsbibliothek – Preußischer Kulturbesitz (Hrsg.), *Respektpersonen. Wandlungen autoritären Verhaltens in Elternhaus und Schule* (S. 22–34). Wiesbaden: Reichert.

Rock, M. (1995): Vom Wesen der Führung. 10 explikative Thesen. *Katholische Bildung*, 96, 110–113.

Rogers, C. R. & Freiberg, H. J. (1993): *Freedom to Learn* (3rd edn.). New York: Merrill.

Rogers, C. R. (2007[8]): *Der neue Mensch.* Stuttgart: Klett-Cotta (amerikanisches Original: „A way of being", 1980).

Rousseau, J.-J. (1994): *Les rêveries du promeneur solitaire.* Paris: Booking International (Original 1782).

Rousseau, J.-J. (1998): *Emil oder über die Erziehung* (13. Auflage). Paderborn: Schöningh (Original 1762).

Ruhloff, J. (1998): Jean-Jacques Rousseau. In: W. Fischer und D.-J. Löwisch (Hrsg.), *Philosophen als Pädagogen. Wichtige Entwürfe klassischer Denker* (S. 93–109). Darmstadt: Primus (Erstauflage 1989).

Ruiz, R. O. (1998): Indiscipline or violence? The problem of bullying in school. *Prospects*, 28 (4), 588–599.

Sanders, M. R. (1999): The Triple P – Positive Parenting Programme: Towards to an empirically validated multi-level parenting and familiy support strategy for the prevention and treatment of child behavior and emotional problems. *Child and Family Psychology Review*, 2, 71–99.

Sartre, J.-P. (1989): *Die schmutzigen Hände: Stück in sieben Bildern.* Reinbek b. Hamburg: Rowohlt (französisches Original: *„Les mains sales: pièce en sept tableaux"*, 1948).

Sartre, J.-P. (2000): *Das Sein und das Nichts. Versuch einer phänomenologischen Ontologie.* Reinbek b. Hamburg: Rowohlt (Original 1943).

Schäfer, A. & Thompson, C. (2009): Autorität – eine Einführung. In: A. Schäfer & C. Thompson (Hrsg.), *Autorität* (S. 7–36). Paderborn: Schöningh.

Scheffler, I. (1971): *Die Sprache der Erziehung.* Düsseldorf: Pädagogischer Verlag Schwann (Original 1960).

Schirlbauer, A. (1996): Der redende Lehrer – He'll never come back. In: Ders., *Im Schatten des pädagogischen Eros.* Destruktive Beiträge zur Pädagogik, S. 71–86.

Schmitt, H. (1999): Erziehungshistorische Blicke auf vernünftige Autorität. In: Staatsbibliothek – Preußischer Kulturbesitz (Hrsg.), *Respektpersonen. Wandlungen autoritären Verhaltens in Elternhaus und Schule.* Wiesbaden: Reichert, S. 9–21.

Schneider, R. U. (2004): *Das Buch der verrückten Experimente.* Gütersloh: Bertelsmann.

Scholz, G. (2001): Zur Konstruktion des Kindes. In: G. Scholz & A. Ruhl (Hrsg.), *Perspektiven auf Kindheit und Kinder* (S. 17–30). Opladen: Leske & Budrich.

Schott, T. (2003): Autorität – Überlegungen zu ihrer Struktur, ihrer Unentbehrlichkeit und ihre Gefahren in Erziehung und Bildung. *Pädagogische Rundschau* 57, 283–298.

Schütz, E. (1971): *Autorität. Ein Traktat*, Heidelberg: Quelle & Meyer Verlag.

Seipel, Ch. & Rippl, S. (1999): Jugend und Autorität. Ist die Theorie der „autoritären Persönlichkeit" heute noch ein tragfähiges Erklärungsmodell? *Zeitschrift für Soziologie der Erziehung und Sozialisation*, 19 (1), 188–203.

Seneca (2001): *Epistulae morales ad Lucilium (Moralische Briefe an Lucius)* (3. Auflage). Bearbeitet von H. Müller. Göttingen: Vandenhoeck & Ruprecht.

Sennett, R. (1985): *Autorität.* Frankfurt a. M.: Fischer.

Sennett, R. (1998): *Der flexible Mensch. Die Kultur des neuen Kapitalismus.* Berlin: Berlin Verlag (Original: *„The corrosion of character"*, 1998).

Slater, L. (2005): *Von Menschen und Ratten. Die berühmten Experimente der Psychologie.* Weinheim: Beltz.

Smolka, D. (2000): Motivation und Führung in der Schule. *Schul-Management*, 31 (4), 10–23.

Sofsky, W. & Paris, R. (1994): *Figurationen sozialer Macht. Autorität – Stellvertretung – Koalition.* Frankfurt a. M.: Suhrkamp.

Sommer, V. (1992): *Lob der Lüge. Täuschung und Selbstbetrug bei Tier und Mensch.* München: Beck.

Spitz, R. (1992): *Nein und Ja: die Ursprünge der menschlichen Kommunikation.* Stuttgart: Klett-Cotta (Original 1957).

Steiner, G. (2005): L'autorité? In: G. Steiner, H. Mottu, A. Garapon, Ph. Meirieu, A. Ehrenberg, S. Ebadi, K. Pomian & M. Revault d'Allonnes (Contributeur(e)s): *Le Futur de l'Autorité* (XLes Rencontres Internationales de Genève 2005) (pp. 13–20). Lausanne: L'Age d'Homme.

Steiner, G. (2009): *Der Meister und seine Schüler.* München: Deutscher Taschenbuch Verlag (Original 2003).

Sullivan, E. (2004): *Lügen, nichts als Lügen. Reise durch ein vertrautes Land.* München: Deutsche Verlags-Anstalt (amerikanisches Original 2001).

Tausch, R. & Tausch, A.-M. (1991): *Erziehungspsychologie. Begegnung von Person zu Person* (10. ergänzte und überarbeitete Auflage). Göttingen: Hogrefe.

Taylor, Ch. (1996): *Quellen des Selbst. Die Entstehung der neuzeitlichen Identität.* Frankfurt a. M.: Suhrkamp (Original: *„Sources of the self"*, 1989).

Taylor, S.E. (1993): *Positive Illusionen. Produktive Selbsttäuschung und seelische Gesundheit.* Reinbek b. Hamburg: Rowohlt (Original 1989).

Tolstoj, L. N. (1907): *Pädagogische Schriften.* Zwei Bände. Jena: Diederichs.

Tolstoj, L. N. (1980): *Die Schule von Jasnaja Poljana* (2. Auflage). Wetzlar: Büchse der Pandora.

Torberg, F. (1999): *Der Schüler Gerber. Roman.* München: Deutscher Taschenbuch Verlag (Original 1930).

Treml, A. (1987): *Einführung in die Allgemeine Pädagogik.* Stuttgart: Kohlhammer.

Tschöppe-Scheffler, S. (2004): Gute Erziehung – was ist das? *Psychologie compact*, 11, 6–11.

Volmer, G. (1990): *Autorität und Erziehung. Studien zur Komplementarität in pädagogischen Interaktionen.* Weinheim: Deutscher Studien Verlag.

von Heymann, D. (1986). *Instrumente zur Führungstechnik in der Schule.* Braunschweig: Westermann.

von Hentig, H. (1985): *Die Menschen stärken, die Sache klären. Ein Plädoyer für die Wiederherstellung der Aufklärung.* Stuttgart: Reclam jun.

von Tessen-Wesierski, F. (1907): *Der Autoritätsbegriff in den Hauptphasen seiner historischen Entwicklung.* Paderborn: Schöningh.

Walser, R. (1972): Tagebuch eines Schülers. Abgedruckt in *Unterbrochene Schulstunde. Schriftsteller und Schule. Eine Anthologie* (zusammengestellt von V. Michels) (S. 122–130). Frankfurt a. M.: Suhrkamp (Original 1908).

Watzlawick, P., Beavin, J. H., & Jackson, D. D. (1969): *Menschliche Kommunikation. Formen – Störungen – Paradoxien.* Bern: Haupt.

Weber, E. (1974): *Autorität im Wandel. Autoritäre, antiautoritäre und emanzipatorische Erziehung.* Donauwörth 1974.

Weber, M. (2005): *Schriften zur Soziologie.* Stuttgart: Reclam.

Wesel, U. (1997): *Geschichte des Rechts.* München: Beck.

Wimmer, M. (2009): Zwischen Zwang und Freiheit: Der leere Platz der Autorität. In: A. Schäfer & C. Thompson (Hrsg.), *Autorität.* (S. 85–120). Paderborn: Schöningh.

Wimmer, M. (2010): Autorität als soziokulturelle Bedingung des Aufwachsens. In: A. Liesner & I. Lohmann (Hrsg.), *Gesellschaftliche Bedingungen von Bildung und Erziehung.* (S. 314–326). Stuttgart: Kohlhammer.

Ziehe, Th. & Stubenrauch, H. (1982): *Plädoyer für ungewöhnliches Lernen. Ideen zur Jugendsituation.* Reinbek bei Hamburg: Rowohlt.

Zimbardo, P. G. & Gerrig, R. J. (2004): *Psychologie* (16. Auflage). München u. a.: Pearson Studium.

Zinnecker, J. & Silbereisen, R. K. (1996): *Kindheit in Deutschland. Aktueller Survey über Kinder und ihre Eltern.* Weinheim & München: Juventa.